5520.
Cdaa.2.

Yf 3001

COLLECTION

DES

MEILLEURS OUVRAGES

DE LA LANGUE FRANÇAISE

EN PROSE ET EN VERS.

OEUVRES
COMPLÈTES
DE MOLIÈRE.

PARIS. — DE L'IMPRIMERIE DE RIGNOUX,
rue des Francs-Bourgeois-S.-Michel, n° 8.

ŒUVRES
COMPLÈTES
DE MOLIÈRE

AVEC UNE NOTICE

PAR M. L. B. PICARD

DE L'ACADÉMIE FRANÇOISE.

TOME DEUXIÈME.

PARIS,
BAUDOUIN FRÈRES, ÉDITEURS,
RUE DE VAUGIRARD, Nº 17.

MDCCCXXVII.

DON GARCIE DE NAVARRE

ou

LE PRINCE JALOUX,

COMÉDIE HÉROÏQUE EN CINQ ACTES

ET EN VERS,

Représentée à Paris, dans la salle du Palais-Royal,
le 4 février 1661.

PERSONNAGES.

DON GARCIE, prince de Navarre, amant de done Elvire [1].
DONE ELVIRE, princesse de Léon [2].
DON ALPHONSE, prince de Léon, cru prince de Castille, sous le nom de don Sylve [3].
DONE IGNÈS, comtesse, amante de don Sylve, aimée par Maurégat, usurpateur de l'état de Léon.
ÉLISE, confidente de done Elvire [4].
DON ALVAR, confident de don Garcie, amant d'Élise.
DON LOPE, autre confident de don Garcie, amant d'Élise.
DON PÈDRE, écuyer d'Ignès.
UN PAGE de done Elvire.

ACTEURS.

[1] Molière. — [2] Mademoiselle Duparc. — [3] La Grange. — [4] Mademoiselle Béjart.

La scène est dans Astorgue, ville d'Espagne, dans le royaume de Léon.

DON GARCIE DE NAVARRE

ou

LE PRINCE JALOUX.

ACTE PREMIER.

SCÈNE I.

DONE ELVIRE, ÉLISE.

DONE ELVIRE.

Non, ce n'est point un choix, qui, pour ces deux amants,
Sut régler de mon cœur les secrets sentiments ;
Et le prince n'a point, dans tout ce qu'il peut être,
Ce qui fit préférer l'amour qu'il fait paroître.
Don Sylve, comme lui, fit briller à mes yeux
Toutes les qualités d'un héros glorieux ;
Même éclat de vertus, joint à même naissance,
Me parloit en tous deux pour cette préférence ;
Et je serois encore à nommer le vainqueur,
Si le mérite seul prenoit droit sur un cœur :
Mais ces chaînes du ciel qui tombent sur nos ames
Décidèrent en moi le destin de leurs flammes ;
Et toute mon estime, égale entre les deux,
Laissa vers don Garcie entraîner tous mes vœux.

ÉLISE.

Cet amour que pour lui votre astre vous inspire
N'a sur vos actions pris que bien peu d'empire,
Puisque nos yeux, madame, ont pu long-temps douter
Qui de ces deux amants vous vouliez mieux traiter.

DONE ELVIRE.

De ces nobles rivaux l'amoureuse poursuite
A de fâcheux combats, Élise, m'a réduite.
Quand je regardois l'un, rien ne me reprochoit
Le tendre mouvement où mon ame penchoit;
Mais je me l'imputois à beaucoup d'injustice,
Quand de l'autre à mes yeux s'offroit le sacrifice :
Et don Sylve, après tout, dans ses soins amoureux,
Me sembloit mériter un destin plus heureux.
Je m'opposois encor ce qu'au sang de Castille
Du feu roi de Léon semble devoir la fille;
Et la longue amitié, qui, d'un étroit lien,
Joignit les intérêts de son père et du mien.
Ainsi, plus dans mon ame un autre prenoit place,
Plus de tous ses respects je plaignois la disgrace :
Ma pitié, complaisante à ses brûlants soupirs,
D'un dehors favorable amusoit ses désirs,
Et vouloit réparer, par ce foible avantage,
Ce qu'au fond de mon cœur je lui faisois d'outrage.

ÉLISE.

Mais son premier amour que vous avez appris
Doit de cette contrainte affranchir vos esprits;
Et, puisqu'avant ces soins, où pour vous il s'engage,
Done Ignès de son cœur avoit reçu l'hommage,
Et que, par des liens aussi fermes que doux,

ACTE I, SCÈNE I.

L'amitié vous unit, cette comtesse et vous,
Son secret révélé vous est une matière
A donner à vos vœux liberté tout entière;
Et vous pouvez, sans crainte, à cet amant confus,
D'un devoir d'amitié couvrir tous vos refus.

DONE ELVIRE.

Il est vrai que j'ai lieu de chérir la nouvelle
Qui m'apprit que don Sylve étoit un infidèle,
Puisque par ses ardeurs mon cœur tyrannisé
Contre elles à présent se voit autorisé;
Qu'il en peut justement combattre les hommages,
Et, sans scrupule, ailleurs donner tous ses suffrages.
Mais enfin quelle joie en peut prendre ce cœur,
Si d'une autre contrainte il souffre la rigueur?
Si d'un prince jaloux l'éternelle foiblesse
Reçoit indignement les soins de ma tendresse,
Et semble préparer, dans mon juste courroux,
Un éclat à briser tout commerce entre nous?

ÉLISE.

Mais, si de votre bouche il n'a point su sa gloire,
Est-ce un crime pour lui que de n'oser la croire?
Et ce qui d'un rival a pu flatter les feux
L'autorise-t-il pas à douter de vos vœux?

DONE ELVIRE.

Non, non, de cette sombre et lâche jalousie
Rien ne peut excuser l'étrange frénésie,
Et par mes actions, je l'ai trop informé
Qu'il peut bien se flatter du bonheur d'être aimé.
Sans employer la langue, il est des interprètes
Qui parlent clairement des atteintes secrètes.

Un soupir, un regard, une simple rougeur,
Un silence est assez pour expliquer un cœur.
Tout parle dans l'amour; et, sur cette matière,
Le moindre jour doit être une grande lumière,
Puisque, chez notre sexe où l'honneur est puissant,
On ne montre jamais tout ce que l'on ressent.
J'ai voulu, je l'avoue, ajuster ma conduite,
Et voir d'un œil égal l'un et l'autre mérite :
Mais que contre ses vœux on combat vainement,
Et que la différence est connue aisément
De toutes ces faveurs qu'on fait avec étude,
A celles où du cœur fait pencher l'habitude !
Dans les unes toujours on paroît se forcer;
Mais les autres, hélas! se font sans y penser;
Semblables à ces eaux si pures et si belles,
Qui coulent sans effort des sources naturelles.
Ma pitié pour don Sylve avoit beau l'émouvoir,
J'en trahissois les soins sans m'en apercevoir;
Et mes regards au prince, en un pareil martyre,
En disoient toujours plus que je n'en voulois dire.

ÉLISE.

Enfin si les soupçons de cet illustre amant,
Puisque vous le voulez, n'ont point de fondement,
Pour le moins font-ils foi d'une ame bien atteinte,
Et d'autres chériroient ce qui fait votre plainte.
De jaloux mouvements doivent être odieux,
S'ils partent d'un amour qui déplaît à nos yeux:
Mais tout ce qu'un amant nous peut montrer d'alarmes
Doit, lorsque nous l'aimons, avoir pour nous des char-
C'est par là que son feu se peut mieux exprimer; [mes;

Et plus il est jaloux, plus nous devons l'aimer.
Ainsi, puisqu'en votre ame un prince magnanime...

DONE ELVIRE.

Ah ! ne m'avancez point cette étrange maxime !
Partout la jalousie est un monstre odieux :
Rien n'en peut adoucir les traits injurieux ;
Et plus l'amour est cher qui lui donne naissance,
Plus on doit ressentir les coups de cette offense.
Voir un prince emporté, qui perd à tous moments
Le respect que l'amour inspire aux vrais amants ;
Qui dans les soins jaloux où son ame se noie,
Querelle également mon chagrin et ma joie,
Et dans tous mes regards ne peut rien remarquer,
Qu'en faveur d'un rival il ne veuille expliquer :
Non, non, par ces soupçons je suis trop offensée,
Et, sans déguisement, je te dis ma pensée.
Le prince don Garcie est cher à mes désirs ;
Il peut d'un cœur illustre échauffer les soupirs ;
Au milieu de Léon on a vu son courage
Me donner de sa flamme un noble témoignage,
Braver en ma faveur les périls les plus grands,
M'enlever aux desseins de nos lâches tyrans,
Et, dans ces murs forcés, mettre ma destinée
A couvert des horreurs d'un indigne hyménée ;
Et je ne cèle point que j'aurois de l'ennui
Que la gloire en fût due à quelque autre qu'à lui ;
Car un cœur amoureux prend un plaisir extrême
A se voir redevable, Élise, à ce qu'il aime ;
Et sa flamme timide ose mieux éclater,
Lorsqu'en favorisant elle croit s'acquitter.

Oui, j'aime qu'un secours, qui hasarde sa tête,
Semble à sa passion donner droit de conquête;
J'aime que mon péril m'ait jetée en ses mains;
Et, si les bruits communs ne sont pas des bruits vains,
Si la bonté du ciel nous ramène mon frère,
Les vœux les plus ardents que mon cœur puisse faire,
C'est que son bras encor sur un perfide sang
Puisse aider à ce frère à reprendre son rang,
Et, par d'heureux succès d'une haute vaillance,
Mériter tous les soins de ma reconnoissance :
Mais, avec tout cela, s'il pousse mon courroux,
S'il ne purge ses feux de leurs transports jaloux,
Et ne les range aux lois que je lui veux prescrire,
C'est inutilement qu'il prétend done Elvire :
L'hymen ne peut nous joindre, et j'abhorre des nœuds
Qui deviendroient sans doute un enfer pour tous deux.

ÉLISE.

Bien que l'on pût avoir des sentiments tout autres,
C'est au prince, madame, à se régler aux vôtres;
Et dans votre billet ils sont si bien marqués,
Que quand il les verra de la sorte expliqués...

DONE ELVIRE.

Je n'y veux point, Élise, employer cette lettre,
C'est un soin qu'à ma bouche il me vaut mieux commet-
La faveur d'un écrit laisse aux mains d'un amant [tre.
Des témoins trop constants de notre attachement.

ÉLISE.

Toutes vos volontés sont des lois qu'on doit suivre.
J'admire cependant que le ciel ait jeté
Dans le goût des esprits tant de diversité,

Et que ce que les uns regardent comme outrage,
Soit vu par d'autres yeux sous un autre visage.
Pour moi je trouverois mon sort tout-à-fait doux,
Si j'avois un amant qui pût être jaloux;
Je saurois m'applaudir de son inquiétude;
Et ce qui pour mon ame est souvent un peu rude,
C'est de voir don Alvar ne prendre aucun souci.

DONE ELVIRE.

Nous ne le croyions pas si proche; le voici.

SCÈNE II.

DONE ELVIRE, DON ALVAR, ÉLISE.

DONE ELVIRE.

Votre retour surprend : qu'avez-vous à m'apprendre?
Don Alphonse vient-il? A-t-on lieu de l'attendre?

DON ALVAR.

Oui, madame, et ce frère en Castille élevé,
De rentrer dans ses droits voit le temps arrivé.
Jusqu'ici don Louis, qui vit à sa prudence
Par le feu roi mourant commettre son enfance,
A caché ses destins aux yeux de tout l'état,
Pour l'ôter aux fureurs du traître Maurégat;
Et bien que le tyran, depuis sa lâche audace,
L'ait souvent demandé pour lui rendre sa place,
Jamais son zèle ardent n'a pris de sûreté
A l'appât dangereux de sa fausse équité :
Mais les peuples émus par cette violence
Que vous a voulu faire une injuste puissance,
Ce généreux vieillard a cru qu'il étoit temps

D'éprouver le succès d'un espoir de vingt ans :
Il a tenté Léon, et ses fidèles trames
Des grands, comme du peuple, ont pratiqué les ames,
Tandis que la Castille armoit dix mille bras
Pour redonner ce prince aux vœux de ses états ;
Il fait auparavant semer sa renommée,
Et ne veut le montrer qu'en tête d'une armée,
Que, tout prêt à lancer le foudre punisseur,
Sous qui doit succomber un lâche ravisseur.
On investit Léon, et don Sylve en personne
Commande le secours que son père vous donne.

DONE ELVIRE.

Un secours si puissant doit flatter notre espoir ;
Mais je crains que mon frère y puisse trop devoir.

DON ALVAR.

Mais, madame, admirez que malgré la tempête
Que votre usurpateur voit gronder sur sa tête,
Tous les bruits de Léon annoncent pour certain
Qu'à la comtesse Ignès il va donner la main.

DONE ELVIRE.

Il cherche dans l'hymen de cette illustre fille
L'appui du grand crédit où se voit sa famille ;
Je ne reçois rien d'elle, et j'en suis en souci.
Mais son cœur au tyran fut toujours endurci.

ÉLISE.

De trop puissants motifs d'honneur et de tendresse
Opposent ses refus aux nœuds dont on la presse
Pour...

DON ALVAR.

Le prince entre ici.

SCÈNE III.

DON GARCIE, DONE ELVIRE, DON ALVAR, ÉLISE.

DON GARCIE.

Je viens m'intéresser,
Madame, au doux espoir qu'il vous vient d'annoncer.
Ce frère qui menace un tyran plein de crimes
Flatte de mon amour les transports légitimes :
Son sort offre à mon bras des périls glorieux
Dont je puis faire hommage à l'éclat de vos yeux,
Et par eux m'acquérir, si le ciel m'est propice,
La gloire d'un revers que vous doit sa justice,
Qui va faire à vos pieds choir l'infidélité,
Et rendre à votre sang toute sa dignité.
Mais ce qui plus me plaît d'une attente si chère,
C'est que pour être roi, le ciel vous rend ce frère ;
Et qu'ainsi mon amour peut éclater au moins
Sans qu'à d'autres motifs on impute ses soins,
Et qu'il soit soupçonné que dans votre personne
Il cherche à me gagner les droits d'une couronne.
Oui, tout mon cœur voudroit montrer aux yeux de tous,
Qu'il ne regarde en vous autre chose que vous ;
Et cent fois, si je puis le dire sans offense,
Ses vœux se sont armés contre votre naissance ;
Leur chaleur indiscrète a d'un destin plus bas
Souhaité le partage à vos divins appas ;

Afin que de ce cœur le noble sacrifice
Pût du ciel envers vous réparer l'injustice,
Et votre sort tenir des mains de mon amour
Tout ce qu'il doit au rang dont vous tenez le jour.
Mais puisqu'enfin les cieux, de tout ce juste hommage,
A mes feux prévenus dérobent l'avantage,
Trouvez bon que ces feux prennent un peu d'espoir
Sur la mort que mon bras s'apprête à faire voir,
Et qu'ils osent briguer, par d'illustres services,
D'un frère et d'un état les suffrages propices.

DONE ELVIRE.

Je sais que vous pouvez, prince, en vengeant nos droits,
Faire pour votre amour parler cent beaux exploits :
Mais ce n'est pas assez pour le prix qu'il espère;
Que l'aveu d'un état, et la faveur d'un frère.
Done Elvire n'est pas au bout de cet effort,
Et je vous vois à vaincre un obstacle plus fort.

DON GARCIE.

Oui, madame, j'entends ce que vous voulez dire,
Je sais bien que pour vous mon cœur en vain soupire;
Et l'obstacle puissant qui s'oppose à mes feux,
Sans que vous le nommiez, n'est pas secret pour eux.

DONE ELVIRE.

Souvent on entend mal ce qu'on croit bien entendre;
Et par trop de chaleur, prince, on se peut méprendre;
Mais, puisqu'il faut parler, désirez-vous savoir
Quand vous pourrez me plaire, et prendre quelque es-

DON GARCIE. [poir?

Ce me sera, madame, une faveur extrême.

ACTE I, SCÈNE III.

DONE ELVIRE.

Quand vous saurez m'aimer comme il faut que l'on aime.

DON GARCIE.

Hé! que peut-on, hélas! observer sous les cieux
Qui ne cède à l'ardeur que m'inspirent vos yeux?

DONE ELVIRE.

Quand votre passion ne fera rien paroître
Dont se puisse indigner celle qui l'a fait naître.

DON GARCIE.

C'est là son plus grand soin.

DONE ELVIRE.

Quand tous ses mouvements
Ne prendront pas de moi de trop bas sentiments.

DON GARCIE.

Ils vous révèrent trop.

DONE ELVIRE.

Quand d'un injuste ombrage
Votre raison saura me réparer l'outrage,
Et que vous bannirez enfin ce monstre affreux
Qui de son noir venin empoisonne vos feux,
Cette jalouse humeur dont l'importun caprice
Aux vœux que vous m'offrez rend un mauvais office,
S'oppose à leur attente, et contre eux, à tous coups,
Arme les mouvements de mon juste courroux.

DON GARCIE.

Ah, madame! il est vrai, quelque effort que je fasse,
Qu'un peu de jalousie en mon cœur trouve place,
Et qu'un rival, absent de vos divins appas,
Au repos de ce cœur vient livrer des combats.
Soit caprice ou raison, j'ai toujours la croyance

Que votre ame en ces lieux souffre de son absence,
Et que, malgré mes soins, vos soupirs amoureux
Vont trouver à tous coups ce rival trop heureux.
Mais si de tels soupçons ont de quoi vous déplaire,
Il vous est bien facile, hélas! de m'y soustraire;
Et leur bannissement, dont j'accepte la loi,
Dépend bien plus de vous, qu'il ne dépend de moi;
Oui, c'est vous qui pouvez, par deux mots pleins de
Contre la jalousie armer toute mon ame,   [flamme,
Et des pleines clartés d'un glorieux espoir,
Dissiper les horreurs que ce monstre y fait choir.
Daignez donc étouffer le doute qui m'accable,
Et faites qu'un aveu d'une bouche adorable
Me donne l'assurance, au fort de tant d'assauts,
Que je ne puis trouver dans le peu que je vaux.

DONE ELVIRE.

Prince, de vos soupçons la tyrannie est grande:
Au moindre mot qu'il dit, un cœur veut qu'on l'entende,
Et n'aime pas ces feux dont l'importunité
Demande qu'on s'explique avec plus de clarté.
Le premier mouvement qui découvre notre ame,
Doit d'un amant discret satisfaire la flamme;
Et c'est à s'en dédire autoriser nos vœux,
Que vouloir plus avant pousser de tels aveux.
Je ne dis point quel choix, s'il m'étoit volontaire,
Entre don Sylve et vous mon ame pourroit faire;
Mais vouloir vous contraindre à n'être point jaloux,
Auroit dit quelque chose à tout autre que vous;
Et je croyois cet ordre un assez doux langage,
Pour n'avoir pas besoin d'en dire davantage.

Cependant votre amour n'est pas encor content ;
Il demande un aveu qui soit plus éclatant ;
Pour l'ôter de scrupule, il me faut, à vous-même,
En des termes exprès, dire que je vous aime ;
Et peut-être qu'encor, pour vous en assurer,
Vous vous obstineriez à m'en faire jurer.

DON GARCIE.

Hé bien, madame, hé bien ! je suis trop téméraire :
De tout ce qui vous plaît je dois me satisfaire.
Je ne demande point de plus grande clarté ;
Je crois que vous avez pour moi quelque bonté,
Que d'un peu de pitié mon feu vous sollicite,
Et je me vois heureux plus que je ne mérite.
C'en est fait, je renonce à mes soupçons jaloux ;
L'arrêt qui les condamne est un arrêt bien doux,
Et je reçois la loi qu'il daigne me prescrire,
Pour affranchir mon cœur de leur injuste empire.

DONE ELVIRE.

Vous promettez beaucoup, prince ; et je doute fort
Si vous pourrez sur vous faire ce grand effort.

DON GARCIE.

Ah, madame ! il suffit, pour me rendre croyable,
Que ce qu'on vous promet doit être inviolable ;
Et que l'heur d'obéir à sa divinité
Ouvre aux plus grands efforts trop de facilité :
Que le ciel me déclare une éternelle guerre,
Que je tombe à vos pieds d'un éclat de tonnerre ;
Ou, pour périr encor par de plus rudes coups,
Puissé-je voir sur moi fondre votre courroux,
Si jamais mon amour descend à la foiblesse

De manquer au devoir d'une telle promesse;
Si jamais dans mon ame aucun jaloux transport
Fait...

SCÈNE IV.

DONE ELVIRE, DON GARCIE, DON ALVAR,
ÉLISE; un page, *présentant un billet à done Elvire.*

DONE ELVIRE.

J'en étois en peine, et tu m'obliges fort.
Que le courrier attende.

SCÈNE V.

DONE ELVIRE, DON GARCIE, DON ALVAR,
ÉLISE.

DONE ELVIRE, *bas, à part.*

A ces regards qu'il jette,
Vois-je pas que déja cet écrit l'inquiète!
Prodigieux effet de son tempérament!
(*haut.*)
Qui vous arrête, prince, au milieu du serment?

DON GARCIE.

J'ai cru que vous aviez quelque secret ensemble,
Et je ne voulois pas l'interrompre.

DONE ELVIRE.

Il me semble
Que vous me répondez d'un ton fort altéré.
Je vous vois tout à coup le visage égaré.

Ce changement soudain a lieu de me surprendre :
D'où peut-il provenir ? le pourroit-on apprendre ?

DON GARCIE.

D'un mal qui tout à coup vient d'attaquer mon cœur.

DONE ELVIRE.

Souvent plus qu'on ne croit ces maux ont de rigueur,
Et quelque prompt secours vous seroit nécessaire.
Mais encor, dites-moi, vous prend-il d'ordinaire ?

DON GARCIE.

Parfois.

DONE ELVIRE.

Ah, prince foible ! Hé bien ! par cet écrit,
Guérissez-le, ce mal ; il n'est que dans l'esprit.

DON GARCIE.

Par cet écrit, madame ? Ah, ma main le refuse !
Je vois votre pensée, et de quoi l'on m'accuse.
Si...

DONE ELVIRE.

Lisez-le, vous dis-je, et satisfaites-vous.

DON GARCIE.

Pour me traiter, après, de foible, de jaloux ?
Non, non. Je dois ici vous rendre un témoignage
Qu'à mon cœur cet écrit n'a point donné d'ombrage ;
Et, bien que vos bontés m'en laissent le pouvoir,
Pour me justifier, je ne veux point le voir.

DONE ELVIRE.

Si vous vous obstinez à cette résistance,
J'aurois tort de vouloir vous faire violence ;
Et c'est assez enfin que vous avoir pressé
De voir de quelle main ce billet m'est tracé.

DON GARCIE.

Ma volonté toujours vous doit être soumise :
Si c'est votre plaisir que pour vous je le lise,
Je consens volontiers à prendre cet emploi.

DONE ELVIRE.

Oui, oui, prince, tenez, vous le lirez pour moi.

DON GARCIE.

C'est pour vous obéir; au moins; et je puis dire...

DONE ELVIRE.

C'est ce que vous voudrez : dépêchez-vous de lire.

DON GARCIE.

Il est de done Ignès, à ce que je connoi.

DONE ELVIRE.

Oui. Je m'en réjouis et pour vous et pour moi.

DON GARCIE *lit.*

« Malgré l'effort d'un long mépris,
« Le tyran toujours m'aime, et, depuis votre absence,
« Vers moi, pour me porter au dessein qu'il a pris,
« Il semble avoir tourné toute sa violence,
   « Dont il poursuivoit l'alliance
      « De vous et de son fils.
   « Ceux qui sur moi peuvent avoir empire
« Par de lâches motifs qu'un faux honneur inspire
   « Approuvent tous cet indigne lien.
« J'ignore encor par où finira mon martyre ;
« Mais je mourrai plutôt que de consentir rien.
      « Puissiez-vous jouir, belle Elvire,
         « D'un destin plus doux que le mien ! »

DONE IGNÈS.

Dans la haute vertu son ame est affermie.

ACTE I, SCÈNE V.

DONE ELVIRE.

Je vais faire réponse à cette illustre amie.
Cependant apprenez, prince, à vous mieux armer
Contre ce qui prend droit de vous trop alarmer.
J'ai calmé votre trouble avec cette lumière,
Et la chose a passé d'une douce manière;
Mais, à n'en point mentir, il seroit des moments
Où je pourrois entrer dans d'autres sentiments.

DON GARCIE.

Hé quoi! vous croyez donc...

DONE ELVIRE.

Je crois ce qu'il faut croire.
Adieu. De mes avis conservez la mémoire;
Et s'il est vrai pour moi que votre amour soit grand,
Donnez-en à mon cœur les preuves qu'il prétend.

DON GARCIE.

Croyez que désormais c'est toute mon envie,
Et qu'avant qu'y manquer je veux perdre la vie.

FIN DU PREMIER ACTE.

ACTE SECOND.

SCÈNE I.

ÉLISE, DON LOPE.

ÉLISE.
Tout ce que fait le prince, à parler franchement,
N'est pas ce qui me donne un grand étonnement;
Car que d'un noble amour une ame bien saisie
En pousse les transports jusqu'à la jalousie;
Que de doutes fréquents ses vœux soient traversés;
Il est fort naturel, et je l'approuve assez :
Mais ce qui me surprend, don Lope, c'est d'entendre
Que vous lui préparez les soupçons qu'il doit prendre,
Que votre ame les forme, et qu'il n'est en ces lieux
Fâcheux que par vos soins, jaloux que par vos yeux.
Encore un coup, don Lope, une ame bien éprise
Des soupçons qu'elle prend ne me rend point surprise;
Mais qu'on ait sans amour tous les soins d'un jaloux,
C'est une nouveauté qui n'appartient qu'à vous.

DON LOPE.
Que sur cette conduite à son aise l'on glose,
Chacun règle la sienne au but qu'il se propose,
Et, rebuté par vous des soins de mon amour,
Je songe auprès du prince à bien faire ma cour.

ÉLISE.
Mais savez-vous qu'enfin il fera mal la sienne,
S'il faut qu'en cette humeur votre esprit l'entretienne.

DON LOPE.
Et quand, charmante Élise, a-t-on vu, s'il vous plaît,
Qu'on cherche auprès des grands que son propre intérêt?
Qu'un parfait courtisan veuille charger leur suite
D'un censeur des défauts qu'on trouve en leur conduite,
Et s'aille inquiéter si son discours leur nuit,
Pourvu que sa fortune en tire quelque fruit?
Tout ce qu'on fait ne va qu'à se mettre en leur grace;
Par la plus courte voie on y cherche une place,
Et les plus prompts moyens de gagner leur faveur,
C'est de flatter toujours le foible de leur cœur;
D'applaudir en aveugle à ce qu'ils veulent faire,
Et n'appuyer jamais ce qui peut leur déplaire :
C'est là le vrai secret d'être bien auprès d'eux.
Les utiles conseils font passer pour fâcheux,
Et vous laissent toujours hors de la confidence,
Où vous jette d'abord l'adroite complaisance.
Enfin, on voit partout que l'art des courtisans
Ne tend qu'à profiter des foiblesses des grands,
A nourrir leurs erreurs, et jamais dans leur ame
Ne porter les avis des choses qu'on y blâme.

ÉLISE.
Ces maximes un temps leur peuvent succéder;
Mais il est des revers qu'on doit appréhender;
Et dans l'esprit des grands, qu'on tâche de surprendre,
Un rayon de lumière à la fin peut descendre,
Qui sur tous ces flatteurs venge équitablement

Ce qu'a fait à leur gloire un long aveuglement.
Cependant je dirai que votre ame s'explique
Un peu bien librement sur votre politique;
Et ces nobles motifs, au prince rapportés,
Serviroient assez mal vos assiduités.

DON LOPE.

Outre que je pourrois désavouer sans blâme
Ces libres vérités sur quoi s'ouvre mon ame,
Je sais fort bien qu'Élise a l'esprit trop discret
Pour aller divulguer cet entretien secret.
Qu'ai-je dit, après tout, que sans moi l'on ne sache?
Et dans mon procédé que faut-il que je cache?
On peut craindre une chute avec quelque raison,
Quand on met en usage ou ruse ou trahison.
Mais qu'ai-je à redouter, moi qui partout n'avance
Que les soins approuvés d'un peu de complaisance,
Et qui suis seulement par d'utiles leçons
La pente qu'a le prince à de jaloux soupçons?
Son ame semble en vivre, et je mets mon étude
A trouver des raisons à son inquiétude,
A voir de tous côtés s'il ne se passe rien,
A fournir le sujet d'un secret entretien;
Et quand je puis venir, enflé d'une nouvelle,
Donner à son repos une atteinte mortelle,
C'est lors que plus il m'aime, et je vois sa raison
D'une audience avide avaler ce poison,
Et m'en remercier comme d'une victoire
Qui combleroit ses jours de bonheur et de gloire.
Mais mon rival paroît, je vous laisse tous deux;
Et, bien que je renonce à l'espoir de vos vœux,

J'aurois un peu de peine à voir qu'en ma présence
Il reçût des effets de quelque préférence,
Et je veux, si je puis, m'épargner ce souci.
ÉLISE.
Tout amant de bon sens en doit user ainsi.

SCÈNE II.

DON ALVAR, ÉLISE.

DON ALVAR.
Enfin nous apprenons que le roi de Navarre
Pour les désirs du prince aujourd'hui se déclare;
Et qu'un nouveau renfort de troupes nous attend
Pour le fameux service où son amour prétend.
Je suis surpris, pour moi, qu'avec tant de vitesse
On ait fait avancer... Mais...

SCÈNE III.

DON GARCIE, ÉLISE, DON ALVAR.

DON GARCIE.
                  Que fait la princesse?
ÉLISE.
Quelques lettres, seigneur; je le présume ainsi :
Mais elle va savoir que vous êtes ici.
DON GARCIE.
J'attendrai qu'elle ait fait.

SCÈNE IV.

DON GARCIE.

Près de souffrir sa vue,
D'un trouble tout nouveau je me sens l'ame émue;
Et la crainte, mêlée à mon ressentiment,
Jette par tout mon corps un soudain tremblement.
Prince, prends garde au moins qu'un aveugle caprice
Ne te conduise ici dans quelque précipice,
Et que de ton esprit les désordres puissants
Ne donnent un peu trop au rapport de tes sens :
Consulte ta raison, prends sa clarté pour guide;
Vois si de tes soupçons l'apparence est solide,
Ne démens pas leur voix; mais aussi garde bien
Que, pour les croire trop, ils ne t'imposent rien;
Qu'à tes premiers transports ils n'osent trop permettre,
Et relis posément cette moitié de lettre.
Ah! qu'est-ce que mon cœur, trop digne de pitié,
Ne voudroit pas donner pour son autre moitié!
Mais, après tout, que dis-je? Il suffit bien de l'une,
Et n'en voilà que trop pour voir mon infortune.

« Quoique votre rival...
« Vous devez toutefois vous...
« Et vous avez en vous à...
« L'obstacle le plus grand...

« Je chéris tendrement ce...
« Pour me tirer des mains de...

ACTE II, SCÈNE V.

« Son amour, ses devoirs...
« Mais il m'est odieux avec...

« Otez donc à vos feux ce...
« Mériter les regards que l'on...
« Et lorsqu'on vous oblige...
« Ne vous obstinez point à...

Oui ; mon sort par ces mots est assez éclairci ;
Son cœur, comme sa main, se fait connoître ici ;
Et les sens imparfaits de cet écrit funeste,
Pour s'expliquer à moi, n'ont pas besoin du reste.
Toutefois dans l'abord agissons doucement,
Couvrons à l'infidèle un vif ressentiment ;
Et, de ce que je tiens ne donnant point d'indice,
Confondons son esprit par son propre artifice.
La voici. Ma raison, renferme mes transports,
Et rends-toi pour un temps maîtresse du dehors

SCÈNE V.

DONE ELVIRE, DON GARCIE.

DONE ELVIRE.
Vous avez bien voulu que je vous fisse attendre?
DON GARCIE, *bas, à part.*
Ah! qu'elle cache bien...
DONE ELVIRE.
On vient de nous apprendre
Que le roi votre père approuve vos projets,
Et veut bien que son fils nous rende nos sujets ;

Et mon ame en a pris une alégresse extrême.
DON GARCIE.
Oui, madame, et mon cœur s'en réjouit de même;
Mais...
DONE ELVIRE.
Le tyran sans doute aura peine à parer
Les foudres que partout il entend murmurer;
Et j'ose me flatter que le même courage
Qui put bien me soustraire à sa brutale rage,
Et, dans les murs d'Astorgue arraché de ses mains,
Me faire un sûr asile à braver ses desseins,
Pourra, de tout Léon achevant la conquête,
Sous ses nobles efforts faire choir cette tête.
DON GARCIE.
Le succès en pourra parler dans quelques jours.
Mais, de grace, passons à quelque autre discours.
Puis-je, sans trop oser, vous prier de me dire
A qui vous avez pris, madame, soin d'écrire,
Depuis que le destin nous a conduits ici?
DONE ELVIRE.
Pourquoi cette demande, et d'où vient ce souci?
DON GARCIE.
D'un désir curieux de pure fantaisie.
DONE ELVIRE.
La curiosité naît de la jalousie.
DON GARCIE.
Non, ce n'est rien du tout de ce que vous pensez;
Vos ordres de ce mal me défendent assez.
DONE ELVIRE.
Sans chercher plus avant quel intérêt vous presse,

ACTE II, SCÈNE V.

J'ai deux fois à Léon écrit à la comtesse,
Et deux fois au marquis don Louis à Burgos.
Avec cette réponse êtes-vous en repos?

DON GARCIE.

Vous n'avez point écrit à quelque autre personne,
Madame?

DONE ELVIRE.

Non, sans doute, et ce discours m'étonne.

DON GARCIE.

De grace, songez bien, avant que d'assurer.
En manquant de mémoire, on peut se parjurer.

DONE ELVIRE.

Ma bouche, sur ce point, ne peut être parjure.

DON GARCIE.

Elle a dit toutefois une haute imposture.

DONE ELVIRE.

Prince?

DON GARCIE.

Madame?

DONE ELVIRE.

O ciel! quel est ce mouvement?
Avez-vous, dites-moi, perdu le jugement?

DON GARCIE.

Oui, oui, je l'ai perdu, lorsque dans votre vue
J'ai pris, pour mon malheur, le poison qui mé tue,
Et que j'ai cru trouver quelque sincérité
Dans les traîtres appas dont je fus enchanté.

DONE ELVIRE.

De quelle trahison pouvez-vous donc vous plaindre?

DON GARCIE.
Ah! que ce cœur est double et sait bien l'art de feindre!
Mais tous moyens de fuir lui vont être soustraits.
Jetez ici les yeux, et connoissez vos traits :
Sans avoir vu le reste, il m'est assez facile
De découvrir pour qui vous employez ce style.
DONE ELVIRE.
Voilà donc le sujet qui vous trouble l'esprit?
DON GARCIE.
Vous ne rougissez pas en voyant cet écrit?
DONE ELVIRE.
L'innocence à rougir n'est point accoutumée.
DON GARCIE.
Il est vrai qu'en ces lieux on la voit opprimée.
Ce billet démenti pour n'avoir point de seing...
DONE ELVIRE.
Pourquoi le démentir puisqu'il est de ma main?
DON GARCIE.
Encore est-ce beaucoup que, de franchise pure,
Vous demeuriez d'accord que c'est votre écriture;
Mais ce sera, sans doute, et j'en serois garant,
Un billet qu'on envoie à quelque indifférent;
Ou du moins ce qu'il a de tendresse évidente,
Sera pour une amie, ou pour quelque parente.
DONE ELVIRE.
Non, c'est pour un amant que ma main l'a formé :
Et, j'ajoute de plus, pour un amant aimé.
DON GARCIE.
Et je puis, ô perfide...

DONE ELVIRE.

Arrêtez, prince indigne,
De ce lâche transport l'égarement insigne.
Bien que de vous mon cœur ne prenne point de loi,
Et ne doive en ces lieux aucun compte qu'à soi,
Je veux bien me purger, pour votre seul supplice,
Du crime que m'impose un insolent caprice.
Vous serez éclairci, n'en doutez nullement.
J'ai ma défense prête en ce même moment ;
Vous allez recevoir une pleine lumière.
Mon innocence ici paroîtra tout entière,
Et je veux, vous mettant juge en votre intérêt,
Vous faire prononcer vous-même votre arrêt.

DON GARCIE.

Ce sont propos obscurs qu'on ne sauroit comprendre.

DONE ELVIRE.

Bientôt à vos dépens vous me pourrez entendre.
Élise, holà !

SCÈNE VI.

DON GARCIE, DONE ELVIRE, ÉLISE.

ÉLISE.

Madame ?

DONE ELVIRE, *à don Garcie.*

Observez bien au moins
Si j'ose à vous tromper employer quelques soins ;
Si par un seul coup d'œil, ou geste qui l'instruise,
Je cherche de ce coup à parer la surprise.

(*à Élise.*)
Le billet que tantôt ma main avoit tracé,
Répondez promptement, où l'avez-vous laissé?

ÉLISE.

Madame, j'ai sujet de m'avouer coupable.
Je ne sais comme il est demeuré sur ma table;
Mais on vient de m'apprendre en ce même moment
Que don Lope, venant dans mon appartement,
Par une liberté qu'on lui voit se permettre,
A fureté partout, et trouvé cette lettre.
Comme il la déplioit, Léonor a voulu
S'en saisir promptement avant qu'il eût rien lu;
Et, se jetant sur lui, la lettre contestée
En deux justes moitiés dans leurs mains est restée;
Et don Lope, aussitôt prenant un prompt essor,
A dérobé la sienne aux soins de Léonor.

DONE ELVIRE.

Avez-vous ici l'autre?

ÉLISE.

Oui, la voilà, madame.

DONE ELVIRE.

(*à don Garcie.*)
Donnez. Nous allons voir qui mérite le blâme.
Avec votre moitié rassemblez celle-ci,
Lisez, et hautement; je veux l'entendre aussi.

DON GARCIE.

Au prince don Garcie. Ah!

DONE ELVIRE.

Achevez de lire,
Votre ame pour ce mot ne doit point s'interdire.

DON GARCIE *lit.*

« Quoique votre rival, prince, alarme votre ame,
« Vous devez toutefois vous craindre plus que lui :
« Et vous avez en vous à détruire aujourd'hui
« L'obstacle le plus grand que trouve votre flamme.

« Je chéris tendrement ce qu'a fait don Garcie
« Pour me tirer des mains de nos fiers ravisseurs.
« Son amour, ses devoirs ont pour moi des douceurs ;
« Mais il m'est odieux avec sa jalousie.

« Otez donc à vos feux ce qu'ils en font paroître,
« Méritez les regards que l'on jette sur eux :
« Et, lorsqu'on vous oblige à vous tenir heureux,
« Ne vous obstinez point à ne pas vouloir l'être. »

DONE ELVIRE.
Hé bien, que dites-vous ?
DON GARCIE.
Ah, madame ! je dis
Qu'à cet objet mes sens demeurent interdits ;
Que je vois dans ma plainte une horrible injustice,
Et qu'il n'est point pour moi d'assez cruel supplice.
DONE ELVIRE.
Il suffit. Apprenez que si j'ai souhaité
Qu'à vos yeux cet écrit pût être présenté,
C'est pour le démentir, et cent fois me dédire
De tout ce que pour vous vous y venez de lire.

Adieu, prince.
DON GARCIE.
Madame, hélas ! où fuyez-vous ?
DONE ELVIRE.
Où vous ne serez point, trop odieux jaloux.
DON GARCIE.
Ah, madame ! excusez un amant misérable,
Qu'un sort prodigieux a fait vers vous coupable,
Et qui, bien qu'il vous cause un courroux si puissant,
Eût été plus blâmable à rester innocent.
Car enfin peut-il être une ame bien atteinte
Dont l'espoir le plus doux ne soit mêlé de crainte ?
Et pourriez-vous penser que mon cœur eût aimé,
Si ce billet fatal ne l'eût point alarmé ;
S'il n'avoit point frémi des coups de cette foudre,
Dont je me figurois tout mon bonheur en poudre ?
Vous-même dites-moi si cet événement
N'eût pas dans mon erreur jeté tout autre amant ?
Si d'une preuve, hélas ! qui me sembloit si claire
Je pouvois démentir...
DONE ELVIRE.
Oui, vous le pouviez faire ;
Et dans mes sentiments, assez bien déclarés,
Vos doutes rencontroient des garants assurés :
Vous n'aviez rien à craindre, et d'autres sur ce gage
Auroient du monde entier gravé le témoignage.
DON GARCIE.
Moins on mérite un bien qu'on nous fait espérer,
Plus notre ame a de peine à pouvoir s'assurer.
Un sort trop plein de gloire à nos yeux est fragile,

Et nous laisse aux soupçons une pente facile.
Pour moi, qui crois si peu mériter vos bontés,
J'ai douté du bonheur de mes témérités;
J'ai cru que, dans ces lieux rangés sous ma puissance,
Votre ame se forçoit à quelque complaisance;
Que, déguisant pour moi votre sévérité...

DONE ELVIRE.

Et je pourrois descendre à cette lâcheté?
Moi, prendre le parti d'une honteuse feinte!
Agir par les motifs d'une servile crainte!
Trahir mes sentiments! et, pour être en vos mains,
D'un masque de faveur vous couvrir mes dédains?
La gloire sur mon cœur auroit si peu d'empire!
Vous pouvez le penser, et vous me l'osez dire?
Apprenez que ce cœur ne sait point s'abaisser;
Qu'il n'est rien sous les cieux qui puisse l'y forcer;
Et, s'il vous a fait voir, par une erreur insigne,
Des marques de bonté dont vous n'étiez pas digne,
Qu'il saura bien montrer, malgré votre pouvoir,
La haine que pour vous il se résout d'avoir;
Braver votre furie, et vous faire connoître
Qu'il n'a point été lâche, et ne veut jamais l'être.

DON GARCIE.

Hé bien! je suis coupable, et ne m'en défends pas;
Mais je demande grace à vos divins appas;
Je la demande au nom de la plus vive flamme
Dont jamais deux beaux yeux aient fait brûler une ame.
Que si votre courroux ne peut être apaisé,
Si mon crime est trop grand pour se voir excusé,
Si vous ne regardez ni l'amour qui le cause,

Ni le vif repentir que mon cœur vous expose,
Il faut qu'un coup heureux, en me faisant mourir,
M'arrache à des tourments que je ne puis souffrir.
Non, ne présumez pas qu'ayant su vous déplaire
Je puisse vivre une heure avec votre colère.
Déja de ce moment la barbare longueur
Sous ses cuisants remords fait succomber mon cœur,
Et de mille vautours les blessures cruelles
N'ont rien de comparable à ces douleurs mortelles.
Madame, vous n'avez qu'à me le déclarer,
S'il n'est point de pardon que je doive espérer,
Cette épée aussitôt, par un coup favorable,
Va percer, à vos yeux, le cœur d'un misérable;
Ce cœur, ce traître cœur, dont les perplexités
Ont si fort outragé vos extrêmes bontés :
Trop heureux, en mourant, si ce coup légitime
Efface en votre esprit l'image de mon crime,
Et ne laisse aucuns traits de votre aversion
Au foible souvenir de mon affection !
C'est l'unique faveur que demande ma flamme.

DONE ELVIRE.

Ah, prince trop cruel !

DON GARCIE.

Dites, parlez, madame.

DONE ELVIRE.

Faut-il encor pour vous conserver des bontés,
Et vous voir m'outrager par tant d'indignités ?

DON GARCIE.

Un cœur ne peut jamais outrager quand il aime;
Et ce que fait l'amour, il l'excuse lui-même.

DONE ELVIRE.
L'amour n'excuse point de tels emportements.
DON GARCIE.
Tout ce qu'il a d'ardeur passe en ses mouvements ;
Et plus il devient fort, plus il trouve de peine...
DONE ELVIRE.
Non, ne m'en parlez point, vous méritez ma haine.
DON GARCIE.
Vous me haïssez donc ?
DONE ELVIRE.
J'y veux tâcher au moins ;
Mais, hélas ! je crains bien que j'y perde mes soins,
Et que tout le courroux qu'excite votre offense
Ne puisse jusque là faire aller ma vengeance.
DON GARCIE.
D'un supplice si grand ne tentez point l'effort,
Puisque pour vous venger je vous offre ma mort ;
Prononcez-en l'arrêt, et j'obéis sur l'heure.
DONE ELVIRE.
Qui ne sauroit haïr ne peut vouloir qu'on meure.
DON GARCIE.
Et moi je ne puis vivre, à moins que vos bontés
Accordent un pardon à mes témérités.
Résolvez l'un des deux, de punir ou d'absoudre.
DONE ELVIRE.
Hélas ! j'ai trop fait voir ce que je puis résoudre.
Par l'aveu d'un pardon n'est-ce pas se trahir,
Que dire au criminel qu'on ne le peut haïr ?
DON GARCIE.
Ah ! c'en est trop ; souffrez, adorable princesse...

DONE ELVIRE.

Laissez; je me veux mal d'une telle foiblesse.

DON GARCIE, *seul*.

Enfin je suis...

SCÈNE VII.

DON GARCIE, DON LOPE.

DON LOPE.

Seigneur, je viens vous informer
D'un secret dont vos feux ont droit de s'alarmer.

DON GARCIE.

Ne me viens point parler de secret ni d'alarme
Dans les doux mouvements du transport qui me charme.
Après ce qu'à mes yeux on vient de présenter,
Il n'est point de soupçons que je doive écouter;
Et d'un divin objet la bonté sans pareille
A tous ces vains rapports doit fermer mon oreille;
Ne m'en fais plus.

DON LOPE.

Seigneur, je veux ce qu'il vous plaît;
Mes soins en tout ceci n'ont que votre intérêt.
J'ai cru que le secret que je viens de surprendre
Méritoit bien qu'en hâte on vous le vînt apprendre;
Mais puisque vous voulez que je n'en touche rien,
Je vous dirai, seigneur, pour changer d'entretien,
Que déja dans Léon on voit chaque famille
Lever le masque au bruit des troupes de Castille,
Et que surtout le peuple y fait pour son vrai roi

ACTE II, SCÈNE VII.

Un éclat à donner au tyran de l'effroi.

DON GARCIE.

La Castille du moins n'aura pas la victoire,
Sans que nous essayions d'en partager la gloire;
Et nos troupes aussi peuvent être en état
D'imprimer quelque crainte au cœur de Maurégat.
Mais quel est ce secret dont tu voulois m'instruire?
Voyons un peu.

DON LOPE.

Seigneur, je n'ai rien à vous dire.

DON GARCIE.

Va, va, parle, mon cœur t'en donne le pouvoir.

DON LOPE.

Vos paroles, seigneur, m'en ont trop fait savoir,
Et, puisque mes avis ont de quoi vous déplaire,
Je saurai désormais trouver l'art de me taire.

DON GARCIE.

Enfin je veux savoir la chose absolument.

DON LOPE.

Je ne réplique point à ce commandement.
Mais, seigneur, en ce lieu le devoir de mon zèle
Trahiroit le secret d'une telle nouvelle.
Sortons pour vous l'apprendre; et, sans rien embrasser,
Vous-même vous verrez ce qu'on en doit penser.

FIN DU SECOND ACTE.

ACTE TROISIÈME.

SCÈNE I.

DONE ELVIRE, ELISE.

DONE ELVIRE.

Élise, que dis-tu de l'étrange foiblesse
Que vient de témoigner le cœur d'une princesse!
Que dis-tu de me voir tomber si promptement
De toute la chaleur de mon ressentiment;
Et, malgré tant d'éclat, relâcher mon courage
Au pardon trop honteux d'un si cruel outrage?

ÉLISE.

Moi, je dis que d'un cœur que nous pouvons chérir
Une injure sans doute est bien dure à souffrir;
Mais que, s'il n'en est point qui davantage irrite,
Il n'en est point aussi qu'on pardonne si vite,
Et qu'un coupable aimé triomphe à nos genoux
De tous les prompts transports du plus bouillant cour- [roux,
D'autant plus aisément, madame, quand l'offense
Dans un excès d'amour peut trouver sa naissance.
Ainsi, quelque dépit que l'on vous ait causé,
Je ne m'étonne point de le voir apaisé;
Et je sais quel pouvoir, malgré votre menace,
A de pareils forfaits donnera toujours grace.

DONE ELVIRE.

Ah! sache, quelque ardeur qui m'impose des lois,

Que mon front a rougi pour la dernière fois;
Et que, si désormais on pousse ma colère,
Il n'est point de retour qu'il faille qu'on espère.
Quand je pourrois reprendre un tendre sentiment,
C'est assez contre lui que l'éclat d'un serment:
Car enfin un esprit qu'un peu d'orgueil inspire
Trouve beaucoup de honte à se pouvoir dédire;
Et souvent, aux dépens d'un pénible combat,
Fait sur ses propres vœux un illustre attentat,
S'obstine par honneur, et n'a rien qu'il n'immole
A la noble fierté de tenir sa parole.
Ainsi, dans le pardon que l'on vient d'obtenir,
Ne prends point de clartés pour régler l'avenir;
Et, quoi qu'à mes destins la fortune prépare,
Crois que je ne puis être au prince de Navarre
Que de ces noirs accès qui troublent sa raison
Il n'ait fait éclater l'entière guérison,
Et réduit tout mon cœur, que ce mal persécute,
A n'en plus redouter l'affront d'une rechute.

ÉLISE.

Mais quel affront nous fait le transport d'un jaloux?

DONE ELVIRE.

En est-il un qui soit plus digne de courroux?
Et, puisque notre cœur fait un effort extrême
Lorsqu'il se peut résoudre à confesser qu'il aime,
Puisque l'honneur du sexe, en tout temps rigoureux,
Oppose un fort obstacle à de pareils aveux,
L'amant qui voit pour lui franchir un tel obstacle
Doit-il impunément douter de cet oracle?
Et n'est-il pas coupable alors qu'il ne croit pas

Ce qu'on ne dit jamais qu'après de grands combats?
ÉLISE.
Moi je tiens que toujours un peu de défiance
En ces occasions n'a rien qui nous offense;
Et qu'il est dangereux qu'un cœur qu'on a charmé
Soit trop persuadé, madame, d'être aimé,
Si...
DONE ELVIRE.
N'en disputons plus. Chacun a sa pensée.
C'est un scrupule enfin dont mon ame est blessée;
Et, contre mes désirs, je sens, je ne sais quoi,
Me prédire un éclat entre le prince et moi,
Qui, malgré ce qu'on doit aux vertus dont il brille...
Mais, ô ciel! en ces lieux dont Sylve de Castille!

SCÈNE II.

DONE ELVIRE, DON ALPHONSE, *cru don Sylve;* ÉLISE.

DONE ELVIRE.
Ah, seigneur! par quel sort vous vois-je maintenant?
DON ALPHONSE.
Je sais que mon abord, madame, est surprenant,
Et qu'être sans éclat entré dans cette ville,
Dont l'ordre d'un rival rend l'accès difficile;
Qu'avoir pu me soustraire aux yeux de ses soldats,
C'est un événement que vous n'attendiez pas.
Mais si j'ai dans ces lieux franchi quelques obstacles,
L'ardeur de vous revoir peut bien d'autres miracles;

Tout mon cœur a senti par de trop rudes coups
Le rigoureux destin d'être éloigné de vous;
Et je n'ai pu nier au tourment qui le tue
Quelques moments secrets d'une si chère vue.
Je viens vous dire donc que je rends grâce aux cieux
De vous voir hors des mains d'un tyran odieux;
Mais parmi les douceurs d'une telle aventure,
Ce qui m'est un sujet d'éternelle torture,
C'est de voir qu'à mon bras les rigueurs de mon sort
Ont envié l'honneur de cet illustre effort,
Et fait à mon rival, avec trop d'injustice,
Offrir les doux périls d'un si fameux service.
Oui, madame, j'avois, pour rompre vos liens,
Des sentiments, sans doute, aussi beaux que les siens;
Et je pouvois pour vous gagner cette victoire,
Si le ciel n'eût voulu m'en dérober la gloire.

DONE ELVIRE.

Je sais, seigneur, je sais, que vous avez un cœur
Qui des plus grands périls vous peut rendre vainqueur;
Et je ne doute point que ce généreux zèle,
Dont la chaleur vous pousse à venger ma querelle,
N'eût, contre les efforts d'un indigne projet,
Pu faire en ma faveur tout ce qu'un autre a fait.
Mais, sans cette action dont vous étiez capable,
Mon sort à la Castille est assez redevable.
On sait ce qu'en ami plein d'ardeur et de foi
Le comte votre père a fait pour le feu roi :
Après l'avoir aidé jusqu'à l'heure dernière,
Il donne en ses états un asile à mon frère;
Quatre lustres entiers il y cache son sort

Aux barbares fureurs de quelque lâche effort,
Et, pour rendre à son front l'éclat d'une couronne,
Contre nos ravisseurs vous marchez en personne.
N'êtes-vous pas content? Et ces soins généreux
Ne m'attachent-ils point par d'assez puissants nœuds?
Quoi! votre ame, seigneur, seroit-elle obstinée
A vouloir asservir toute ma destinée?
Et faut-il que jamais il ne tombe sur nous
L'ombre d'un seul bienfait, qu'il ne vienne de vous?
Ah! souffrez, dans les maux où mon destin m'expose,
Qu'aux soins d'un autre aussi je doive quelque chose;
Et ne vous plaignez point de voir un autre bras
Acquérir de la gloire où le vôtre n'est pas.

DON ALPHONSE.

Oui, madame, mon cœur doit cesser de s'en plaindre;
Avec trop de raison vous voulez m'y contraindre,
Et c'est injustement qu'on se plaint d'un malheur,
Quand un autre plus grand s'offre à notre douleur.
Ce secours d'un rival m'est un cruel martyre;
Mais, hélas! de mes maux, ce n'est pas là le pire:
Le coup, le rude coup dont je suis attéré,
C'est de me voir par vous ce rival préféré.
Oui, je ne vois que trop que ses feux pleins de gloire
Sur les miens dans votre ame emportent la victoire;
Et cette occasion de servir vos appas,
Cet avantage offert de signaler son bras,
Cet éclatant exploit qui vous fut salutaire,
N'est que le pur effet du bonheur de vous plaire;
Que le secret pouvoir d'un astre merveilleux,
Qui fait tomber la gloire où s'attachent vos vœux.

Ainsi tous mes efforts ne seront que fumée.
Contre vos fiers tyrans je conduis une armée;
Mais je marche en tremblant à cet illustre emploi,
Assuré que vos vœux ne seront pas pour moi,
Et que, s'ils sont suivis, la fortune prépare
L'heur des plus beaux succès aux soins de la Navarre
Ah, madame! faut-il me voir précipité
De l'espoir glorieux dont je m'étois flatté!
Et ne puis-je savoir quels crimes on m'impute,
Pour avoir mérité cette effroyable chute?

DONE ELVIRE.

Ne me demandez rien avant que régarder
Ce qu'à mes sentiments vous devez demander,
Et, sur cette froideur qui semble vous confondre,
Répondez-vous, seigneur, ce que je puis répondre;
Car enfin tous vos soins ne sauroient ignorer
Quels secrets de votre ame on m'a su déclarer;
Et je la crois, cette ame, et trop noble et trop haute,
Pour vouloir m'obliger à commettre une faute.
Vous-même, dites-vous s'il est de l'équité
De me voir couronner une infidélité;
Si vous pouvez m'offrir, sans beaucoup d'injustice,
Un cœur à d'autres yeux offert en sacrifice;
Vous plaindre avec raison, et blâmer mes refus,
Lorsqu'ils veulent d'un crime affranchir vos vertus.
Oui, seigneur, c'est un crime, et les premières flammes
Ont des droits si sacrés sur les illustres ames,
Qu'il faut perdre grandeurs, et renoncer au jour,
Plutôt que de pencher vers un second amour.
J'ai pour vous cette ardeur que peut prendre l'estime

Pour un courage haut, pour un cœur magnanime;
Mais n'exigez de moi que ce que je vous dois,
Et soutenez l'honneur de votre premier choix.
Malgré vos feux nouveaux, voyez quelle tendresse
Vous conserve le cœur de l'aimable comtesse!
Ce que pour un ingrat, car vous l'êtes, seigneur,
Elle a d'un choix constant refusé de bonheur!
Quel mépris généreux, dans son ardeur extrême,
Elle a fait de l'éclat que donne un diadème!
Voyez combien d'efforts pour vous elle a bravés!
Et rendez à son cœur ce que vous lui devez.

DON ALPHONSE.

Ah, madame! à mes yeux n'offrez point son mérite:
Il n'est que trop présent à l'ingrat qui la quitte;
Et si mon cœur vous dit ce que pour elle il sent,
J'ai peur qu'il ne soit pas envers vous innocent.
Oui, ce cœur l'ose plaindre, et ne suit pas sans peine
L'impérieux effort de l'amour qui l'entraîne :
Aucun espoir pour vous n'a flatté mes désirs,
Qui ne m'ait arraché pour elle des soupirs;
Qui n'ait dans ses douceurs fait jeter à mon ame
Quelques tristes regards vers sa première flamme;
Se reprocher l'effet de vos divins attraits,
Et mêler des remords à mes plus chers souhaits.
J'ai fait plus que cela, puisqu'il vous faut tout dire,
Oui, j'ai voulu sur moi vous ôter votre empire,
Sortir de votre chaîne, et rejeter mon cœur
Sous le joug innocent de son premier vainqueur.
Mais, après mes efforts, ma constance abattue
Voit un cours nécessaire à ce mal qui me tue;

Et, dût être mon sort à jamais malheureux,
Je ne puis renoncer à l'espoir de mes vœux.
Je ne saurois souffrir l'épouvantable idée
De vous voir par un autre à mes yeux possédée;
Et le flambeau du jour, qui m'offre vos appas,
Doit, avant cet hymen, éclairer mon trépas.
Je sais que je trahis une princesse aimable;
Mais, madame, après tout, mon cœur est-il coupable?
Et le fort ascendant que prend votre beauté
Laisse-t-il aux esprits aucune liberté?
Hélas! je suis ici bien plus à plaindre qu'elle:
Son cœur, en me perdant, ne perd qu'un infidèle;
D'un pareil déplaisir on se peut consoler;
Mais moi, par un malheur qui ne peut s'égaler,
J'ai celui de quitter une aimable personne,
Et tous les maux encor que mon amour me donne.

DONE ELVIRE.

Vous n'avez que les maux que vous voulez avoir,
Et toujours notre cœur est en notre pouvoir.
Il peut bien quelquefois montrer quelque foiblesse,
Mais enfin sur nos sens la raison est maîtresse...

SCÈNE III.

DON GARCIE, DONE ELVIRE, DON ALPHONSE,
cru don Sylve.

DON GARCIE.

Madame, mon abord, comme je connois bien,
Assez mal à propos trouble votre entretien:
Et mes pas en ce lieu, s'il faut que je le die,

Ne croyoient pas trouver si bonne compagnie.

DONE ELVIRE.

Cette vue, en effet, surprend au dernier point ;
Et de même que vous, je ne l'attendois point.

DON GARCIE.

Oui, madame, je crois que de cette visite,
Comme vous l'assurez, vous n'étiez point instruite.

(à don Sylve.) [neur
Mais, seigneur, vous deviez nous faire au moins l'hon-
De nous donner avis de ce rare bonheur,
Et nous mettre en état, sans nous vouloir surprendre,
De vous rendre en ces lieux ce qu'on voudroit vous ren-.

DON ALPHONSE. [dre.

Les héroïques soins vous occupent si fort,
Que de vous en tirer, seigneur, j'aurois eu tort;
Et des grands conquérants les sublimes pensées
Sont aux civilités avec peine abaissées.

DON GARCIE.

Mais les grands conquérants, dont on vante les soins,
Loin d'aimer le secret, affectent les témoins :
Leur ame, dès l'enfance à la gloire élevée,
Les fait dans leurs projets aller tête levée ;
Et, s'appuyant toujours sur de hauts sentiments,
Ne s'abaisse jamais à des déguisements.
Ne commettez-vous point vos vertus héroïques,
En passant dans ces lieux par de sourdes pratiques ?
Et ne craignez-vous point qu'on puisse, aux yeux de tous,
Trouver cette action trop indigne de vous?

DON ALPHONSE.

Je ne sais si quelqu'un blâmera ma conduite,

ACTE III, SCÈNE III.

Au secret que j'ai fait d'une telle visite;
Mais je sais qu'aux projets qui veulent la clarté,
Prince, je n'ai jamais cherché l'obscurité;
Et, quand j'aurai sur vous à faire une entreprise,
Vous n'aurez pas sujet de blâmer la surprise :
Il ne tiendra qu'à vous de vous en garantir,
Et l'on prendra le soin de vous en avertir.
Cependant demeurons aux termes ordinaires,
Remettons nos débats après d'autres affaires;
Et, d'un sang un peu chaud réprimant les bouillons,
N'oublions pas tous deux devant qui nous parlons.

DONE ELVIRE, *à don Garcie.*

Prince, vous avez tort, et sa visite est telle
Que vous...

DON GARCIE.

Ah! c'en est trop que prendre sa querelle,
Madame, et votre esprit devroit feindre un peu mieux,
Lorsqu'il veut ignorer sa venue en ces lieux.
Cette chaleur si prompte à vouloir la défendre
Persuade assez mal qu'elle ait pu vous surprendre.

DONE ELVIRE.

Quoi que vous soupçonniez, il m'importe si peu,
Que j'aurois du regret d'en faire un désaveu.

DON GARCIE.

Poussez donc jusqu'au bout cet orgueil héroïque,
Et que, sans hésiter, tout votre cœur s'explique :
C'est au déguisement donner trop de crédit.
Ne désavouez rien, puisque vous l'avez dit.
Tranchez, tranchez le mot, forcez toute contrainte;
Dites que de ses feux vous ressentez l'atteinte,

Que pour vous sa présence a des charmes si doux...
DONE ELVIRE.
Et si je veux l'aimer, m'en empêcherez-vous ?
Avez-vous sur mon cœur quelque empire à prétendre ?
Et, pour régler mes vœux, ai-je votre ordre à prendre ?
Sachez que trop d'orgueil a pu vous décevoir,
Si votre cœur sur moi s'est cru quelque pouvoir ;
Et que mes sentiments sont d'une ame trop grande
Pour vouloir les cacher, lorsqu'on me les demande.
Je ne vous dirai point si le comte est aimé ;
Mais apprenez de moi qu'il est fort estimé ;
Que ses hautes vertus, pour qui je m'intéresse,
Méritent mieux que vous les vœux d'une princesse ;
Que je garde aux ardeurs, aux soins qu'il me fait voir,
Tout le ressentiment qu'une ame puisse avoir ;
Et que, si des destins la fatale puissance
M'ôte la liberté d'être sa récompense,
Au moins est-il en moi de promettre à ses vœux
Qu'on ne me verra point le butin de vos feux.
Et, sans vous amuser d'une attente frivole,
C'est à quoi je m'engage, et je tiendrai parole.
Voilà mon cœur ouvert, puisque vous le voulez,
Et mes vrais sentiments à vos yeux étalés.
Êtes-vous satisfait ? et mon ame attaquée
S'est-elle, à votre avis, assez bien expliquée ?
Voyez, pour vous ôter tout lieu de soupçonner,
S'il reste quelque jour encore à vous donner.

(*à don Sylve.*)

Cependant, si vos soins s'attachent à me plaire,
Songez que votre bras, comte, m'est nécessaire,

Et, d'un capricieux quels que soient les transports,
Qu'à punir nos tyrans il doit tous ses efforts.
Fermez l'oreille enfin à toute sa furie,
Et, pour vous y porter, c'est moi qui vous en prie.

SCÈNE IV.

DON GARCIE, DON ALPHONSE, *cru don Sylve.*

DON GARCIE.

Tout vous rit, et votre ame en cette occasion
Jouit superbement de ma confusion.
Il vous est doux de voir un aveu plein de gloire
Sur les feux d'un rival marquer votre victoire :
Mais c'est à votre joie un surcroît sans égal
D'en avoir pour témoins les yeux de ce rival,
Et mes prétentions hautement étouffées
A vos yeux triomphants sont d'illustres trophées.
Goûtez à pleins transports ce bonheur éclatant;
Mais sachez qu'on n'est pas encore où l'on prétend.
La fureur qui m'anime a de trop justes causes,
Et l'on verra peut-être arriver bien des choses.
Un désespoir va loin quand il est échappé,
Et tout est pardonnable à qui se voit trompé.
Si l'ingrate à mes yeux, pour flatter votre flamme,
A jamais n'être à moi vient d'engager son ame,
Je saurai bien trouver, dans mon juste courroux,
Les moyens d'empêcher qu'elle ne soit à vous.

DON ALPHONSE.

Cet obstacle n'est pas ce qui me met en peine.

Nous verrons quelle attente en tout cas sera vaine;
Et chacun, de ses feux, pourra, par sa valeur,
Ou défendre la gloire ou venger le malheur.
Mais comme, entre rivaux, l'ame la plus posée
A des termes d'aigreur trouve une pente aisée,
Et que je ne veux point qu'un pareil entretien
Puisse trop échauffer votre esprit et le mien,
Prince, affranchissez-moi d'une gêne secrète,
Et me donnez moyen de faire ma retraite.

DON GARCIE.

Non, non, ne craignez point qu'on pousse votre esprit
A violer ici l'ordre qu'on vous prescrit.
Quelque juste fureur qui me presse et vous flatte,
Je sais, comte, je sais quand il faut qu'elle éclate.
Ces lieux vous sont ouverts : oui, sortez-en, sortez
Glorieux des douceurs que vous en remportez;
Mais, encore une fois, apprenez que ma tête
Peut seule dans vos mains mettre votre conquête.

DON ALPHONSE.

Quand nous en serons là, le sort en notre bras
De tous nos intérêts videra les débats.

FIN DU TROISIÈME ACTE.

ACTE QUATRIÈME.

SCÈNE I.

DONE ELVIRE, DON ALVAR.

DONE ELVIRE.
Retournez, don Alvar, et perdez l'espérance
De me persuader l'oubli de cette offense.
Cette plaie en mon cœur ne sauroit se guérir,
Et les soins qu'on en prend ne font rien que l'aigrir.
A quelques faux respects croit-il que je défère?
Non, non, il a poussé trop avant ma colère;
Et son vain repentir qui porte ici vos pas,
Sollicite un pardon que vous n'obtiendrez pas.

DON ALVAR.
Madame, il fait pitié. Jamais cœur, que je pense,
Par un plus vif remords n'expia son offense;
Et, si dans sa douleur vous le considériez,
Il toucheroit votre ame, et vous l'excuseriez.
On sait bien que le prince est dans un âge à suivre
Les premiers mouvements où son ame se livre,
Et qu'en un sang bouillant toutes les passions
Ne laissent guère place à des réflexions.
Don Lope, prévenu d'une fausse lumière,
De l'erreur de son maître a fourni la matière.
Un bruit assez confus, dont le zèle indiscret
A de l'abord du comte éventé le secret,

Vous avoit mise aussi de cette intelligence,
Qui, dans ces lieux gardés, a donné sa présence.
Le prince a cru l'avis, et son amour séduit
Sur une fausse alarme a fait tout ce grand bruit;
Mais d'une telle erreur son ame est revenue :
Votre innocence enfin lui vient d'être connue,
Et dont Lope, qu'il chasse, est un visible effet
Du vif remords qu'il sent de l'éclat qu'il a fait.

DONE ELVIRE.

Ah! c'est trop promptement qu'il croit mon innocence;
Il n'en a pas encore une entière assurance :
Dites-lui, dites-lui qu'il doit bien tout peser,
Et ne se hâter point, de peur de s'abuser.

DON ALVAR.

Madame, il sait trop bien...

DONE ELVIRE.

Mais, don Alvar, de grace,
N'étendons pas plus loin un discours qui me lasse:
Il réveille un chagrin qui vient, à contre-temps,
En troubler dans mon cœur d'autres plus importants.
Oui, d'un trop grand malheur la surprise me presse;
Et le bruit du trépas de l'illustre comtesse
Doit s'emparer si bien de tout mon déplaisir,
Qu'aucun autre souci n'a droit de me saisir.

DON ALVAR.

Madame, ce peut être une fausse nouvelle;
Mais mon retour au prince en porte une cruelle.

DONE ELVIRE.

De quelque grand ennui qu'il puisse être agité,
Il en aura toujours moins qu'il n'a mérité.

SCÈNE II.

DONE ELVIRE, ÉLISE.

ÉLISE.

J'attendois qu'il sortît, madame, pour vous dire
Ce qui veut maintenant que votre ame respire,
Puisque votre chagrin, dans un moment d'ici,
Du sort de done Ignès peut se voir éclairci.
Un inconnu, qui vient pour cette confidence,
Vous fait, par un des siens, demander audience.

DONE ELVIRE.

Élise, il faut le voir ; qu'il vienne promptement.

ÉLISE.

Mais il veut n'être vu que de vous seulement ;
Et, par cet envoyé, madame, il sollicite
Qu'il puisse sans témoins vous rendre sa visite.

DONE ELVIRE.

Hé bien, nous serons seuls : et je vais l'ordonner,
Tandis que tu prendras le soin de l'amener.
Que mon impatience en ce moment est forte !
O destin ! est-ce joie ou douleur qu'on m'apporte ?

SCÈNE III.

DON PÈDRE, ÉLISE.

ÉLISE.

Où...

DON PÈDRE.

Si vous me cherchez, madame, me voici.

ÉLISE.
En quel lieu votre maître?
DON PÈDRE.
Il est proche d'ici :
Le ferai-je venir?
ÉLISE.
Dites-lui qu'il s'avance,
Assuré qu'on l'attend avec impatience,
Et qu'il ne se verra d'aucuns yeux éclairé.
(Seule.)
Je ne sais quel secret en doit être auguré.
Tant de précautions qu'il affecte de prendre...
Mais le voici déjà.

SCÈNE IV.

DONE IGNÈS, *déguisée en homme;* ÉLISE.

ÉLISE.
Seigneur, pour vous attendre
On a fait... Mais que vois-je! Ah, madame! mes yeux...
DONE IGNÈS.
Ne me découvrez point, Élise, dans ces lieux,
Et laissez respirer ma triste destinée
Sous une feinte mort que je me suis donnée.
C'est elle qui m'arrache à tous mes fiers tyrans,
Car je puis sous ce nom comprendre mes parents.
J'ai par elle évité cet hymen redoutable
Pour qui j'aurois souffert une mort véritable;
Et, sous cet équipage et le bruit de ma mort,

Il faut cacher à tous le secret de mon sort,
Pour me voir à l'abri de l'injuste poursuite
Qui pourroit dans ces lieux persécuter ma fuite.

ÉLISE.

Ma surprise en public eût trahi vos désirs;
Mais allez là dedans étouffer des soupirs;
Et, des charmants transports d'une pleine alégresse,
Saisir à votre aspect le cœur de la princesse;
Vous la trouverez seule : elle-même a pris soin
Que votre abord fût libre et n'eût aucun témoin.

SCÈNE V.

DON ALVAR, ÉLISE.

ÉLISE.

Vois-je pas don Alvar?

DON ALVAR.

Le prince me renvoie
Vous prier que pour lui votre crédit s'emploie.
De ses jours, belle Élise, on doit n'espérer rien
S'il n'obtient par vos soins un moment d'entretien;
Son ame a des transports... Mais le voici lui-même.

SCÈNE VI.

DON GARCIE, DON ALVAR, ÉLISE.

DON GARCIE.

Ah! sois un peu sensible à ma disgrace extrême,

Élise, et prends pitié d'un cœur infortuné
Qu'aux plus vives douleurs tu vois abandonné.

ÉLISE.

C'est avec d'autres yeux que ne fait la princesse,
Seigneur, que je verrois le tourment qui vous presse;
Mais nous avons du ciel, ou du tempérament,
Que nous jugeons de tout chacun diversement :
Et puisqu'elle vous blâme, et que sa fantaisie
Lui fait un monstre affreux de votre jalousie,
Je serois complaisant, et voudrois m'efforcer
De cacher à ses yeux ce qui peut les blesser.
Un amant suit sans doute une utile méthode
S'il fait qu'à notre humeur la sienne s'accommode;
Et cent devoirs font moins que ces ajustements
Qui font croire en deux cœurs les mêmes sentiments.
L'art de ces deux rapports fortement les assemble,
Et nous n'aimons rien tant que ce qui nous ressemble.

DON GARCIE.

Je le sais; mais, hélas! les destins inhumains
S'opposent à l'effet de ces justes desseins,
Et, malgré tous mes soins, viennent toujours me tendre
Un piége dont mon cœur ne sauroit se défendre.
Ce n'est pas que l'ingrate aux yeux de mon rival
N'ait fait contre mes feux un aveu trop fatal,
Et témoigné pour lui des excès de tendresse
Dont le cruel objet me reviendra sans cesse :
Mais comme trop d'ardeur enfin m'avoit séduit,
Quand j'ai cru qu'en ces lieux elle l'eut introduit,
D'un trop cuisant ennui je sentirois l'atteinte
A lui laisser sur moi quelque sujet de plainte.

Oui, je veux faire au moins, si je m'en vois quitté,
Que ce soit de son cœur pure infidélité;
Et, venant m'excuser d'un trait de promptitude,
Dérober tout prétexte à son ingratitude.

ÉLISE.

Laissez un peu de temps à son ressentiment,
Et ne la voyez point, seigneur, si promptement.

DON GARCIE.

Ah! si tu me chéris, obtiens que je la voie;
C'est une liberté qu'il faut qu'elle m'octroie;
Je ne pars point d'ici, qu'au moins son fier dédain...

ÉLISE.

De grace, différez l'effet de ce dessein.

DON GARCIE.

Non, ne m'oppose point une excuse frivole.

ÉLISE, *à part.*

Il faut que ce soit elle, avec une parole,
Qui trouve les moyens de le faire en aller.
  (*à don Garcie.*)
Demeurez donc, seigneur, je m'en vais lui parler.

DON GARCIE.

Dis-lui que j'ai d'abord banni de ma présence
Celui dont les avis ont causé mon offense,
Que don Lope jamais...

SCÈNE VII.

DON GARCIE, DON ALVAR.

DON GARCIE, *regardant par la porte qu'Élise a laissée entr'ouverte.*

      Que vois-je! ô justes cieux,
Faut-il que je m'assure au rapport de mes yeux?
Ah! sans doute ils me sont des témoins trop fidèles!
Voilà le comble affreux de mes peines mortelles!
Voici le coup fatal qui devoit m'accabler!
Et quand par des soupçons je me sentois troubler,
C'étoit, c'étoit le ciel, dont la sourde menace
Présageoit à mon cœur cette horrible disgrace.

DON ALVAR.
Qu'avez-vous vu, seigneur, qui vous puisse émouvoir?

DON GARCIE.
J'ai vu ce que mon ame a peine à concevoir;
Et le renversement de toute la nature
Ne m'étonneroit pas comme cette aventure.
C'en est fait... le destin... Je ne saurois parler.

DON ALVAR.
Seigneur, que votre esprit tâche à se rappeler.

DON GARCIE.
J'ai vu... Vengeance, ô ciel!

DON ALVAR.
      Quelle atteinte soudaine...

DON GARCIE.
J'en mourrai, don Alvar, la chose est bien certaine.

ACTE IV, SCÈNE VII.

DON ALVAR.

Mais, seigneur, qui pourroit...

DON GARCIE.

Ah! tout est ruiné;
Je suis, je suis trahi, je suis assassiné :
Un homme, sans mourir te le puis-je bien dire?
Un homme dans les bras de l'infidèle Elvire!

DON ALVAR.

Ah, seigneur! la princesse est vertueuse au point...

DON GARCIE.

Ah! sur ce que j'ai vu ne me conteste point,
Don Alvar; c'en est trop que soutenir sa gloire,
Lorsque mes yeux font foi d'une action si noire.

DON ALVAR.

Seigneur, nos passions nous font prendre souvent
Pour chose véritable un objet décevant;
Et de croire qu'une ame à la vertu nourrie
Se puisse...

DON GARCIE.

Don Alvar, laissez-moi, je vous prie :
Un conseiller me choque en cette occasion,
Et je ne prends avis que de ma passion.

DON ALVAR, *à part.*

Il ne faut rien répondre à cet esprit farouche.

DON GARCIE.

Ah, que sensiblement cette atteinte me touche!
Mais il faut voir qui c'est, et de ma main punir...
La voici. Ma fureur, te peux-tu retenir?

SCÈNE VIII.

DONE ELVIRE, DON GARCIE, DON ALVAR.

DONE ELVIRE.

Hé bien, que voulez-vous? Et quel espoir de grace,
Après vos procédés, peut flatter votre audace?
Osez-vous à mes yeux encor vous présenter?
Et que me direz-vous que je doive écouter?

DON GARCIE.

Que toutes les horreurs dont une ame est capable
A vos déloyautés n'ont rien de comparable;
Que le sort, les démons, et le ciel en courroux,
N'ont jamais rien produit de si méchant que vous.

DONE ELVIRE.

Ah! vraiment, j'attendois l'excuse d'un outrage;
Mais, à ce que je vois, c'est un autre langage.

DON GARCIE.

Oui, oui, c'en est un autre, et vous n'attendiez pas
Que j'eusse découvert le traître dans vos bras;
Qu'un funeste hasard, par la porte entr'ouverte,
Eût offert à mes yeux votre honte et ma perte.
Est-ce l'heureux amant sur ses pas revenu,
Ou quelque autre rival qui m'étoit inconnu?
O ciel! donne à mon cœur des forces suffisantes
Pour pouvoir supporter des douleurs si cuisantes!
Rougissez maintenant, vous en avez raison :
Et le masque est levé de votre trahison.
Voilà ce que marquoient les troubles de mon ame;

Ce n'étoit pas en vain que s'alarmoit ma flamme ;
Par ces fréquents soupçons qu'on trouvoit odieux
Je cherchois le malheur qu'ont rencontré mes yeux ;
Et, malgré tous vos soins et votre adresse à feindre,
Mon astre me disoit ce que j'avois à craindre ;
Mais ne présumez pas que, sans être vengé,
Je souffre le dépit de me voir outragé.
Je sais que sur les vœux on n'a point de puissance ;
Que l'amour veut partout naître sans dépendance ;
Que jamais par la force on n'entra dans un cœur ;
Et que toute ame est libre à nommer son vainqueur :
Aussi ne trouverois-je aucun sujet de plainte
Si pour moi votre bouche avoit parlé sans feinte ;
Et, son arrêt livrant mon espoir à la mort,
Mon cœur n'auroit eu droit de s'en prendre qu'au sort.
Mais d'un aveu trompeur voir ma flamme applaudie,
C'est une trahison, c'est une perfidie
Qui ne sauroit trouver de trop grands châtiments,
Et je puis tout permettre à mes resentiments.
Non, non, n'espérez rien après un tel outrage,
Je ne suis plus à moi ; je suis tout à la rage.
Trahi de tous côtés, mis dans un triste état ;
Il faut que mon amour se venge avec éclat ;
Qu'ici j'immole tout à ma fureur extrême,
Et que mon désespoir achève par moi-même.

DONE ELVIRE.

Assez paisiblement vous a-ton écouté ?
Et pourrai-je à mon tour parler en liberté ?

DON GARCIE.

Et par quels beaux discours, que l'artifice inspire...

DONE ELVIRE.

Si vous avez encor quelque chose à me dire,
Vous pouvez l'ajouter, je suis prête à l'ouïr;
Sinon, faites au moins que je puisse jouir
De deux ou trois moments de paisible audience.

DON GARCIE.

Hé bien! j'écoute. O ciel! quelle est ma patience!

DONE ELVIRE.

Je force ma colère, et veux, sans nulle aigreur,
Répondre à ce discours si rempli de fureur.

DON GARCIE.

C'est que vous voyez bien...

DONE ELVIRE.

Ah! j'ai prêté l'oreille
Autant qu'il vous a plu, rendez-moi la pareille.
J'admire mon destin, et jamais sous les cieux
Il ne fut rien, je crois, de si prodigieux,
Rien dont la nouveauté soit plus inconcevable,
Et rien que la raison rende moins supportable.
Je me vois un amant qui, sans se rebuter,
Applique tous ses soins à me persécuter;
Qui, dans tout cet amour que sa bouche m'exprime,
Ne conserve pour moi nul sentiment d'estime;
Rien, au fond de ce cœur qu'ont pu blesser mes yeux,
Qui fasse droit au sang que j'ai reçu des cieux,
Et de mes actions défende l'innocence
Contre le moindre effort d'une fausse apparence.
Oui, je vois...

(*Don Garcie montre de l'impatience pour parler.*)
Ah! surtout ne m'interrompez point.

ACTE IV, SCÈNE VIII.

Je vois, dis-je, mon sort malheureux à ce point,
Qu'un cœur, qui dit qu'il m'aime, et qui doit faire croire
Que, quand tout l'univers douteroit de ma gloire,
Il voudroit contre tous en être le garant,
Est celui qui s'en fait l'ennemi le plus grand.
On ne voit échapper aux soins que prend sa flamme
Aucune occasion de soupçonner mon ame;
Mais c'est peu des soupçons, il en fait des éclats
Que, sans être blessé, l'amour ne souffre pas.
Loin d'agir en amant qui, plus que la mort même,
Appréhende toujours d'offenser ce qu'il aime;
Qui se plaint doucement, et cherche avec respect
A pouvoir s'éclaircir de ce qu'il croit suspect,
A toute extrémité dans ses doutes il passe;
Et ce n'est que fureur, qu'injure, et que menace.
Cependant aujourd'hui je veux fermer les yeux
Sur tout ce qui devroit me le rendre odieux,
Et lui donner moyen, par une bonté pure,
De tirer son salut d'une nouvelle injure.
Ce grand emportement, qu'il m'a fallu souffrir,
Part de ce qu'à vos yeux le hasard vient d'offrir,
J'aurois tort de vouloir démentir votre vue,
Et votre ame sans doute a dû paroître émue.

DON GARCIE.

Et n'est-ce pas...

DONE ELVIRE.

Encore un peu d'attention,
Et vous allez savoir ma résolution.
Il faut que de nous deux le destin s'accomplisse:
Vous êtes maintenant sur un grand précipice,

Et ce que votre cœur pourra délibérer
Va vous y faire choir, ou bien vous en tirer.
Si, malgré cet objet qui vous a pu surprendre,
Prince, vous me rendez ce que vous devez rendre,
Et ne demandez point d'autre preuve que moi,
Pour condamner l'erreur du trouble où je vous voi;
Si de vos sentiments la prompte déférence
Veut sur ma seule foi croire mon innocence,
Et de tous vos soupçons démentir le crédit,
Pour croire aveuglément ce que mon cœur vous dit,
Cette soumission, cette marque d'estime,
Du passé dans ce cœur efface tout le crime;
Je rétracte à l'instant ce qu'un juste courroux
M'a fait, dans la chaleur, prononcer contre vous;
Et, si je puis un jour choisir ma destinée,
Sans choquer les devoirs du rang où je suis née,
Mon honneur satisfait par ce respect soudain
Promet à votre amour et mes vœux et ma main :
Mais prêtez bien l'oreille à ce que je vais dire :
Si cette offre sur vous obtient si peu d'empire,
Que vous me refusiez de me faire entre nous
Un sacrifice entier de vos soupçons jaloux ;
S'il ne vous suffit pas de toute l'assurance
Que vous peuvent donner mon cœur et ma naissance,
Et que de votre esprit les ombrages puissants
Forcent mon innocence à convaincre vos sens,
Et porter à vos yeux l'éclatant témoignage
D'une vertu sincère à qui l'on fait outrage;
Je suis prête à le faire, et vous serez content :
Mais il vous faut de moi détacher à l'instant,

ACTE IV, SCÈNE VIII.

A mes vœux, pour jamais, renoncer de vous-même :
Et j'atteste du ciel la puissance suprême
Que, quoi que le destin puisse ordonner de nous,
Je choisirai plutôt d'être à la mort qu'à vous.
Voilà dans ces deux choix de quoi vous satisfaire ;
Avisez maintenant celui qui peut vous plaire.

DON GARCIE.

Juste ciel ! jamais rien peut-il être inventé
Avec plus d'artifice et de déloyauté ?
Tout ce que des enfers la malice étudie
A-t-il rien de si noir que cette perfidie ?
Et peut-elle trouver dans toute sa rigueur
Un plus cruel moyen d'embarrasser un cœur ?
Ah ! que vous savez bien ici contre moi-même,
Ingrate ! vous servir de ma foiblesse extrême,
Et ménager pour vous l'effort prodigieux
De ce fatal amour né de vos traîtres yeux !
Parce qu'on est surprise, et qu'on manque d'excuse,
D'une offre de pardon on emprunte la ruse :
Votre feinte douceur forge un amusement
Pour divertir l'effet de mon ressentiment ;
Et, par le nœud subtil du choix qu'elle embarrasse,
Veut soustraire un perfide au coup qui le menace.
Oui, vos dextérités veulent me détourner
D'un éclaircissement qui vous doit condamner ;
Et votre ame, feignant une innocence entière,
Ne s'offre à m'en donner une pleine lumière
Qu'à des conditions qu'après d'ardents souhaits
Vous pensez que mon cœur n'acceptera jamais ;
Mais vous serez trompée en me croyant surprendre.

Oui, oui, je prétends voir ce qui doit vous défendre,
Et quel fameux prodige, accusant ma fureur,
Peut de ce que j'ai vu justifier l'horreur.

DONE ELVIRE.

Songez que par ce choix vous allez vous prescrire
De ne plus rien prétendre au cœur de done Elvire.

DON GARCIE.

Soit. Je souscris à tout; et mes vœux, aussi bien,
En l'état où je suis, ne prétendent plus rien.

DONE ELVIRE.

Vous vous repentirez de l'éclat que vous faites.

DON GARCIE.

Non, non, tous ces discours sont de vaines défaites;
Et c'est moi bien plutôt qui dois vous avertir
Que quelque autre dans peu se pourra repentir;
Le traître, quel qu'il soit, n'aura pas l'avantage
De dérober sa vie à l'effort de ma rage.

DONE ELVIRE.

Ah! c'est trop en souffrir, et mon cœur irrité
Ne doit plus conserver une sotte bonté;
Abandonnons l'ingrat à son propre caprice;
Et, puisqu'il veut périr, consentons qu'il périsse.

(*à don Garcie.*)

Élise... A cet éclat vous voulez me forcer;
Mais je vous apprendrai que c'est trop m'offenser.

SCÈNE IX.

**DONE ELVIRE, DON GARCIE, ÉLISE,
DON ALVAR.**

DONE ELVIRE, *à Élise.*
Faites un peu sortir la personne chérie...
Allez, vous m'entendez, dites que je l'en prie.

DON GARCIE.
Et je puis...

DONE ELVIRE.
Attendez, vous serez satisfait.

ÉLISE, *à part, en sortant.*
Voici de son jaloux, sans doute, un nouveau trait.

DONE ELVIRE.
Prenez garde qu'au moins cette noble colère
Dans la même fierté jusqu'au bout persévère;
Et surtout désormais songez bien à quel prix
Vous avez voulu voir vos soupçons éclaircis.

SCÈNE X.

DONE ELVIRE, DON GARCIE, DONE IGNÈS,
déguisée en homme; ÉLISE, DON ALVAR.

DONE ELVIRE, *à don Garcie, en lui montrant done Ignès.*
Voici, graces au ciel, ce qui les a fait naître
Ces soupçons obligeants que l'on me fait paroître;
Voyez bien ce visage, et si de done Ignès
Vos yeux au même instant n'y connoissent les traits.

DON GARCIE.
O ciel!

5.

DONE ELVIRE.

Si la fureur dont votre ame est émue
Vous trouble jusque là l'usage de la vue,
Vous avez d'autres yeux à pouvoir consulter,
Qui ne vous laisseront aucun lieu de douter.
Sa mort est une adresse au besoin inventée
Pour fuir l'autorité qui l'a persécutée :
Et, sous un tel habit, elle cachoit son sort,
Pour mieux jouir du fruit de cette feinte mort.

(*à done Ignès.*)

Madame, pardonnez, s'il faut que je consente
A trahir vos secrets et tromper votre attente ;
Je me vois exposée à sa témérité,
Toutes mes actions n'ont plus de liberté, [dre,
Et mon honneur, en butte aux soupçons qu'il peut pren-
Est réduit à toute heure aux soins de se défendre.
Nos doux embrassements qu'a surpris ce jaloux,
De cent indignités m'ont fait souffrir les coups.
Oui, voilà le sujet d'une fureur si prompte,
Et l'assuré témoin qu'on produit de ma honte.

(*à don Garcie.*)

Jouissez à cette heure en tyran absolu
De l'éclaircissement que vous avez voulu ;
Mais sachez que j'aurai sans cesse la mémoire
De l'outrage sanglant qu'on a fait à ma gloire ;
Et, si je puis jamais oublier mes serments,
Tombent sur moi du ciel les plus grands châtiments.
Qu'un tonnerre éclatant mette ma tête en poudre,
Lorsqu'à souffrir vos feux je pourrai me résoudre !
Allons, madame, allons, ôtons-nous de ces lieux,

Qu'infectent les regards d'un monstre furieux;
Fuyons-en promptement l'atteinte envenimée,
Évitons les effets de sa rage animée,
Et ne faisons des vœux, dans nos justes desseins,
Que pour nous voir bientôt affranchir de ses mains.

DONE IGNÈS, *à don Garcie.*

Seigneur, de vos soupçons l'injuste violence
A la même vertu vient de faire une offense.

SCÈNE XI.

DON GARCIE, DON ALVAR.

DON GARCIE.

Quelles tristes clartés, dissipant mon erreur,
Enveloppent mes sens d'une profonde horreur,
Et ne laissent plus voir à mon ame abattue
Que l'effroyable objet d'un remords qui me tue!
Ah, don Alvar! je vois que vous avez raison;
Mais l'enfer dans mon cœur a soufflé son poison;
Et, par un trait fatal d'une rigueur extrême,
Mon plus grand ennemi se rencontre en moi-même.
Que me sert-il d'aimer du plus ardent amour
Qu'une ame consumée ait jamais mis au jour,
Si, par ces mouvements qui font toute ma peine,
Cet amour à tout coup se rend digne de haine?
Il faut, il faut venger par mon juste trépas
L'outrage que j'ai fait à ses divins appas;
Aussi bien quels conseils aujourd'hui puis-je suivre?
Ah! j'ai perdu l'objet pour qui j'aimois à vivre.
Si j'ai pu renoncer à l'espoir de ses vœux,

Renoncer à la vie est beaucoup moins fâcheux.

DON ALVAR.

Seigneur...

DON GARCIE.

Non, don Alvar, ma mort est nécessaire,
Il n'est soins ni raisons qui m'en puissent distraire,
Mais il faut que mon sort, en se précipitant,
Rende à cette princesse un service éclatant,
Et je veux me chercher, dans une illustre envie,
Les moyens glorieux de sortir de la vie;
Faire par un grand coup qui signale ma foi,
Qu'en expirant pour elle elle ait regret à moi,
Et qu'elle puisse dire, en se voyant vengée :
« C'est par son trop d'amour qu'il m'avoit outragée. »
Il faut que de ma main un illustre attentat
Porte une mort trop due au sein de Maurégat;
Que j'aille prévenir, par une belle audace,
Le bruit dont la Castille avec bruit le menace;
Et, j'aurai la douceur, dans mon instant fatal,
De ravir cette gloire à l'espoir d'un rival.

DON ALVAR.

Un service, seigneur, de cette conséquence
Auroit bien le pouvoir d'effacer votre offense;
Mais hasarder...

DON GARCIE.

Allons, par un juste devoir,
Faire à ce noble effort servir mon désespoir.

FIN DU QUATRIÈME ACTE.

ACTE CINQUIÈME.

SCÈNE I.

DON ALVAR, ÉLISE.

DON ALVAR.
Oui, jamais il ne fut de si rude surprise.
Il venoit de former cette haute entreprise;
A l'avide désir d'immoler Maurégat
De son prompt désespoir il tournoit tout l'éclat;
Ses soins précipités vouloient à son courage
De cette juste mort assurer l'avantage;
Y chercher son pardon, et prévenir l'ennui
Qu'un rival partageât cette gloire avec lui.
Il sortoit de ces murs, quand un bruit trop fidèle
Est venu lui porter la fâcheuse nouvelle
Que ce même rival, qu'il vouloit prévenir,
A remporté l'honneur qu'il pensoit obtenir.
L'a prévenu lui-même en immolant le traître,
Et poussé dans ce jour don Alphonse à paroître,
Qui d'un si prompt succès va goûter la douceur,
Et vient prendre en ces lieux la princesse sa sœur :
Et, ce qui n'a pas peine à gagner la croyance,
On entend publier que c'est la récompense
Dont il prétend payer le service éclatant

Du bras qui lui fait jour au trône qui l'attend.
ÉLISE.
Oui, done Elvire a su ces nouvelles semées,
Et du vieux don Louis les trouve confirmées,
Qui vient de lui mander que Léon, dans ce jour,
De don Alphonse et d'elle attend l'heureux retour;
Et que c'est là qu'on doit, par un revers prospère,
Lui voir prendre un époux de la main de ce frère.
Dans ce peu qu'il en dit il donne assez à voir
Que don Sylve est l'époux qu'elle doit recevoir.
DON ALVAR.
Ce coup au cœur du prince...
ÉLISE.
Est sans doute bien rude,
Et je le trouve à plaindre en son inquiétude.
Son intérêt pourtant, si j'en ai bien jugé,
Est encor cher au cœur qu'il a tant outragé;
Et je n'ai point connu qu'à ce succès qu'on vante
La princesse ait fait voir une ame fort contente
De ce frère qui vient et de la lettre aussi;
Mais...

SCÈNE II.

DONE ELVIRE, DONE IGNÈS, *déguisée en homme*; ÉLISE, DON ALVAR.

DONE ELVIRE.
Faites, don Alvar, venir le prince ici.
(*Don Alvar sort.*)
Souffrez que devant vous je lui parle, madame,

Sur cet événement dont on surprend mon ame;
Et ne m'accusez point d'un trop prompt changement,
Si je perds contre lui tout mon ressentiment.
Sa disgrace imprévue a pris droit de l'éteindre;
Sans lui laisser ma haine, il est assez à plaindre,
Et le ciel, qui l'expose à ce trait de rigueur,
N'a que trop bien servi les serments de mon cœur.
Un éclatant arrêt de ma gloire outragée
A jamais n'être à lui me tenoit engagée;
Mais, quand par les destins il est exécuté,
J'y vois pour son amour trop de sévérité;
Et le triste succès de tout ce qu'il m'adresse
M'efface son offense et lui rend ma tendresse:
Oui, mon cœur, trop vengé par de si rudes coups,
Laisse à leur cruauté désarmer son courroux,
Et cherche maintenant, par un soin pitoyable,
A consoler le sort d'un amant misérable;
Et je crois que sa flamme a bien pu mériter
Cette compassion que je lui veux prêter.

DONE IGNÈS.

Madame, on auroit tort de trouver à redire
Aux tendres sentiments qu'on voit qu'il vous inspire;
Ce qu'il a fait pour vous... Il vient, et sa pâleur
De ce coup surprenant marque assez la douleur.

SCÈNE III.

DON GARCIE, DONE ELVIRE, DONE IGNÈS, *déguisée en homme;* ÉLISE.

DON GARCIE.
Madame, avec quel front faut-il que je m'avance,
Quand je viens vous offrir l'odieuse présence...
DONE ELVIRE.
Prince, ne parlons plus de mon ressentiment,
Votre sort dans mon ame a fait du changement;
Et, par le triste état où sa rigueur vous jette,
Ma colère est éteinte, et notre paix est faite.
Oui, bien que votre amour ait mérité les coups
Que fait sur lui du ciel éclater le courroux;
Bien que ces noirs soupçons aient offensé ma gloire
Par des indignités qu'on auroit peine à croire,
J'avouerai toutefois que je plains son malheur
Jusqu'à voir mes succès avec quelque douleur;
Que je hais les faveurs de ce fameux service,
Lorsqu'on veut de mon cœur lui faire un sacrifice,
Et voudrois bien pouvoir racheter les moments
Où le sort contre vous n'armoit que mes serments;
Mais enfin vous savez comme nos destinées
Aux intérêts publics sont toujours enchaînées,
Et que l'ordre des cieux, pour disposer de moi,
Dans mon frère qui vient va me montrer un roi.
Cédez comme moi, prince, à cette violence,
Où la grandeur soumet celles de ma naissance;

ACTE V, SCÈNE III.

Et, si de votre amour les déplaisirs sont grands,
Qu'il se fasse un secours de la part que j'y prends;
Et ne se serve point, contre un coup qui l'étonne,
Du pouvoir qu'en ces lieux votre valeur vous donne :
Ce vous seroit sans doute un indigne transport
De vouloir dans vos maux lutter contre le sort;
Et, lorsque c'est en vain qu'on s'oppose à sa rage,
La soumission prompte est grandeur de courage.
Ne résistez donc point à ces coups éclatants,
Ouvrez les murs d'Astorgue au frère que j'attends,
Laissez-moi rendre aux droits qu'il peut sur moi préten-
Ce que mon triste cœur a résolu de rendre;   [dre
Et ce fatal hommage, où mes vœux sont forcés,
Peut-être n'ira pas si loin que vous pensez.

DON GARCIE.

C'est faire voir, madame, une bonté trop rare
Que vouloir adoucir le coup qu'on me prépare;
Sur moi sans de tels soins vous pouvez laisser choir
Le foudre rigoureux de tout votre devoir.
En l'état où je suis je n'ai rien à vous dire.
J'ai mérité du sort tout ce qu'il a de pire;
Et je sais, quelques maux qu'il me faille endurer,
Que je me suis ôté le droit d'en murmurer.
Par où pourrois-je, hélas! dans ma vaste disgrace,
Vers vous de quelque plainte autoriser l'audace?
Mon amour s'est rendu mille fois odieux;
Il n'a fait qu'outrager vos attraits glorieux;
Et, lorsque par un juste et fameux sacrifice
Mon bras à votre sang cherche à rendre un service,
Mon astre m'abandonne au déplaisir fatal

De me voir prévenu par le bras d'un rival.
Madame, après cela je n'ai rien à prétendre,
Je suis digne du coup que l'on me fait attendre;
Et je le vois venir sans oser contre lui
Tenter de votre cœur le favorable appui.
Ce qui peut me rester dans mon malheur extrême,
C'est de chercher alors mon remède en moi-même,
Et faire que ma mort, propice à mes désirs,
Affranchisse mon cœur de tous ses déplaisirs.
Oui, bientôt dans ces lieux don Alphonse doit être,
Et déja mon rival commence de paroître:
De Léon vers ces murs il semble avoir volé
Pour recevoir le prix du tyran immolé.
Ne craignez point du tout qu'aucune résistance
Fasse valoir ici ce que j'ai de puissance;
Il n'est effort humain que, pour vous conserver,
Si vous y consentiez, je ne pusse braver.
Mais ce n'est pas à moi, dont on hait la mémoire,
A pouvoir espérer cet aveu plein de gloire,
Et je ne voudrois pas, par des efforts trop vains,
Jeter le moindre obstacle à vos justes desseins.
Non, je ne contrains point vos sentiments, madame;
Je vais en liberté laisser toute votre ame,
Ouvrir les murs d'Astorgue à cet heureux vainqueur,
Et subir de mon sort la dernière rigueur.

SCÈNE IV.

DONE ELVIRE, DONE IGNÈS, *déguisée en homme;* ÉLISE.

DONE ELVIRE.

Madame, au désespoir où son destin l'expose
De tous mes déplaisirs n'imputez pas la cause,
Vous me rendrez justice, en croyant que mon cœur
Fait de vos intérêts sa plus vive douleur;
Que bien plus que l'amour l'amitié m'est sensible,
Et que, si je me plains d'une disgrace horrible,
C'est de voir que du ciel le funeste courroux
Ait pris chez moi les traits qu'il lance contre vous,
Et rendu mes regards coupables d'une flamme
Qui traite indignement les bontés de votre ame.

DONE IGNÈS.

C'est un événement dont sans doute vos yeux
N'ont point pour moi, madame, à quereller les cieux.
Si les foibles attraits qu'étale mon visage
M'exposoient au destin de souffrir un volage,
Le ciel ne pouvoit mieux m'adoucir de tels coups,
Quand, pour m'ôter ce cœur, il s'est servi de vous;
Et mon front ne doit point rougir d'une inconstance
Qui de vos traits aux miens marque la différence.
Si pour ce changement je pousse des soupirs,
Ils viennent de le voir fatal à vos désirs;
Et dans cette douleur, que l'amitié m'excite,
Je m'accuse pour vous de mon peu de mérite,

Qui n'a pu retenir un cœur dont les tributs
Causent un si grand trouble à vos vœux combattus.

DONE ELVIRE.

Accusez-vous plutôt de l'injuste silence
Qui m'a de vos deux cœurs caché l'intelligence.
Ce secret, plus tôt su, peut-être à toutes deux
Nous auroit épargné des troubles si fâcheux;
Et mes justes froideurs, des désirs d'un volage
Au point de leur naissance ayant banni l'hommage,
Eussent pu renvoyer...

DONE IGNÈS.

Madame, le voici.

DONE ELVIRE.

Sans rencontrer ses yeux vous pouvez être ici :
Ne sortez point, madame, et, dans un tel martyre,
Veuillez être témoin de ce que je vais dire.

DONE IGNÈS.

Madame, j'y consens, quoique je sache bien
Qu'on fuiroit en ma place un pareil entretien.

DONE ELVIRE.

Son succès, si le ciel seconde ma pensée,
Madame, n'aura rien dont vous soyez blessée.

SCÈNE V.

DON ALPHONSE, *cru don Sylve;* DONE ELVIRE,
DONE IGNÈS, *déguisée en homme;* ÉLISE.

DONE ELVIRE.

Avant que vous parliez, je demande instamment

Que vous daigniez, seigneur, m'écouter un moment.
Déja la Renommée a jusqu'à nos oreilles
Porté de votre bras les soudaines merveilles,
Et j'admire avec tous comme en si peu de temps
Il donne à nos destins ces succès éclatants.
Je sais bien qu'un bienfait de cette conséquence
Ne sauroit demander trop de reconnoissance,
Et qu'on doit toute chose à l'exploit immortel
Qui replace mon frère au trône paternel.
Mais, quoi que de son cœur vous offrent les hommages,
Usez en généreux de tous vos avantages,
Et ne permettez pas que ce coup glorieux
Jette sur moi, seigneur, un joug impérieux;
Que votre amour, qui sait quel intérêt m'anime,
S'obstine à triompher d'un refus légitime,
Et veuille que ce frère, où l'on va m'exposer,
Commence d'être roi pour me tyranniser.
Léon a d'autres prix dont, en cette occurrence,
Il peut mieux honorer votre haute vaillance;
Et c'est à vos vertus faire un présent trop bas
Que vous donner un cœur qui ne se donne pas.
Peut-on être jamais satisfait en soi-même,
Lorsque par la contrainte on obtient ce qu'on aime?
C'est un triste avantage, et l'amant généreux
A ces conditions refuse d'être heureux;
Il ne veut rien devoir à cette violence
Qu'exercent sur nos cœurs les droits de la naissance,
Et pour l'objet qu'il aime est toujours trop zélé
Pour souffrir qu'en victime il lui soit immolé.
Ce n'est pas que ce cœur au mérite d'un autre

Prétende réserver ce qu'il refuse au vôtre;
Non, seigneur, j'en réponds, et vous donne ma foi
Que personne jamais n'aura pouvoir sur moi;
Qu'une sainte retraite à toute autre poursuite...

DON ALPHONSE.

J'ai de votre discours assez souffert la suite,
Madame, et par deux mots je vous l'eusse épargné,
Si votre fausse alarme eût sur vous moins gagné.
Je sais qu'un bruit commun, qui partout se fait croire,
De la mort du tyran me veut donner la gloire;
Mais le seul peuple enfin, comme on nous fait savoir,
Laissant par don Louis échauffer son devoir,
A remporté l'honneur de cet acte héroïque
Dont mon nom est chargé par la rumeur publique;
Et ce qui d'un tel bruit a fourni le sujet,
C'est que, pour appuyer son illustre projet,
Don Louis fit semer, par une feinte utile,
Que, secondé des miens, j'avois saisi la ville;
Et par cette nouvelle il a poussé les bras
Qui d'un usurpateur ont hâté le trépas.
Par son zèle prudent il a su tout conduire,
Et c'est par un des siens qu'il vient de m'en instruire;
Mais dans le même instant un secret m'est appris
Qui va vous étonner autant qu'il m'a surpris.
Vous attendez un frère, et Léon, son vrai maître,
A vos yeux maintenant le ciel le fait paroître:
Oui, je suis don Alphonse; et mon sort conservé,
Et sous le nom du sang de Castille élevé,
Est un fameux effet de l'amitié sincère
Qui fut entre son prince et le roi notre père.

ACTE V, SCÈNE V.

Don Louis du secret a toutes les clartés,
Et doit aux yeux de tous prouver ces vérités.
D'autres soins maintenant occupent ma pensée,
Non qu'à votre sujet elle soit traversée,
Que ma flamme querelle un tel événement,
Et qu'en mon cœur le frère importune l'amant.
Mes feux par ce secret ont reçu sans murmure
Le changement qu'en eux a prescrit la nature;
Et le sang qui nous joint m'a si bien détaché
De l'amour dont pour vous mon cœur étoit touché,
Qu'il ne respire plus, pour faveur souveraine,
Que les chères douceurs de sa première chaîne,
Et le moyen de rendre à l'adorable Ignès
Ce que de ses bontés a mérité l'excès :
Mais son sort incertain rend le mien misérable;
Et si ce qu'on en dit se trouvoit véritable,
En vain Léon m'appelle et le trône m'attend;
La couronne n'a rien à me rendre content,
Et je n'en veux l'éclat que pour goûter la joie
D'en couronner l'objet où le ciel me renvoie,
Et pouvoir réparer, par ces justes tributs,
L'outrage que j'ai fait à ses rares vertus.
Madame, c'est de vous que j'ai raison d'attendre
Ce que de son destin mon ame peut apprendre;
Instruisez-m'en, de grace; et, par votre discours,
Hâtez mon désespoir ou le bien de mes jours.

DONE ELVIRE.

Ne vous étonnez pas si je tarde à répondre,
Seigneur, ces nouveautés ont droit de me confondre.
Je n'entreprendrai point de dire à votre amour

Si done Ignès est morte ou respire le jour;
Mais par ce cavalier, l'un de ses plus fidèles,
Vous en pourrez sans doute apprendre des nouvelles.
．．．．．DON ALPHONSE, *reconnoissant done Ignès.*
Ah, madame! il m'est doux en ces perplexités
De voir ici briller vos célestes beautés.
Mais vous, avec quels yeux verrez-vous un volage
Dont le crime...
．．．．．．．．．．．．．DONE IGNÈS.
．．．．．．．．．．．．．．．．Ah! gardez de me faire un outrage,
Et de vous hasarder à dire que vers moi
Un cœur dont je fais cas ait pu manquer de foi.
J'en refuse l'idée, et l'excuse me blesse;
Rien n'a pu m'offenser auprès de la princesse;
Et tout ce que d'ardeur elle vous a causé
Par un si haut mérite est assez excusé.
Cette flamme vers moi ne vous rend point coupable;
Et, dans le noble orgueil dont je me sens capable,
Sachez, si vous l'étiez, que ce seroit en vain
Que vous présumeriez de fléchir mon dédain,
Et qu'il n'est repentir, ni suprême puissance,
Qui gagnât sur mon cœur d'oublier cette offense.
．．．．．．．．．．．．．DONE ELVIRE.
Mon frère, d'un tel nom souffrez-moi la douceur,
De quels ravissements comblez-vous une sœur!
Que j'aime votre choix, et bénis l'aventure
Qui vous fait couronner une amitié si pure!
Et de deux nobles cœurs que j'aime tendrement...

SCÈNE VI.

DON GARCIE, DONE ELVIRE, DONE IGNÈS, *déguisée en homme;* DON ALPHONSE, *cru don Sylve;* ÉLISE.

DON GARCIE.

De grace, cachez-moi votre contentement,
Madame, et me laissez mourir dans la croyance
Que le devoir vous fait un peu de violence.
Je sais que de vos vœux vous pouvez disposer,
Et mon dessein n'est pas de leur rien opposer;
Vous le voyez assez, et quelle obéissance
De vos commandements m'arrache la puissance;
Mais je vous avouerai que cette gaieté
Surprend au dépourvu toute ma fermeté,
Et qu'un pareil objet dans mon ame fait naître
Un transport dont j'ai peur que je ne sois pas maître;
Et je me punirois, s'il m'avoit pu tirer
De ce respect soumis où je veux demeurer.
Oui, vos commandements ont prescrit à mon ame
De souffrir sans éclat le malheur de ma flamme:
Cet ordre sur mon cœur doit être tout puissant,
Et je prétends mourir en vous obéissant;
Mais, encore une fois, la joie où je vous treuve
M'expose à la rigueur d'une trop rude épreuve,
Et l'ame la plus sage, en ces occasions,
Répond malaisément de ses émotions.

Madame, épargnez-moi cette cruelle atteinte ;
Donnez-moi, par pitié, deux moments de contrainte ;
Et, quoi que d'un rival vous inspirent les soins,
N'en rendez pas mes yeux les malheureux témoins :
C'est la moindre faveur qu'on peut, je crois, prétendre,
Lorsque dans ma disgrace un amant peut descendre.
Je ne l'exige pas, madame, pour long-temps,
Et bientôt mon départ rendra vos vœux contents :
Je vais où de ses feux mon ame consumée
N'apprendra votre hymen que par la renommée ;
Ce n'est pas un spectacle où je doive courir :
Madame, sans le voir, j'en saurai bien mourir.

DONE IGNÈS.

Seigneur, permettez-moi de blâmer votre plainte.
De vos maux la princesse a su paroître atteinte ;
Et cette joie encor, de quoi vous murmurez,
Ne lui vient que des biens qui vous sont préparés.
Elle goûte un succès à vos désirs prospère,
Et dans votre rival elle trouve son frère ;
C'est don Alphonse, enfin, dont on a tant parlé,
Et ce fameux secret vient d'être dévoilé.

DON ALPHONSE.

Mon cœur, graces au ciel, après un long martyre,
Seigneur, sans vous rien prendre, a tout ce qu'il désire,
Et goûte d'autant mieux son bonheur en ce jour,
Qu'il se voit en état de servir votre amour.

DON GARCIE.

Hélas ! cette bonté, seigneur, doit me confondre.
A mes plus chers désirs elle daigne répondre :

Le coup que je craignois, le ciel l'a détourné.
Et tout autre que moi se verroit fortuné;
Mais ces douces clartés d'un secret favorable
Vers l'objet adoré me découvrent coupable,
Et tombé de nouveau dans ces traîtres soupçons,
Sur quoi l'on m'a tant fait d'inutiles leçons,
Et par qui mon ardeur, si souvent odieuse,
Doit perdre tout espoir d'être jamais heureuse;
Oui, l'on doit me haïr avec trop de raison;
Moi-même je me trouve indigne de pardon :
Et, quelque heureux succès que le sort me présente,
La mort, la seule mort est toute mon attente.

DONE ELVIRE.

Non, non, de ce transport le soumis mouvement,
Prince, jette en mon ame un plus doux sentiment,
Par lui de mes serments je me sens détachée;
Vos plaintes, vos respects, vos douleurs m'ont touchée;
J'y vois partout briller un excès d'amitié,
Et votre maladie est digne de pitié.
Je vois, prince, je vois qu'on doit quelque indulgence
Aux défauts où du ciel fait pencher l'influence;
Et pour tout dire enfin, jaloux ou non jaloux,
Mon roi, sans me gêner, peut me donner à vous.

DON GARCIE.

Ciel! dans l'excès des biens que cet aveu m'octroie,
Rends capable mon cœur de supporter sa joie!

DON ALPHONSE.

Je veux que cet hymen, après nos vains débats,
Seigneur, joigne à jamais nos cœurs et nos états.

Mais ici le temps presse, et Léon nous appelle;
Allons dans nos plaisirs satisfaire son zèle,
Et, par notre présence et nos soins différents,
Donner le dernier coup au parti des tyrans.

FIN DE DON GARCIE DE NAVARRE.

L'ÉCOLE DES MARIS,

COMÉDIE EN TROIS ACTES
ET EN VERS,

Représentée le 12 juin 1661, dans une fête que donna Fouquet à la reine d'Angleterre, et le 14 du même mois sur le théâtre du Palais-Royal.

A MONSEIGNEUR
LE DUC D'ORLÉANS,
FRÈRE UNIQUE DU ROI.

Monseigneur,

Je fais voir ici à la France des choses bien peu proportionnées. Il n'est rien de si grand et de si superbe que le nom que je mets à la tête de ce livre, et rien de plus bas que ce qu'il contient. Tout le monde trouvera cet assemblage étrange; et quelques uns pourront bien dire, pour en exprimer l'inégalité, que c'est poser une couronne de perles et de diamants sur une statue de terre, et faire entrer par des portiques magnifiques et des arcs triomphaux superbes dans une méchante cabane. Mais, Monseigneur, ce qui doit me servir d'excuse, c'est qu'en cette aventure je n'ai eu aucun choix à faire, et que l'honneur que j'ai d'être à VOTRE ALTESSE ROYALE [1] m'a imposé une nécessité absolue de lui dédier le premier ouvrage que je mets de moi-même au jour [2]. Ce n'est pas un présent que je lui fais; c'est un devoir dont je m'acquitte; et les hommages ne sont jamais regardés par les choses qu'ils portent. J'ai donc osé, MONSEIGNEUR, dédier une bagatelle à VOTRE ALTESSE ROYALE, parce que je n'ai pu m'en dispenser; et si je me dispense ici de m'étendre sur les belles et glorieuses vérités qu'on pourroit dire d'elle, c'est par la juste appréhension que ces grandes idées ne fissent éclater encore davantage la bassesse de mon offrande [3]. Je me suis imposé silence pour trouver un endroit plus propre à placer de si belles choses; et tout ce que j'ai pré-

---

[1] Molière étoit chef de la troupe de Monsieur.

[2] Molière ne fit imprimer *les Précieuses* que parce qu'on lui avoit dérobé une copie de cet ouvrage.

[3] A l'époque où vivoit Molière, les mots *bas* et *bassesse* n'emportoient pas l'idée de dégradation morale qui s'y attache aujourd'hui; ils n'exprimoient que celle d'une grande infériorité. Boisrobert dit à la comtesse de La Suze: *Est-il bien vrai*

> Que cet esprit seul au monde accompli,
> Comme les dieux de soi-même rempli,
> Souffre un moment que sa gloire s'abaisse
> Jusqu'au néant qu'il voit dans ma *bassesse?*

tendu dans cette épître, c'est de justifier mon action à toute la France, et d'avoir cette gloire de vous dire à vous-même, Monseigneur, avec toute la soumission possible, que je suis,

DE VOTRE ALTESSE ROYALE,

Le très humble, très obéissant,
et très fidèle serviteur,
J.-B. P. MOLIÈRE.

PERSONNAGES.

SGANARELLE[1], } frères.
ARISTE[2],
ISABELLE[3], } sœurs.
LÉONOR[4],
LISETTE, suivante de Léonor[5].
VALÈRE, amant d'Isabelle[6].
ERGASTE, valet de Valère[7].
UN COMMISSAIRE[8].
UN NOTAIRE.

ACTEURS.

[1] MOLIÈRE. — [2] L'ÉPY, — [3] Mademoiselle DE BRIE. — [4] Mademoiselle BÉJART. — [5] Madeleine BÉJART. — [6] LA GRANGE. — [7] DUPARC. — [8] DE BRIE.

La scène est à Paris.

L'ÉCOLE DES MARIS[1].

ACTE PREMIER.

SCÈNE I.

SGANARELLE, ARISTE.

SGANARELLE.
Mon frère, s'il vous plaît, ne discourons point tant,
Et que chacun de nous vive comme il l'entend.
Bien que sur moi des ans vous ayez l'avantage,
Et soyez assez vieux pour devoir être sage,
Je vous dirai pourtant que mes intentions
Sont de ne prendre point de vos corrections;
Que j'ai pour tout conseil ma fantaisie à suivre,
Et me trouve fort bien de ma façon de vivre.
ARISTE.
Mais chacun la condamne.
SGANARELLE.
      Oui, des fous comme vous,
Mon frère.
ARISTE.
 Grand merci, le compliment est doux!

---

[1] Térence, Bocace et Lopez de Vega ont fourni à Molière le fond et quelques détails de cette pièce.

SGANARELLE.

Je voudrois bien savoir, puisqu'il faut tout entendre,
Ce que ces beaux censeurs en moi peuvent reprendre.

ARISTE.

Cette farouche humeur, dont la sévérité
Fuit toutes les douceurs de la société,
A tous vos procédés inspire un air bizarre,
Et, jusques à l'habit, rend tout chez vous barbare.

SGANARELLE.

Il est vrai qu'à la mode il faut m'assujétir,
Et ce n'est pas pour moi que je me dois vêtir.
Ne voudriez-vous point, par vos belles sornettes [1],
Monsieur mon frère aîné, car, Dieu merci, vous l'êtes
D'une vingtaine d'ans, à ne vous rien céler,
Et cela ne vaut point la peine d'en parler;
Ne voudriez-vous point, dis-je, sur ces matières,
De vos jeunes muguets m'inspirer les manières [2]?
M'obliger à porter de ces petits chapeaux
Qui laissent éventer leurs débiles cerveaux,
Et de ces blonds cheveux de qui la vaste enflure
Des visages humains offusque la figure?
De ces petits pourpoints sous les bras se perdants?
Et de ces grands collets jusqu'au nombril pendants?
De ces manches qu'à table on voit tâter les sauces?
Et de ces cotillons appelés hauts-de-chausses?
De ces souliers mignons de rubans revêtus,
Qui vous font ressembler à des pigeons pattus?

---

[1] *Sornettes*, discours frivoles, bagatelles.

[2] *Muguet*, gentil, galant. Selon Ménage, ce mot vient de *muscatum*, aromate : *amator venustulus*.

Et de ces grands canons, où, comme en des entraves,
On met tous les matins ses deux jambes esclaves,
Et par qui nous voyons ces messieurs les galants
Marcher écarquillés¹ ainsi que des volants?
Je vous plairois, sans doute, équipé de la sorte?
Et je vous vois porter les sottises qu'on porte.

ARISTE.

Toujours au plus grand nombre on doit s'accommoder,
Et jamais il ne faut se faire regarder.
L'un et l'autre excès choque, et tout homme bien sage
Doit faire des habits ainsi que du langage,
N'y rien trop affecter, et sans empressement,
Suivre ce que l'usage y fait de changement.
Mon sentiment n'est pas qu'on prenne la méthode
De ceux qu'on voit toujours renchérir sur la mode,
Et qui, dans ces excès dont ils sont amoureux,
Seroient fâchés qu'un autre eût été plus loin qu'eux;
Mais je tiens qu'il est mal, sur quoi que l'on se fonde,
De fuir obstinément ce que suit tout le monde,
Et qu'il vaut mieux souffrir d'être au nombre des fous,
Que du sage parti se voir seul contre tous.

SGANARELLE.

Cela sent son vieillard, qui, pour en faire accroire,
Cache ses cheveux blancs d'une perruque noire.

ARISTE.

C'est un étrange fait du soin que vous prenez
A me venir toujours jeter mon âge au nez;
Et qu'il faille qu'en moi sans cesse je vous voie
Blâmer l'ajustement aussi bien que la joie:

¹ *Écarquiller les jambes*, les ouvrir, les écarter.

Comme si, condamnée à ne plus rien chérir,
La vieillesse devoit ne songer qu'à mourir,
Et d'assez de laideur n'est pas accompagnée,
Sans se tenir encor malpropre et rechignée.

SGANARELLE.

Quoi qu'il en soit, je suis attaché fortement
A ne démordre point de mon habillement.
Je veux une coiffure, en dépit de la mode,
Sous qui toute ma tête ait un abri commode,
Un bon pourpoint bien long, et fermé comme il faut[1],
Qui, pour bien digérer, tienne l'estomac chaud ;
Un haut-de-chausse fait justement pour ma cuisse ;
Des souliers où mes pieds ne soient point au supplice,
Ainsi qu'en ont usé sagement nos aïeux :
Et qui me trouve mal n'a qu'à fermer les yeux.

SCÈNE II.

LÉONOR, ISABELLE, LISETTE ; ARISTE,
ET SGANARELLE, *parlant bas ensemble sur le devant du théâtre sans être aperçus.*

LÉONOR, *à Isabelle.*

Je me charge de tout, en cas que l'on vous gronde.

LISETTE, *à Isabelle.*

Toujours dans une chambre à ne point voir le monde !

---

[1] Le pourpoint prenoit depuis le cou jusqu'à la ceinture. On en faisoit de tailladés dont la mode venoit d'Espagne. Les petits-maîtres en avoient de peau de senteur, et très étroits. Ménage fait venir ce mot du latin *perpunctum*, habit militaire de laine, de coton, ou de soie piquée entre deux étoffes.

ACTE I, SCÈNE II.

ISABELLE.

Il est ainsi bâti.

LÉONOR.

Je vous en plains, ma sœur.

LISETTE, *à Léonor.*

Bien vous prend que son frère ait toute une autre humeur,
Madame; et le destin vous fut bien favorable
En vous faisant tomber aux mains du raisonnable.

ISABELLE.

C'est un miracle encor qu'il ne m'ait aujourd'hui
Enfermée à la clef, ou menée avec lui.

LISETTE.

Ma foi, je l'enverrois au diable avec sa fraise,
Et...

SGANARELLE, *heurte par Lisette.*

Où donc allez-vous, qu'il ne vous en déplaise?

LÉONOR.

Nous ne savons encore, et je pressois ma sœur
De venir du beau temps respirer la douceur :
Mais...

SGANARELLE, *à Léonor.*

Pour vous, vous pouvez aller où bon vous semble,
(*montrant Lisette.*)
Vous n'avez qu'à courir; vous voilà deux ensemble.
(*à Isabelle.*)
Mais vous, je vous défends, s'il vous plaît, de sortir.

ARISTE.

Hé! laissez-les, mon frère, aller se divertir.

SGANARELLE.

Je suis votre valet, mon frère.

ARISTE.

                La jeunesse
Veut...

SGANARELLE.

La jeunesse est sotte, et parfois la vieillesse.

ARISTE.

Croyez-vous qu'elle est mal d'être avec Léonor?

SGANARELLE.

Non pas; mais avec moi je la crois mieux encor.

ARISTE.

Mais...

SGANARELLE.

       Mais ses actions de moi doivent dépendre,
Et je sais l'intérêt enfin que j'y dois prendre.

ARISTE.

A celles de sa sœur ai-je un moindre intérêt?

SGANARELLE.

Mon dieu! chacun raisonne et fait comme il lui plaît.
Elles sont sans parents, et notre ami, leur père,
Nous commit leur conduite à son heure dernière;
Et nous chargeant tous deux ou de les épouser,
Ou, sur notre refus, un jour d'en disposer,
Sur elles, par contrat, nous sut, dès leur enfance,
Et de père et d'époux donner pleine puissance:
D'élever celle-là vous prîtes le souci,
Et moi, je me chargeai du soin de celle-ci;
Selon vos volontés vous gouvernez la vôtre,
Laissez-moi, je vous prie, à mon gré régir l'autre.

ARISTE.

Il me semble...

ACTE I, SCÈNE II.

SGANARELLE.

Il me semble, et je le dis tout haut,
Que sur un tel sujet c'est parler comme il faut.
Vous souffrez que la vôtre aille leste et pimpante,
Je le veux bien : qu'elle ait et laquais et suivante,
J'y consens : qu'elle coure, aime l'oisiveté,
Et soit des damoiseaux flairée en liberté [1],
J'en suis fort satisfait : mais j'entends que la mienne
Vive à ma fantaisie, et non pas à la sienne ;
Que d'une serge honnête elle ait son vêtement,
Et ne porte le noir qu'aux bons jours seulement ;
Qu'enfermée au logis, en personne bien sage,
Elle s'applique toute aux choses du ménage,
A recoudre mon linge aux heures de loisir,
Ou bien à tricoter quelques bas par plaisir ;
Qu'aux discours des muguets elle ferme l'oreille,
Et ne sorte jamais sans avoir qui la veille.
Enfin la chair est foible, et j'entends tous les bruits.
Je ne veux point porter de cornes, si je puis ;
Et comme à m'épouser sa fortune l'appelle,
Je prétends, corps pour corps, pouvoir répondre d'elle.

ISABELLE.

Vous n'avez pas sujet, que je crois...

SGANARELLE.

Taisez-vous.
Je vous apprendrai bien s'il faut sortir sans nous.

LÉONOR.

Quoi donc, monsieur?

---

[1] *Damoiseau*, jeune efféminé, dont l'unique soin étoit de chercher à plaire aux dames.

SGANARELLE.

Mon dieu! madame, sans langage,
Je ne vous parle pas, car vous êtes trop sage.

LÉONOR.

Voyez-vous Isabelle avec nous à regret?

SGANARELLE.

Oui; vous me la gâtez, puisqu'il faut parler net.
Vos visites ici ne font que me déplaire,
Et vous m'obligerez de ne nous en plus faire.

LÉONOR.

Voulez-vous que mon cœur vous parle net aussi?
J'ignore de quel œil elle voit tout ceci :
Mais je sais ce qu'en moi feroit la défiance;
Et, quoiqu'un même sang nous ait donné naissance,
Nous sommes bien peu sœurs, s'il faut que chaque jour
Vos manières d'agir lui donnent de l'amour.

LISETTE.

En effet, tous ces soins sont des choses infames.
Sommes-nous chez les Turcs pour renfermer les femmes?
Car on dit qu'on les tient esclaves en ce lieu,
Et que c'est pour cela qu'ils sont maudits de Dieu.
Notre honneur est, monsieur, bien sujet à foiblesse,
S'il faut qu'il ait besoin qu'on le garde sans cesse.
Pensez-vous, après tout, que ces précautions
Servent de quelque obstacle à nos intentions;
Et, quand nous nous mettons quelque chose à la tête,
Que l'homme le plus fin ne soit pas une bête?
Toutes ces gardes-là sont visions de fous;
Le plus sûr, est, ma foi, de se fier en nous;
Qui nous gêne se met en un péril extrême;

Et toujours notre honneur veut se garder lui-même.
C'est nous inspirer presque un désir de pécher,
Que montrer tant de soins de nous en empêcher,
Et, si par un mari je me voyois contrainte,
J'aurois fort grande pente à confirmer sa crainte.

SGANARELLE, *à Ariste.*

Voilà, beau précepteur, votre éducation.
Et vous souffrez cela sans nulle émotion?

ARISTE.

Mon frère, son discours ne doit que faire rire;
Elle a quelque raison en ce qu'elle veut dire.
Leur sexe aime à jouir d'un peu de liberté;
On le retient fort mal par tant d'austérité;
Et les soins défiants, les verrous et les grilles
Ne font pas la vertu des femmes ni des filles :
C'est l'honneur qui les doit tenir dans le devoir,
Non la sévérité que nous leur faisons voir.
C'est une étrange chose, à vous parler sans feinte,
Qu'une femme qui n'est sage que par contrainte.
En vain sur tous ses pas nous prétendons régner,
Je trouve que le cœur est ce qu'il faut gagner;
Et je ne tiendrois, moi, quelque soin qu'on se donne,
Mon honneur guère sûr aux mains d'une personne
A qui, dans les désirs qui pourroient l'assaillir,
Il ne manqueroit rien qu'un moyen de faillir.

SGANARELLE.

Chansons que tout cela.

ARISTE.

Soit; mais je tiens sans cesse
Qu'il nous faut en riant instruire la jeunesse,

Reprendre ses défauts avec grande douceur,
Et du nom de vertu ne lui point faire peur.
Mes soins pour Léonor ont suivi ces maximes;
Des moindres libertés je n'ai point fait des crimes;
A ses jeunes désirs j'ai toujours consenti,
Et je ne m'en suis point, grace au ciel, repenti.
J'ai souffert qu'elle ait vu les belles compagnies,
Les divertissements, les bals, les comédies;
Ce sont choses, pour moi, que je tiens de tout temps
Fort propres à former l'esprit des jeunes gens;
Et l'école du monde, en l'air dont il faut vivre,
Instruit mieux à mon gré que ne fait aucun livre.
Elle aime à dépenser en habits, linge et nœuds;
Que voulez-vous? Je tâche à contenter ses vœux;
Et ce sont des plaisirs qu'on peut dans nos familles,
Lorsque l'on a du bien, permettre aux jeunes filles.
Un ordre paternel l'oblige à m'épouser;
Mais mon dessein n'est pas de la tyranniser.
Je sais bien que nos ans ne se rapportent guère,
Et je laisse à son choix liberté tout entière.
Si quatre mille écus de rente bien venants,
Une grande tendresse et des soins complaisants,
Peuvent, à son avis, pour un tel mariage,
Réparer entre nous l'inégalité d'âge,
Elle peut m'épouser, sinon, choisir ailleurs.
Je consens que sans moi ses destins soient meilleurs;
Et j'aime mieux la voir sous un autre hyménée,
Que si contre son gré sa main m'étoit donnée.

SGANARELLE.

Hé, qu'il est doucereux! c'est tout sucre et tout miel.

ARISTE.
Enfin c'est mon humeur, et j'en rends grace au ciel.
Je ne suivrai jamais ces maximes sévères,
Qui font que les enfants comptent les jours des pères.
SGANARELLE.
Mais ce qu'en la jeunesse on prend de liberté
Ne se retranche pas avec facilité;
Et tous ces sentiments suivront mal votre envie
Quand il faudra changer sa manière de vie.
ARISTE.
Et pourquoi la changer?
SGANARELLE.
Pourquoi?
ARISTE.
Oui.
SGANARELLE.
Je ne sai.
ARISTE.
Y voit-on quelque chose où l'honneur soit blessé?
SGANARELLE.
Quoi! si vous l'épousez, elle pourra prétendre
Les mêmes libertés que fille on lui voit prendre?
ARISTE.
Pourquoi non?
SGANARELLE.
Vos désirs lui seront complaisants,
Jusques à lui laisser et mouches et rubans?
ARISTE.
Sans doute.

SGANARELLE.

A lui souffrir, en cervelle troublée,
De courir tous les bals et les lieux d'assemblée?

ARISTE.

Oui vraiment.

SGANARELLE.

Et chez vous iront les damoiseaux?

ARISTE.

Et quoi donc?

SGANARELLE.

Qui joueront et donneront cadeaux?

ARISTE.

D'accord.

SGANARELLE.

Et votre femme entendra les fleurettes?

ARISTE.

Fort bien.

SGANARELLE.

Et vous verrez ces visites muguettes[1]
D'un œil à témoigner de n'en être point soûl?

ARISTE.

Cela s'entend.

SGANARELLE.

Allez, vous êtes un vieux fou.
(*à Isabelle.*)
Rentrez, pour n'ouïr point cette pratique infame.

---

[1] *Visites muguettes*, visites galantes.

SCÈNE III.

ARISTE, SGANARELLE, LÉONOR, LISETTE.

ARISTE.
Je veux m'abandonner à la foi de ma femme,
Et prétends toujours vivre ainsi que j'ai vécu.
SGANARELLE.
Que j'aurai de plaisir si l'on le fait cocu !
ARISTE.
J'ignore pour quel sort mon astre m'a fait naître;
Mais je sais que pour vous, si vous manquez de l'être,
On ne vous en doit point imputer le défaut,
Car vos soins pour cela font bien tout ce qu'il faut.
SGANARELLE.
Riez donc, beau rieur. Oh! que cela doit plaire
De voir un goguenard presque sexagénaire [1] !
LÉONOR.
Du sort dont vous parlez, je le garantis, moi,
S'il faut que par l'hymen il reçoive ma foi;
Il s'y peut assurer; mais sachez que mon ame
Ne répondroit de rien si j'étois votre femme.
LISETTE.
C'est conscience à ceux qui s'assurent en nous;
Mais c'est pain bénit, certe, à des gens comme vous.
SGANARELLE.
Allez, langue maudite, et des plus mal apprises.

[1] *Goguenard,* du vieux mot *gogue,* plaisanterie.

ARISTE.

Vous vous êtes, mon frère, attiré ces sottises.
Adieu. Changez d'humeur, et soyez averti
Que renfermer sa femme est un mauvais parti :
Je suis votre valet.

SGANARELLE.

Je ne suis pas le vôtre.

SCÈNE IV.

SGANARELLE.

Oh! que les voilà bien tous formés l'un pour l'autre !
Quelle belle famille! Un vieillard insensé
Qui fait le dameret dans un corps tout cassé [1] ;
Une fille maîtresse et coquette suprême ;
Des valets impudents : non, la sagesse même
N'en viendroit pas à bout, perdroit sens et raison
A vouloir corriger une telle maison.
Isabelle pourroit perdre dans ces hantises [2]
Les semences d'honneur qu'avec nous elle a prises ;
Et, pour l'en empêcher, dans peu nous prétendons
Lui faire aller revoir nos choux et nos dindons.

[1] *Dameret,* synonyme de *damoiseau,* voyez la note de la page 99.
[2] *Hantise,* fréquentation.

SCÈNE V.

VALÈRE, SGANARELLE, ERGASTE.

VALÈRE, *dans le fond du théâtre.*

Ergaste, le voilà cet argus que j'abhorre,
Le sévère tuteur de celle que j'adore.

SGANARELLE, *se croyant seul.*

N'est-ce pas quelque chose enfin de surprenant
Que la corruption des mœurs de maintenant !

VALÈRE.

Je voudrois l'accoster, s'il est en ma puissance,
Et tâcher de lier avec lui connoissance.

SGANARELLE, *se croyant seul.*

Au lieu de voir régner cette sévérité
Qui composoit si bien l'ancienne honnêteté,
La jeunesse en ces lieux, libertine, absolue,
Ne prend...

(*Valère salue Sganarelle de loin.*)

VALÈRE.

Il ne voit pas que c'est lui qu'on salue.

ERGASTE.

Son mauvais œil peut-être est de ce côté-ci.
Passons du côté droit.

SGANARELLE, *se croyant seul.*

Il faut sortir d'ici.
Le séjour de la ville en moi ne peut produire
Que des...

VALÈRE, *en s'approchant peu à peu.*

Il faut chez lui tâcher de m'introduire.

SGANARELLE, *entendant quelque bruit.*
Hé! j'ai cru qu'on parloit.
(*se croyant seul.*)
Aux champs, graces aux cieux,
Les sottises du temps ne blessent point mes yeux.
ERGASTE, *à Valère.*
Abordez-le.
SGANARELLE, *entendant encore du bruit.*
Plaît-il?
(*n'entendant plus rien.*)
Les oreilles me cornent.
(*se croyant seul.*)
Là tous les passe-temps de nos filles se bornent...
(*Il aperçoit Valère qui le salue.*)
Est-ce à nous?
ERGASTE, *à Valère.*
Approchez.
SGANARELLE, *sans prendre garde à Valère.*
Là nul godelureau [1]
(*Valère le salue encore.*)
Ne vient... Que diable!
(*Il se retourne, et voit Ergaste qui le salue de l'autre côté.*)
Encor! Que de coups de chapeau!
VALÈRE.
Monsieur, un tel abord vous interrompt peut-être?
SGANARELLE.
Cela se peut.

---

[1] *Godelureau,* un jeune galant. Selon Ménage, ce mot vient du mot latin *gaudere,* se réjouir.

ACTE I, SCÈNE V.

VALÈRE.

Mais quoi! l'honneur de vous connoître
Est un si grand bonheur, est un si doux plaisir,
Que de vous saluer j'avois un grand désir.

SGANARELLE.

Soit.

VALÈRE.

Et de vous venir, mais sans nul artifice,
Assurer que je suis tout à votre service.

SGANARELLE.

Je le crois.

VALÈRE.

J'ai le bien d'être de vos voisins,
Et j'en dois rendre grace à mes heureux destins.

SGANARELLE.

C'est bien fait.

VALÈRE.

Mais, monsieur, savez-vous les nouvelles
Que l'on dit à la cour, et qu'on tient pour fidèles?

SGANARELLE.

Que m'importe?

VALÈRE.

Il est vrai; mais pour les nouveautés
On peut avoir parfois des curiosités.
Vous irez voir, monsieur, cette magnificence
Que de notre dauphin prépare la naissance[1]?

SGANARELLE.

Si je veux.

---

[1] Il s'agit ici du dauphin, fils de Louis XIV, appelé Monseigneur.

VALÈRE.

Avouons que Paris nous fait part
De cent plaisirs charmants qu'on n'a point autre part;
Les provinces auprès sont des lieux solitaires.
A quoi donc passez-vous le temps?

SGANARELLE.

A mes affaires.

VALÈRE.

L'esprit veut du relâche, et succombe parfois
Par trop d'attachement aux sérieux emplois.
Que faites-vous les soirs avant qu'on se retire?

SGANARELLE.

Ce qui me plaît.

VALÈRE.

Sans doute : on ne peut pas mieux dire;
Cette réponse est juste, et le bon sens paroît
A ne vouloir jamais faire que ce qui plaît.
Si je ne vous croyois l'ame trop occupée,
J'irois parfois chez vous passer l'après-soupée.

SGANARELLE.

Serviteur.

SCÈNE VI.

VALÈRE, ERGASTE.

VALÈRE.

Que dis-tu de ce bizarre fou?

ERGASTE.

Il a le repart[1] brusque, et l'accueil loup-garou.

[1] *Repart, repartie.*

ACTE I, SCÈNE VI.

VALÈRE.

Ah, j'enrage !

ERGASTE.

Et de quoi ?

VALÈRE.

De quoi ? C'est que j'enrage
De voir celle que j'aime au pouvoir d'un sauvage,
D'un dragon surveillant, dont la sévérité
Ne lui laisse jouir d'aucune liberté.

ERGASTE.

C'est ce qui fait pour vous, et sur ces conséquences
Votre amour doit fonder de grandes espérances.
Apprenez, pour avoir votre esprit raffermi,
Qu'une femme qu'on garde est gagnée à demi,
Et que les noirs chagrins des maris ou des pères
Ont toujours du galant avancé les affaires.
Je coquette fort peu, c'est mon moindre talent,
Et de profession je ne suis point galant :
Mais j'en ai servi vingt de ces chercheurs de proie,
Qui disoient fort souvent que leur plus grande joie
Étoit de rencontrer de ces maris fâcheux,
Qui jamais sans gronder ne reviennent chez eux ;
De ces brutaux fieffés, qui, sans raison ni suite,
De leurs femmes en tout contrôlent la conduite,
Et, du nom de mari fièrement se parants,
Leur rompent en visière aux yeux des soupirants.
On en sait, disent-ils, prendre ses avantages ;
Et l'aigreur de la dame à ces sortes d'outrages,
Dont la plaint doucement un complaisant témoin,
Est un champ à pousser les choses assez loin ;

En un mot, ce vous est une attente assez belle
Que la sévérité du tuteur d'Isabelle.
VALÈRE.
Mais depuis quatre mois que je l'aime ardemment,
Je n'ai pour lui parler pu trouver un moment.
ERGASTE.
L'amour rend inventif; mais vous ne l'êtes guère,
Et si j'avois été...
VALÈRE.
Mais qu'aurois-tu pu faire,
Puisque sans ce brutal on ne la voit jamais,
Et qu'il n'est là-dedans servantes ni valets
Dont, par l'appât flatteur de quelque récompense,
Je puisse pour mes feux ménager l'assistance?
ERGASTE.
Elle ne sait donc pas encor que vous l'aimez?
VALÈRE.
C'est un point dont mes vœux ne sont pas informés.
Partout où ce farouche a conduit cette belle,
Elle m'a toujours vu comme une ombre après elle,
Et mes regards aux siens ont tâché chaque jour
De pouvoir expliquer l'excès de mon amour.
Mes yeux ont fort parlé; mais qui me peut apprendre
Si leur langage enfin a pu se faire entendre?
ERGASTE.
Ce langage, il est vrai, peut être obscur parfois,
S'il n'a pour truchement l'écriture ou la voix.
VALÈRE.
Que faire pour sortir de cette peine extrême,
Et savoir si la belle a connu que je l'aime?

Dis-m'en quelque moyen.
ERGASTE.
C'est ce qu'il faut trouver :
Entrons un peu chez vous afin d'y mieux rêver.

FIN DU PREMIER ACTE.

ACTE SECOND.

SCÈNE I.

ISABELLE, SGANARELLE.

SGANARELLE.
Va, je sais la maison et connois la personne
Aux marques seulement que ta bouche me donne.
ISABELLE, *à part.*
O ciel, sois-moi propice, et seconde en ce jour
Le stratagème adroit d'une innocente amour!
SGANARELLE.
Dis-tu pas qu'on t'a dit qu'il s'appelle Valère?
ISABELLE.
Oui.
SGANARELLE.
Va, sois en repos, rentre et me laisse faire;
Je vais parler sur l'heure à ce jeune étourdi.
ISABELLE, *en s'en allant.*
Je fais, pour une fille, un projet bien hardi;
Mais l'injuste rigueur dont envers moi l'on use,
Dans tout esprit bien fait me servira d'excuse.

SCÈNE II.

SGANARELLE.

(Il va frapper à la porte de Valère.)

Ne perdons point de temps; c'est ici. Qui va là?
Bon, je rêve. Holà, dis-je, holà, quelqu'un, holà!
Je ne m'étonne pas, après cette lumière,
S'il y venoit tantôt de si douce manière:
Mais je veux me hâter, et de son fol espoir...

SCÈNE III.

VALÈRE, SGANARELLE, ERGASTE.

SGANARELLE, *à Ergaste qui est sorti brusquement.*
Peste soit du gros bœuf, qui, pour me faire choir,
Se vient devant mes pas planter comme une perche!

VALÈRE.
Monsieur, j'ai du regret...

SGANARELLE.
Ah! c'est vous que je cherche.

VALÈRE.
Moi, monsieur?

SGANARELLE.
Vous. Valère est-il pas votre nom?

VALÈRE.
Oui.

SGANARELLE.

Je viens vous parler si vous le trouvez bon.

VALÈRE.

Puis-je être assez heureux pour vous rendre service?

SGANARELLE.

Non. Mais je prétends, moi, vous rendre un bon office;
Et c'est ce qui chez vous prend droit de m'amener.

VALÈRE.

Chez moi, monsieur?

SGANARELLE.

Chez vous. Faut-il tant s'étonner?

VALÈRE.

J'en ai bien du sujet, et mon ame ravie
De l'honneur...

SGANARELLE.

Laissons là cet honneur, je vous prie.

VALÈRE.

Voulez-vous pas entrer?

SGANARELLE.

Il n'en est pas besoin.

VALÈRE.

Monsieur, de grace.

SGANARELLE.

Non, je n'irai pas plus loin.

VALÈRE.

Tant que vous serez là, je ne puis vous entendre.

SGANARELLE.

Moi, je ne veux bouger.

VALÈRE.

Hé bien, il faut se rendre :

Vite, puisque monsieur à cela se résout,
Donnez un siége ici.

SGANARELLE.

Je veux parler debout.

VALÈRE.

Vous souffrir de la sorte...

SGANARELLE.

Ah, contrainte effroyable!

VALÈRE.

Cette incivilité seroit trop condamnable.

SGANARELLE.

C'en est une que rien ne sauroit égaler,
De n'ouïr pas les gens qui veulent nous parler.

VALÈRE.

Je vous obéis donc.

SGANARELLE.

Vous ne sauriez mieux faire.
(Ils font de grandes cérémonies pour se couvrir.)
Tant de cérémonie est fort peu nécessaire.
Voulez-vous m'écouter?

VALÈRE.

Sans doute, et de grand cœur.

SGANARELLE.

Savez-vous, dites-moi, que je suis le tuteur
D'une fille assez jeune et passablement belle,
Qui loge en ce quartier, et qu'on nomme Isabelle?

VALÈRE.

Oui.

SGANARELLE.

Si vous le savez, je ne vous l'apprends pas.

Mais, savez-vous aussi, lui trouvant des appas,
Qu'autrement qu'en tuteur sa personne me touche,
Et qu'elle est destinée à l'honneur de ma couche?

VALÈRE.

Non.

SGANARELLE.

Je vous l'apprends donc; et qu'il est à propos
Que vos feux, s'il vous plaît, la laissent en repos.

VALÈRE.

Qui? moi, monsieur?

SGANARELLE.

Oui, vous. Mettons bas toute feinte.

VALÈRE.

Qui vous a dit que j'ai pour elle l'ame atteinte?

SGANARELLE.

Des gens à qui l'on peut donner quelque crédit.

VALÈRE.

Mais encore?

SGANARELLE.

Elle-même.

VALÈRE.

Elle?

SGANARELLE.

Elle. Est-ce assez dit?
Comme une fille honnête, et qui m'aime d'enfance,
Elle vient de m'en faire entière confidence;
Et, de plus, m'a chargé de vous donner avis
Que, depuis que par vous tous ses pas sont suivis,
Son cœur, qu'avec excès votre poursuite outrage,
N'a que trop de vos yeux entendu le langage;

ACTE II, SCÈNE III.

Que vos secrets désirs lui sont assez connus,
Et que c'est vous donner des soucis superflus
De vouloir davantage expliquer une flamme
Qui choque l'amitié que me garde son ame.

VALÈRE.

C'est elle, dites-vous, qui de sa part vous fait...

SGANARELLE.

Oui, vous venir donner cet avis franc et net;
Et qu'ayant vu l'ardeur dont votre ame est blessée,
Elle vous eût plus tôt fait savoir sa pensée,
Si son cœur avoit eu dans son émotion
A qui pouvoir donner cette commission;
Mais qu'enfin les douleurs d'une contrainte extrême
L'ont réduite à vouloir se servir de moi-même,
Pour vous rendre averti, comme je vous ai dit,
Qu'à tout autre que moi son cœur est interdit,
Que vous avez assez joué de la prunelle,
Et que, si vous avez tant soit peu de cervelle,
Vous prendrez d'autres soins. Adieu, jusqu'au revoir.
Voilà ce que j'avois à vous faire savoir.

VALÈRE, *bas*.

Ergaste, que dis-tu d'une telle aventure?

SGANARELLE, *bas, à part*.

Le voilà bien surpris!

ERGASTE, *bas, à Valère*.

Selon ma conjecture,
Je tiens qu'elle n'a rien de déplaisant pour vous,
Qu'un mystère assez fin est caché là-dessous,
Et qu'enfin cet avis n'est pas d'une personne
Qui veuille voir cesser l'amour qu'elle vous donne.

SGANARELLE, *à part.*

Il en tient comme il faut.

VALÈRE, *bas, à Ergaste.*

Tu crois mystérieux...

ERGASTE, *bas.*

Oui... Mais il nous observe, ôtons-nous de ses yeux.

SCÈNE IV.

SGANARELLE.

Que sa confusion paroît sur son visage!
Il ne s'attendoit pas, sans doute, à ce message.
Appelons Isabelle : elle montre le fruit
Que l'éducation dans une ame produit.
La vertu fait ses soins, et son cœur s'y consomme
Jusques à s'offenser des seuls regards d'un homme.

SCÈNE V.

ISABELLE, SGANARELLE.

ISABELLE, *bas, en entrant.*

J'ai peur que cet amant, plein de sa passion,
N'ait pas de mon avis compris l'intention;
Et j'en veux, dans les fers où je suis prisonnière,
Hasarder un qui parle avec plus de lumière.

SGANARELLE.

Me voilà de retour.

ISABELLE.

Hé bien?

SGANARELLE.

Un plein effet
A suivi tes discours, et ton homme a son fait.
Il me vouloit nier que son cœur fût malade;
Mais, lorsque de ta part j'ai marqué l'ambassade,
Il est resté d'abord et muet et confus,
Et je ne pense pas qu'il y revienne plus.

ISABELLE.

Ah! que me dites-vous? J'ai bien peur du contraire,
Et qu'il ne nous prépare encor plus d'une affaire.

SGANARELLE.

Et sur quoi fondes-tu cette peur que tu dis?

ISABELLE.

Vous n'avez pas été plus tôt hors du logis,
Qu'ayant, pour prendre l'air, la tête à ma fenêtre,
J'ai vu dans ce détour un jeune homme paroître,
Qui d'abord, de la part de cet impertinent,
Est venu me donner un bonjour surprenant,
Et m'a, droit dans ma chambre, une boîte jetée
Qui renferme une lettre en poulet cachetée.
J'ai voulu sans tarder lui rejeter le tout;
Mais ses pas de la rue avoient gagné le bout,
Et je me sens le cœur tout gros de fâcherie.

SGANARELLE.

Voyez un peu la ruse et la friponnerie!

ISABELLE.

Il est de mon devoir de faire promptement
Reporter boîte et lettre à ce maudit amant;
Et j'aurois pour cela besoin d'une personne...
Car d'oser à vous-même...

SGANARELLE.

                           Au contraire, mignonne,
C'est me faire mieux voir ton amour et ta foi,
Et mon cœur avec joie accepte cet emploi;
Tu m'obliges par là plus que je ne puis dire.

ISABELLE.

Tenez donc.

SGANARELLE.

           Bon. Voyons ce qu'il a pu t'écrire.

ISABELLE.

Ah, ciel! gardez-vous bien de l'ouvrir.

SGANARELLE.

                                 Et pourquoi?

ISABELLE.

Lui voulez-vous donner à croire que c'est moi?
Une fille d'honneur doit toujours se défendre
De lire les billets qu'un homme lui fait rendre.
La curiosité qu'on fait lors éclater
Marque un secret plaisir de s'en ouïr conter :
Et je trouve à propos que, toute cachetée,
Cette lettre lui soit promptement reportée,
Afin que d'autant mieux il connoisse aujourd'hui
Le mépris éclatant que mon cœur fait de lui ;
Que ses feux désormais perdent toute espérance,
Et n'entreprennent plus pareille extravagance.

SGANARELLE.

Certes, elle a raison lorsqu'elle parle ainsi.
Va, ta vertu me charme, et ta prudence aussi :
Je vois que mes leçons ont germé dans ton ame,
Et tu te montres digne enfin d'être ma femme.

ISABELLE.

Je ne veux pas pourtant gêner votre désir.
La lettre est en vos mains, et vous pouvez l'ouvrir.

SGANARELLE.

Non, je n'ai garde; hélas! tes raisons sont trop bonnes,
Et je vais m'acquitter du soin que tu me donnes;
A quatre pas de là dire ensuite deux mots,
Et revenir ici te remettre en repos.

SCÈNE VI.

SGANARELLE.

Dans quel ravissement est-ce que mon cœur nage,
Lorsque je vois en elle une fille si sage!
C'est un trésor d'honneur que j'ai dans ma maison.
Prendre un regard d'amour pour une trahison!
Recevoir un poulet comme une injure extrême[1],
Et le faire au galant reporter par moi-même!
Je voudrois bien savoir, en voyant tout ceci,
Si celle de mon frère en useroit ainsi.
Ma foi, les filles sont ce que l'on les fait être.
Holà!

(Il frappe à la porte de Valère.)

---

[1] *Poulet*, billet amoureux, ainsi nommé, parce qu'en le pliant on y faisoit deux pointes qui représentoient les ailes d'un poulet.

SCÈNE VII.

SGANARELLE, ERGASTE.

ERGASTE.

Qu'est-ce ?

SGANARELLE.

Tenez, dites à votre maître
Qu'il ne s'ingère pas d'oser écrire encor
Des lettres qu'il envoie avec des boîtes d'or,
Et qu'Isabelle en est puissamment irritée.
Voyez, on ne l'a pas au moins décachetée;
Il connoîtra l'état que l'on fait de ses feux,
Et quel heureux succès il doit espérer d'eux.

SCÈNE VIII.

VALÈRE, ERGASTE.

VALÈRE.

Que vient de te donner cette farouche bête?

ERGASTE.

Cette lettre, monsieur, qu'avecque cette boîte
On prétend qu'ait reçue Isabelle de vous,
Et dont elle est, dit-il, en un fort grand courroux.
C'est sans vouloir l'ouvrir qu'elle vous la fait rendre.
Lisez vite, et voyons si je me puis méprendre.

VALÈRE *lit.*

« Cette lettre vous surprendra sans doute, et l'on

« peut trouver bien hardis pour moi, et le dessein de
« vous l'écrire et la manière de vous la faire tenir;
« mais je me vois dans un état à ne plus garder de
« mesure. La juste horreur d'un mariage dont je suis
« menacée dans six jours me fait hasarder toutes
« choses; et, dans la résolution de m'en affranchir
« par quelque voie que ce soit, j'ai cru que je devois
« plutôt vous choisir que le désespoir. Ne croyez pas
« pourtant que vous soyez redevable de tout à ma
« mauvaise destinée, ce n'est pas la contrainte où je
« me trouve qui a fait naître les sentiments que j'ai pour
« vous, mais c'est elle qui en précipite le témoignage,
« et qui me fait passer sur des formalités où la bien-
« séance du sexe oblige. Il ne tiendra qu'à vous que
« je sois à vous bientôt, et j'attends seulement que vous
« m'ayez marqué les intentions de votre amour pour
« vous faire savoir la résolution que j'ai prise; mais
« surtout songez que le temps presse, et que deux
« cœurs qui s'aiment doivent s'entendre à demi-mot. »

ERGASTE.

Hé bien, monsieur, le tour est-il d'original?
Pour une jeune fille elle n'en sait pas mal.
De ces ruses d'amour la croiroit-on capable?

VALÈRE.

Ah! je la trouve là tout-à-fait adorable.
Ce trait de son esprit et de son amitié
Accroît pour elle encor mon amour de moitié,
Et joint aux sentiments que sa beauté m'inspire...

ERGASTE.

La dupe vient; songez à ce qu'il vous faut dire.

SCÈNE IX.

SGANARELLE, VALÈRE, ERGASTE.

SGANARELLE, *se croyant seul.*

Oh! trois et quatre fois béni soit cet édit
Par qui des vêtements le luxe est interdit!
Les peines des maris ne seront plus si grandes,
Et les femmes auront un frein à leurs demandes.
Oh! que je sais au roi bon gré de ces décris[1]!
Et que, pour le repos de ces mêmes maris,
Je voudrois bien qu'on fît de la coquetterie
Comme de la guipure et de la broderie[2]!
J'ai voulu l'acheter, l'édit, expressément,
Afin que d'Isabelle il soit lu hautement;
Et ce sera tantôt, n'étant plus occupée,
Le divertissement de notre après-soupée.

(*apercevant Valère.*)

Enverrez-vous encor, monsieur aux blonds cheveux,
Avec des boîtes d'or des billets amoureux?
Vous pensiez bien trouver quelque jeune coquette,
Friande de l'intrigue, et tendre à la fleurette:
Vous voyez de quel air on reçoit vos joyaux.
Croyez-moi, c'est tirer votre poudre aux moineaux.
Elle est sage, elle m'aime, et votre amour l'outrage;

---

[1] On appeloit les *décris* la défense faite par cri public de vendre ou porter certaines étoffes.

[2] *Guipure*, espèce de dentelle de fil ou de soie, où il y a de la cartisane.

Prenez visée ailleurs, et troussez-moi bagage.
VALÈRE.
Oui, oui, votre mérite, à qui chacun se rend,
Est à mes yeux, monsieur, un obstacle trop grand;
Et c'est folie à moi, dans mon ardeur fidèle,
De prétendre avec vous à l'amour d'Isabelle.
SGANARELLE.
Il est vrai, c'est folie.
VALÈRE.
Aussi n'aurois-je pas
Abandonné mon cœur à suivre ses appas,
Si j'avois pu savoir que ce cœur misérable
Dût trouver un rival comme vous redoutable.
SGANARELLE.
Je le crois.
VALÈRE.
Je n'ai garde à présent d'espérer.
Je vous cède, monsieur, et c'est sans murmurer.
SGANARELLE.
Vous faites bien.
VALÈRE
Le droit de la sorte l'ordonne;
Et de tant de vertus brille votre personne,
Que j'aurois tort de voir d'un regard de courroux
Les tendres sentiments qu'Isabelle a pour vous.
SGANARELLE.
Cela s'entend.
VALÈRE.
Oui, oui, je vous quitte la place :
Mais je vous prie au moins, et c'est la seule grace,

Monsieur, que vous demande un misérable amant
Dont vous seul aujourd'hui causez tout le tourment,
Je vous conjure donc d'assurer Isabelle
Que, si depuis trois mois mon cœur brûle pour elle,
Cet amour est sans tache, et n'a jamais pensé
A rien dont son honneur ait lieu d'être offensé.

SGANARELLE.

Oui.

VALÈRE.

Que, ne dépendant que du choix de mon ame,
Tous mes desseins étoient de l'obtenir pour femme,
Si les destins en vous, qui captivez son cœur,
N'opposoient un obstacle à cette juste ardeur.

SGANARELLE.

Fort bien.

VALÈRE.

Que, quoi qu'on fasse, il ne lui faut pas croire
Que jamais ses appas sortent de ma mémoire;
Que quelque arrêt des cieux qu'il me faille subir,
Mon sort est de l'aimer jusqu'au dernier soupir;
Et que, si quelque chose étouffe mes poursuites,
C'est le juste respect que j'ai pour vos mérites.

SGANARELLE.

C'est parler sagement; et je vais de ce pas
Lui faire ce discours qui ne la choque pas,
Mais si vous me croyez, tachez de faire en sorte
Que de votre cerveau cette passion sorte.
Adieu.

ERGASTE, *à Valère.*

La dupe est bonne!

SCÈNE X.

SGANARELLE.

Il me fait grand'pitié,
Ce pauvre malheureux tout rempli d'amitié ;
Mais c'est un mal pour lui de s'être mis en tête
De vouloir prendre un fort qui se voit ma conquête.
(*Sganarelle heurte à sa porte.*)

SCÈNE XI.

SGANARELLE, ISABELLE.

SGANARELLE.

Jamais amant n'a fait tant de trouble éclater
Au poulet renvoyé sans le décacheter :
Il perd toute espérance enfin, et se retire :
Mais il m'a tendrement conjuré de te dire
« Que du moins en t'aimant il n'a jamais pensé
« A rien dont ton honneur ait lieu d'être offensé,
« Et que, ne dépendant que du choix de son ame,
« Tous ses désirs étoient de t'obtenir pour femme,
« Si les destins en moi, qui captive ton cœur,
« N'opposoient un obstacle à cette juste ardeur ;
« Que, quoi qu'on puisse faire, il ne te faut pas croire
« Que jamais tes appas sortent de sa mémoire ;
« Que quelque arrêt des cieux qu'il lui faille subir,
« Son sort est de t'aimer jusqu'au dernier soupir ;

« Et que si quelque chose étouffe sa poursuite,
« C'est le juste respect qu'il a pour mon mérite. »
Ce sont ses propres mots; et, loin de le blâmer,
Je le trouve honnête homme, et le plains de t'aimer.

ISABELLE, *bas*.

Ses feux ne trompent point ma secrète croyance,
Et toujours ses regards m'en ont dit l'innocence.

SGANARELLE.

Que dis-tu?

ISABELLE.

Qu'il m'est dur que vous plaigniez si fort
Un homme que je hais à l'égal de la mort;
Et que, si vous m'aimiez autant que vous le dites,
Vous sentiriez l'affront que me font ses poursuites.

SGANARELLE.

Mais il ne savoit pas tes inclinations;
Et, par l'honnêteté de ses intentions,
Son amour ne mérite...

ISABELLE.

Est-ce les avoir bonnes,
Dites-moi, de vouloir enlever les personnes?
Est-ce être homme d'honneur de former des desseins
Pour m'épouser de force en m'ôtant de vos mains?
Comme si j'étois fille à supporter la vie
Après qu'on m'auroit fait une telle infamie!

SGANARELLE.

Comment?

ISABELLE.

Oui, oui; j'ai su que ce traître d'amant
Parle de m'obtenir par un enlèvement;

ACTE II, SCÈNE XI.

Et j'ignore, pour moi, les pratiques secrètes
Qui l'ont instruit sitôt du dessein que vous faites
De me donner la main dans huit jours au plus tard,
Puisque ce n'est que d'hier que vous m'en fîtes part;
Mais il veut prévenir, dit-on, cette journée
Qui doit à votre sort unir ma destinée.

SGANARELLE.

Voilà qui ne vaut rien.

ISABELLE.

Oh, que pardonnez-moi!
C'est un fort honnête homme, et qui ne sent pour moi...

SGANARELLE.

Il a tort; et ceci passe la raillerie.

ISABELLE.

Allez, votre douceur entretient sa folie;
S'il vous eût vu tantôt lui parler vertement,
Il craindroit vos transports et mon ressentiment;
Car c'est encor depuis sa lettre méprisée
Qu'il a dit ce dessein qui m'a scandalisée;
Et son amour conserve, ainsi que je l'ai su,
La croyance qu'il est dans mon cœur bien reçu,
Que je fuis votre hymen, quoi que le monde en croie;
Et me verrois tirer de vos mains avec joie.

SGANARELLE.

Il est fou.

ISABELLE.

Devant vous il sait se déguiser,
Et son intention est de vous amuser.
Croyez par ces beaux mots que le traître vous joue.
Je suis bien malheureuse, il faut que je l'avoue,

Qu'avecque tous mes soins pour vivre dans l'honneur,
Et rebuter les vœux d'un lâche suborneur,
Il faille être exposée aux fâcheuses surprises
De voir faire sur moi d'infames entreprises!

SGANARELLE.

Va, ne redoute rien.

ISABELLE.

Pour moi, je vous le di,
Si vous n'éclatez fort contre un trait si hardi,
Et ne trouvez bientôt moyen de me défaire
Des persécutions d'un pareil téméraire,
J'abandonnerai tout, et renonce à l'ennui
De souffrir les affronts que je reçois de lui.

SGANARELLE.

Ne t'afflige point tant; va, ma petite femme,
Je m'en vais le trouver et lui chanter sa gamme.

ISABELLE.

Dites-lui bien au moins qu'il le nieroit en vain,
Que c'est de bonne part qu'on m'a dit son dessein;
Et qu'après cet avis, quoi qu'il puisse entreprendre,
J'ose le défier de me pouvoir surprendre;
Enfin que, sans plus perdre et soupirs et moments,
Il doit savoir pour vous quels sont mes sentiments;
Et que, si d'un malheur il ne veut être cause,
Il ne se fasse pas deux fois dire une chose.

SGANARELLE.

Je dirai ce qu'il faut.

ISABELLE.

Mais tout cela d'un ton
Qui marque que mon cœur lui parle tout de bon.

SGANARELLE.
Va, je n'oublierai rien, je t'en donne assurance.
ISABELLE.
J'attends votre retour avec impatience;
Hâtez-le, s'il vous plaît, de tout votre pouvoir.
Je languis quand je suis un moment sans vous voir.
SGANARELLE.
Va, pouponne, mon cœur, je reviens tout-à-l'heure.

SCÈNE XII.

SGANARELLE.

Est-il une personne et plus sage et meilleure?
Ah! que je suis heureux! et que j'ai de plaisir
De trouver une femme au gré de mon désir!
Oui, voilà comme il faut que les femmes soient faites,
Et non comme j'en sais de ces franches coquettes,
Qui s'en laissent conter, et font dans tout Paris
Montrer au bout du doigt leurs honnêtes maris.
(Il frappe à la porte de Valère.)
Holà! notre galant aux belles entreprises!

SCÈNE XIII.

VALÈRE, SGANARELLE, ERGASTE.

VALÈRE.
Monsieur, qui vous ramène en ces lieux?
SGANARELLE.
Vos sottises.

VALÈRE.

Comment?

SGANARELLE.

Vous savez bien de quoi je veux parier.
Je vous croyois plus sage à ne vous rien celer.
Vous venez m'amuser de vos belles paroles,
Et conservez sous main des espérances folles.
Voyez-vous, j'ai voulu doucement vous traiter ;
Mais vous m'obligerez à la fin d'éclater.
N'avez-vous point de honte, étant ce que vous êtes,
De faire en votre esprit les projets que vous faites?
De prétendre enlever une fille d'honneur,
Et troubler un hymen qui fait tout son bonheur?

VALÈRE.

Qui vous a dit, monsieur, cette étrange nouvelle?

SGANARELLE.

Ne dissimulons point, je la tiens d'Isabelle,
Qui vous mande par moi, pour la dernière fois,
Qu'elle vous a fait voir assez quel est son choix ;
Que son cœur, tout à moi, d'un tel projet s'offense ;
Qu'elle mourroit plutôt qu'en souffrir l'insolence ;
Et que vous causerez de terribles éclats,
Si vous ne mettez fin à tout cet embarras.

VALÈRE.

S'il est vrai qu'elle ait dit ce que je viens d'entendre,
J'avouerai que mes feux n'ont plus rien à prétendre ;
Par ces mots assez clairs je vois tout terminé,
Et je dois révérer l'arrêt qu'elle a donné.

SGANARELLE.

Si... Vous en doutez donc, et prenez pour des feintes

Tout ce que de sa part je vous ai fait de plaintes?
Voulez-vous qu'elle-même elle explique son cœur,
J'y consens volontiers pour vous tirer d'erreur.
Suivez-moi, vous verrez s'il est rien que j'avance,
Et si son jeune cœur entre nous deux balance.
(Il va frapper à sa porte.)

SCÈNE XIV.

ISABELLE, SGANARELLE, VALÈRE, ERGASTE.

ISABELLE.

Quoi! vous me l'amenez! Quel est votre dessein?
Prenez-vous contre moi ses intérêts en main?
Et voulez-vous, charmé de ses rares mérites,
M'obliger à l'aimer, et souffrir ses visites?

SGANARELLE.

Non, ma mie, et ton cœur pour cela m'est trop cher:
Mais il prend mes avis pour des contes en l'air,
Croit que c'est moi qui parle, et te fais par adresse
Pleine pour lui de haine, et pour moi de tendresse;
Et par toi-même enfin j'ai voulu, sans retour,
Le tirer d'une erreur qui nourrit son amour.

ISABELLE, *à Valère.*

Quoi! mon ame à vos yeux ne se montre pas toute,
Et de mes vœux encor vous pouvez être en doute?

VALÈRE.

Oui, tout ce que monsieur de votre part m'a dit,
Madame, a bien pouvoir de surprendre un esprit:
J'ai douté, je l'avoüe; et cet arrêt suprême

Qui décide du sort de mon amour extrême
Doit m'être assez touchant pour ne pas s'offenser
Que mon cœur par deux fois le fasse prononcer.

ISABELLE.

Non, non, un tel arrêt ne doit pas vous surprendre :
Ce sont mes sentiments qu'il vous a fait entendre ;
Et je les tiens fondés sur assez d'équité
Pour en faire éclater toute la vérité.
Oui, je veux bien qu'on sache, et j'en dois être crue,
Que le sort offre ici deux objets à ma vue
Qui, m'inspirant pour eux différents sentiments,
De mon cœur agité font tous les mouvements.
L'un, par un juste choix où l'honneur m'intéresse,
A toute mon estime et toute ma tendresse ;
Et l'autre, pour le prix de son affection,
A toute ma colère et mon aversion.
La présence de l'un m'est agréable et chère,
J'en reçois dans mon ame une alégresse entière ;
Et l'autre, par sa vue, inspire dans mon cœur
De secrets mouvements et de haine et d'horreur.
Me voir femme de l'un est toute mon envie ;
Et plutôt qu'être à l'autre on m'ôteroit la vie.
Mais c'est assez montrer mes justes sentiments,
Et trop long-temps languir dans ces rudes tourments ;
Il faut que ce que j'aime, usant de diligence,
Fasse à ce que je hais perdre toute espérance,
Et qu'un heureux hymen affranchisse mon sort
D'un supplice pour moi plus affreux que la mort.

SGANARELLE.

Oui, mignonne, je songe à remplir ton attente.

ISABELLE.
C'est l'unique moyen de me rendre contente.
SGANARELLE.
Tu le seras dans peu.
ISABELLE.
Je sais qu'il est honteux
Aux filles d'expliquer si librement leurs vœux.
SGANARELLE.
Point, point.
ISABELLE.
Mais en l'état où sont mes destinées,
De telles libertés doivent m'être données;
Et je puis, sans rougir, faire un aveu si doux
A celui que déja je regarde en époux.
SGANARELLE.
Oui, ma pauvre fanfan, pouponne de mon ame!
ISABELLE.
Qu'il songe donc, de grace, à me prouver sa flamme!
SGANARELLE.
Oui, tiens, baise ma main.
ISABELLE.
Que sans plus de soupirs
Il conclue un hymen qui fait tout mes désirs,
Et reçoive en ce lieu la foi que je lui donne
De n'écouter jamais les vœux d'autre personne.
(*Elle fait semblant d'embrasser Sganarelle, et donne sa main à baiser à Valère.*)
SGANARELLE.
Hai, hai! mon petit nez, pauvre petit bouchon,
Tu ne languiras pas long-temps, je t'en répond.

(*à Valère.*)
Va, chut. Vous le voyez, je ne lui fais pas dire,
Ce n'est qu'après moi seul que son ame respire.

VALÈRE.

Hé bien, madame, hé bien! c'est s'expliquer assez;
Je vois, par ce discours, de quoi vous me pressez,
Et je saurai dans peu vous ôter la présence
De celui qui vous fait si grande violence.

ISABELLE.

Vous ne me sauriez faire un plus charmant plaisir;
Car enfin cette vue est fâcheuse à souffrir,
Elle m'est odieuse, et l'horreur est si forte...

SGANARELLE.

Hé, hé!

ISABELLE.

Vous offensé-je en parlant de la sorte?
Fais-je...

SGANARELLE.

Mon dieu! nenni, je ne dis pas cela;
Mais je plains, sans mentir, l'état où le voilà,
Et c'est trop hautement que ta haine se montre.

ISABELLE.

Je n'en puis trop montrer en pareille rencontre.

VALÈRE.

Oui, vous serez contente, et, dans trois jours, vos yeux
Ne verront plus l'objet qui vous est odieux.

ISABELLE.

A la bonne heure. Adieu.

SGANARELLE, *à Valère.*

Je plains votre infortune;

Mais...

VALÈRE.

Non, vous n'entendrez de mon cœur plainte aucune.
Madame assurément, rend justice à tous deux,
Et je vais travailler à contenter ses vœux.
Adieu.

SGANARELLE.

Pauvre garçon! sa douleur est extrême;
Tenez, embrassez-moi; c'est un autre elle-même.
(*Il embrasse Valère.*)

SCÈNE XV.

ISABELLE, SGANARELLE.

SGANARELLE.

Je le tiens fort à plaindre.

ISABELLE.

Allez, il ne l'est point.

SGANARELLE.

Au reste, ton amour me touche au dernier point,
Mignonnette, et je veux qu'il ait sa récompense.
C'est trop que de huit jours pour ton impatience;
Dès demain je t'épouse, et n'y veux appeler...

ISABELLE.

Dès demain?

SGANARELLE.

Par pudeur tu feins d'y reculer:
Mais je sais bien la joie où ce discours te jette,
Et tu voudrois déja que la chose fût faite.

ISABELLE.

Mais...

SGANARELLE.

Pour ce mariage allons tout préparer.

ISABELLE, *à part.*

O ciel! inspire-moi ce qui peut le parer.

FIN DU SECOND ACTE.

ACTE TROISIÈME.

SCÈNE I.

ISABELLE.

Oui, le trépas cent fois me semble moins à craindre
Que cet hymen fatal où l'on veut me contraindre;
Et tout ce que je fais pour en fuir les rigueurs
Doit trouver quelque grace auprès de mes censeurs.
Le temps presse, il fait nuit; allons, sans crainte aucune
A la foi d'un amant commettre ma fortune.

SCÈNE II.

SGANARELLE, ISABELLE.

SGANARELLE, *parlant à ceux qui sont dans sa maison.*
Je reviens, et l'on va pour demain de ma part...
ISABELLE.
O ciel!
SGANARELLE.
C'est toi, mignonne! Où vas-tu donc si tard?
Tu disois qu'en ta chambre, étant un peu lassée,
Tu t'allois renfermer, lorsque je t'ai laissée,
Et tu m'avois prié même que mon retour

T'y souffrît en repos jusques à demain jour.
ISABELLE.
Il est vrai, mais...
SGANARELLE.
Hé quoi?
ISABELLE.
Vous me voyez confuse,
Et je ne sais comment vous en dire l'excuse.
SGANARELLE.
Quoi donc? Que pourroit-ce être?
ISABELLE.
Un secret surprenant;
C'est ma sœur qui m'oblige à sortir maintenant,
Et qui, pour un dessein, dont je l'ai fort blâmée,
M'a demandé ma chambre, où je l'ai renfermée.
SGANARELLE.
Comment?
ISABELLE.
L'eût-on pu croire? Elle aime cet amant
Que nous avons banni.
SGANARELLE.
Valère?
ISABELLE.
Éperdument.
C'est un transport si grand, qu'il n'en est point de même;
Et vous pouvez juger de sa puissance extrême,
Puisque seule, à cette heure, elle est venue ici
Me découvrir à moi son amoureux souci,
Me dire absolument qu'elle perdra la vie
Si son ame n'obtient l'effet de son envie;

ACTE III, SCÈNE II.

Que, depuis plus d'un an, d'assez vives ardeurs
Dans un secret commerce entretenoient leurs cœurs ;
Et que même ils s'étoient, leur flamme étant nouvelle,
Donné de s'épouser une foi mutuelle...

SGANARELLE.

La vilaine!

ISABELLE.

Qu'ayant appris le désespoir
Où j'ai précipité celui qu'elle aime à voir,
Elle vient me prier de souffrir que sa flamme
Puisse rompre un départ qui lui perceroit l'ame ;
Entretenir ce soir cet amant sous mon nom
Par la petite rue où ma chambre répond ;
Lui peindre, d'une voix qui contrefait la mienne,
Quelques doux sentiments dont l'appât le retienne,
Et ménager enfin pour elle adroitement
Ce que pour moi l'on sait qu'il a d'attachement.

SGANARELLE.

Et tu trouves cela...

ISABELLE.

Moi? J'en suis courroucée.
Quoi! ma sœur, ai-je dit, êtes-vous insensée?
Ne rougissez-vous point d'avoir pris tant d'amour
Pour ces sortes de gens qui changent chaque jour,
D'oublier votre sexe, et tromper l'espérance
D'un homme dont le ciel vous donnoit l'alliance?

SGANARELLE.

Il le mérite bien ; et j'en suis fort ravi.

ISABELLE.

Enfin de cent raisons mon dépit s'est servi

Pour lui bien reprocher des bassesses si grandes,
Et pouvoir cette nuit rejeter ses demandes;
Mais elle m'a fait voir de si pressants désirs,
A tant versé de pleurs, tant poussé de soupirs,
Tant dit qu'au désespoir je porterois son ame
Si je lui refusois ce qu'exige sa flamme,
Qu'à céder malgré moi mon cœur s'est vu réduit;
Et, pour justifier cette intrigue de nuit,
Où me faisoit du sang relâcher la tendresse,
J'allois faire avec moi venir coucher Lucrèce,
Dont vous me vantez tant les vertus chaque jour:
Mais vous m'avez surpris avec ce prompt retour.

SGANARELLE.

Non, non, je ne veux point chez moi tout ce mystère.
J'y pourrois consentir à l'égard de mon frère;
Mais on peut être vu de quelqu'un du dehors;
Et celle que je dois honorer de mon corps
Non seulement doit être et pudique et bien née,
Il ne faut pas que même elle soit soupçonnée.
Allons chasser l'infame; et de sa passion...

ISABELLE.

Ah! vous lui donneriez trop de confusion;
Et c'est avec raison qu'elle pourroit se plaindre
Du peu de retenue où j'ai su me contraindre;
Puisque de son dessein je dois me départir,
Attendez que du moins je la fasse sortir.

SGANARELLE.

Hé bien, fais.

ISABELLE.

Mais, surtout cachez-vous, je vous prie;

ACTE III, SCÈNE II.

Et, sans lui dire rien, daignez voir sa sortie.

SGANARELLE.

Oui, pour l'amour de toi je retiens mes transports;
Mais, dès le même instant qu'elle sera dehors,
Je veux, sans différer, aller trouver mon frère :
J'aurai joie à courir lui dire cette affaire.

ISABELLE.

Je vous conjure donc de ne me point nommer.
Bonsoir; car tout d'un temps je vais me renfermer.

SGANARELLE, *seul*.

Jusqu'à demain, ma mie... En quelle impatience
Suis-je de voir mon frère, et lui conter sa chance!
Il en tient le bon homme, avec tout son phébus,
Et je n'en voudrois pas tenir vingt bons écus.

ISABELLE, *dans la maison*.

Oui, de vos déplaisirs l'atteinte m'est sensible;
Mais ce que vous voulez, ma sœur, m'est impossible;
Mon honneur, qui m'est cher, y court trop de hasard.
Adieu. Retirez-vous avant qu'il soit plus tard.

SGANARELLE.

La voilà qui, je crois, peste de belle sorte.
De peur qu'elle revînt, fermons à clef la porte.

ISABELLE, *en sortant*.

O ciel, dans mes desseins ne m'abandonnez pas!

SGANARELLE.

Où pourra-t-elle aller? suivons un peu ses pas.

ISABELLE, *à part*.

Dans mon trouble, du moins, la nuit me favorise.

SGANARELLE, *à part*.

Au logis du galant! Quelle est son entreprise?

SCÈNE III.

VALÈRE, ISABELLE, SGANARELLE.

VALÈRE, *sortant brusquement.*
Oui, oui, je veux tenter quelque effort cette nuit
Pour parler... Qui va là?
ISABELLE, *à Valère.*
Ne faites point de bruit,
Valère; on vous prévient, et je suis Isabelle.
SGANARELLE.
Vous en avez menti, chienne; ce n'est pas elle.
De l'honneur que tu fuis elle suit trop les lois;
Et tu prends faussement et son nom et sa voix.
ISABELLE, *à Valère.*
Mais à moins de vous voir par un saint hyménée...
VALÈRE.
Oui, c'est l'unique but où tend ma destinée;
Et je vous donne ici ma foi que dès demain
Je vais où vous voudrez recevoir votre main.
SGANARELLE, *à part.*
Pauvre sot qui s'abuse!
VALÈRE.
Entrez en assurance:
De votre Argus dupé je brave la puissance;
Et, devant qu'il vous pût ôter à mon ardeur,
Mon bras de mille coups lui perceroit le cœur.

SCÈNE IV.

SGANARELLE.

Ah! je te promets bien que je n'ai pas envie
De te l'ôter, l'infame à tes feux asservie,
Que du don de sa foi je ne suis point jaloux,
Et que, si j'en suis cru, tu seras son époux.
Oui, faisons-le surprendre avec cette effrontée :
La mémoire du père à bon droit respectée,
Jointe au grand intérêt que je prends à la sœur,
Veut que du moins on tâche à lui rendre l'honneur.
Holà! *(Il frappe à la porte d'un commissaire.)*

SCÈNE V.

SGANARELLE, UN COMMISSAIRE, UN NOTAIRE;
UN LAQUAIS, *avec un flambeau*.

LE COMMISSAIRE.

Qu'est-ce?

SGANARELLE.

Salut, monsieur le commissaire.
Votre présence en robe est ici nécessaire;
Suivez-moi, s'il vous plaît, avec votre clarté.

LE COMMISSAIRE.

Nous sortions...

SGANARELLE.

Il s'agit d'un fait assez hâté.

LE COMMISSAIRE.

Quoi?

SGANARELLE.

D'aller là dedans, et d'y surprendre ensemble
Deux personnes qu'il faut qu'un bon hymen assemble :
C'est une fille à nous, que, sous un don de foi,
Un Valère a séduite et fait entrer chez soi.
Elle sort de famille et noble et vertueuse ;
Mais...

LE COMMISSAIRE.

Si c'est pour cela, la rencontre est heureuse,
Puisque ici nous avons un notaire.

SGANARELLE.

Monsieur?

LE NOTAIRE.

Oui, notaire royal.

LE COMMISSAIRE.

De plus, homme d'honneur.

SGANARELLE.

Cela s'en va sans dire. Entrez dans cette porte,
Et, sans bruit, ayez l'œil que personne n'en sorte :
Vous serez pleinement contentés de vos soins ;
Mais ne vous laissez point graisser la pate, au moins.

LE COMMISSAIRE.

Comment! vous croyez donc qu'un homme de justice...

SGANARELLE.

Ce que j'en dis n'est pas pour taxer votre office...
Je vais faire venir mon frère promptement :
Faites que le flambeau m'éclaire seulement.

ACTE III, SCÈNE VI.

(*à part.*)

Je vais le réjouir cet homme sans colère.
Holà!

(*Il frappe a la porte d'Ariste.*)

SCÈNE VI.

ARISTE, SGANARELLE.

ARISTE.

Qui frappe? Ah, ah! que voulez-vous, mon frère?

SGANARELLE.

Venez, beau directeur, suranné damoiseau,
On veut vous faire voir quelque chose de beau.

ARISTE.

Comment?

SGANARELLE.

Je vous apporte une bonne nouvelle.

ARISTE.

Quoi?

SGANARELLE.

Votre Léonor, où, je vous prie, est-elle?

ARISTE.

Pourquoi cette demande? Elle est, comme je croi,
Au bal chez son amie.

SGANARELLE.

Eh! oui, oui, suivez-moi,
Vous verrez à quel bal la donzelle est allée.

ARISTE.

Que voulez-vous conter?

SGANARELLE.

       Vous l'avez bien stylée :
Il n'est pas bon de vivre en sévère censeur ;
On gagne les esprits par beaucoup de douceur ;
Et les soins défiants, les verrous et les grilles,
Ne font pas la vertu des femmes ni des filles ;
Nous les portons au mal par tant d'austérité.
Et leur sexe demande un peu de liberté.
Vraiment elle en a pris tout son soûl, la rusée ;
Et la vertu chez elle est fort humanisée.

ARISTE.

Où veut donc aboutir un pareil entretien ?

SGANARELLE.

Allez, mon frère aîné, cela vous sied fort bien ;
Et je ne voudrois pas pour vingt bonnes pistoles
Que vous n'eussiez ce fruit de vos maximes folles :
On voit ce qu'en deux sœurs nos leçons ont produit ;
L'une fuit les galants, et l'autre les poursuit.

ARISTE.

Si vous ne me rendez cette énigme plus claire...

SGANARELLE.

L'énigme est que son bal est chez monsieur Valère ;
Que, de nuit, je l'ai vue y conduire ses pas,
Et qu'à l'heure présente elle est entre ses bras.

ARISTE.

Qui ?

SGANARELLE.

 Léonor.

ARISTE.

    Cessons de railler, je vous prie.

ACTE III, SCÈNE VI.

SGANARELLE.

Je raille... Il est fort bon avec sa raillerie!
Pauvre esprit! Je vous dis, et vous redis encor
Que Valère chez lui tient votre Léonor,
Et qu'ils s'étoient promis une foi mutuelle
Avant qu'il eût songé de poursuivre Isabelle.

ARISTE.

Ce discours d'apparence est si fort dépourvu...

SGANARELLE.

Il ne le croira pas encore en l'ayant vu :
J'enrage. Par ma foi! l'âge ne sert de guère
Quand on n'a pas cela.

(*Il met la main sur son front.*)

ARISTE.

Quoi! voulez-vous, mon frère...

SGANARELLE.

Mon dieu! je ne veux rien. Suivez-moi seulement;
Votre esprit tout-à-l'heure aura contentement;
Vous verrez si j'impose, et si leur foi donnée
N'avoit pas joint leurs cœurs depuis plus d'une année.

ARISTE.

L'apparence qu'ainsi, sans m'en faire avertir,
A cet engagement elle eût pu consentir;
Moi, qui dans toute chose ai, depuis son enfance,
Montré toujours pour elle entière complaisance,
Et qui cent fois ai fait des protestations
De ne jamais gêner ses inclinations?

SGANARELLE.

Enfin vos propres yeux jugeront de l'affaire.
J'ai fait venir déja commissaire et notaire;

Nous avons intérêt que l'hymen prétendu
Répare sur-le-champ l'honneur qu'elle a perdu;
Car je ne pense pas que vous soyez si lâche
De vouloir l'épouser avecque cette tache,
Si vous n'avez encor quelques raisonnements
Pour vous mettre au dessus de tous les bernements.

ARISTE.

Moi? Je n'aurai jamais cette foiblesse extrême
De vouloir posséder un cœur malgré lui-même.
Mais je ne saurois croire enfin...

SGANARELLE.

Que de discours!
Allons, ce procès-là continueroit toujours.

SCÈNE VII.

SGANARELLE, ARISTE, UN COMMISSAIRE, UN NOTAIRE.

LE COMMISSAIRE.

Il ne faut mettre ici nulle force en usage,
Messieurs; et, si vos vœux ne vont qu'au mariage,
Vos transports en ce lieu se peuvent apaiser.
Tous deux également tendent à s'épouser;
Et Valère déja, sur ce qui vous regarde,
A signé que pour femme il tient celle qu'il garde.

ARISTE.

La fille...

LE COMMISSAIRE.

Est renfermée, et ne veut point sortir
Que vos désirs aux leurs ne veuillent consentir.

SCÈNE VIII.

VALÈRE, UN COMMISSAIRE, UN NOTAIRE, SGANARELLE, ARISTE.

VALÈRE, *à la fenêtre de sa maison.*
Non, messieurs; et personne ici n'aura l'entrée
Que cette volonté ne m'ait été montrée.
Vous savez qui je suis, et j'ai fait mon devoir
En vous signant l'aveu qu'on peut vous faire voir.
Si c'est votre dessein d'approuver l'alliance,
Votre main peut aussi m'en signer l'assurance;
Sinon, faites état de m'arracher le jour,
Plutôt que de m'ôter l'objet de mon amour.

SGANARELLE.
Non, nous ne songeons pas à vous séparer d'elle.
(*bas, à part.*)
Il ne s'est point encor détrompé d'Isabelle :
Profitons de l'erreur.

ARISTE, *à Valère.*
Mais est-ce Léonor?

SGANARELLE, *à Ariste.*
Taisez-vous.

ARISTE.
Mais...

SGANARELLE.
Paix donc.

ARISTE.
Je veux savoir...

SGANARELLE.

Encor?
Vous tairez-vous, vous dis-je?
VALÈRE.

Enfin, quoi qu'il avienne,
Isabelle a ma foi; j'ai de même la sienne,
Et ne suis point un choix, à tout examiner,
Que vous soyez reçus à faire condamner.
ARISTE, *à Sganarelle.*
Ce qu'il dit là n'est pas...

SGANARELLE.

Taisez-vous, et pour cause;
(*à Valère.*)
Vous saurez le secret. Oui, sans dire autre chose,
Nous consentons tous deux que vous soyez l'époux
De celle qu'à présent on trouvera chez vous.
LE COMMISSAIRE.
C'est dans ces termes-là que la chose est conçue,
Et le nom est en blanc pour ne l'avoir point vue.
Signez. La fille après vous mettra tous d'accord.
VALÈRE.
J'y consens de la sorte.
SGANARELLE.

Et moi, je le veux fort.
(*à part.*) (*haut.*)
Nous rirons bien tantôt. La, signez donc, mon frère,
L'honneur vous appartient.
ARISTE.

Mais quoi! tout ce mystère...

SGANARELLE.

Diantre! que de façons! Signez, pauvre butor.

ARISTE.

Il parle d'Isabelle, et vous de Léonor.

SGANARELLE.

N'êtes-vous pas d'accord, mon frère, si c'est elle,
De les laisser tous deux à leur foi mutuelle?

ARISTE.

Sans doute.

SGANARELLE.

Signez donc; j'en fais de même aussi.

ARISTE.

Soit. Je n'y comprends rien.

SGANARELLE.

Vous serez éclairci.

LE COMMISSAIRE.

Nous allons revenir.

SGANARELLE *à Ariste.*

Or çà, je vais vous dire
La fin de cette intrigue.

(*Ils se retirent dans le fond du théâtre.*)

SCÈNE IX.

LÉONOR, SGANARELLE, ARISTE, LISETTE.

LÉONOR.

O l'étrange martyre!
Que tous ces jeunes fous me paroissent fâcheux!
Je me suis dérobée au bal pour l'amour d'eux.

LISETTE.

Chacun d'eux près de vous veut se rendre agréable.

LÉONOR.

Et moi, je n'ai rien vu de plus insupportable;
Et je préfèrerois le plus simple entretien
A tous les contes bleus de ces diseurs de rien.
Ils croient que tout cède à leur perruque blonde,
Et pensent avoir dit le meilleur mot du monde,
Lorsqu'ils viennent, d'un ton de mauvais goguenard,
Vous railler sottement sur l'amour d'un vieillard;
Et moi, d'un tel vieillard je prise plus le zèle
Que tous les beaux transports d'une jeune cervelle.
Mais n'aperçois-je pas...

SGANARELLE, *à Ariste.*

Oui, l'affaire est ainsi.

(*apercevant Léonor.*)

Ah! je la vois paroître, et sa suivante aussi.

ARISTE.

Léonor, sans courroux, j'ai sujet de me plaindre.
Vous savez si jamais j'ai voulu vous contraindre,
Et si, plus de cent fois, je n'ai pas protesté
De laisser à vos vœux leur pleine liberté :
Cependant votre cœur, méprisant mon suffrage,
De foi, comme d'amour, à mon insu s'engage.
Je ne me repens pas de mon doux traitement,
Mais votre procédé me touche assurément;
Et c'est une action que n'a pas méritée
Cette tendre amitié que je vous ai portée.

LÉONOR.

Je ne sais pas sur quoi vous tenez ce discours;

Mais croyez que je suis de même que toujours,
Que rien ne peut pour vous altérer mon estime,
Que toute autre amitié me paroîtroit un crime,
Et que, si vous voulez satisfaire mes vœux,
Un saint nœud dès demain nous unira tous deux.

ARISTE.

Dessus quel fondement venez-vous donc, mon frère...

SGANARELLE.

Quoi! vous ne sortez pas du logis de Valère?
Vous n'avez point conté vos amours aujourd'hui?
Et vous ne brûlez pas depuis un an pour lui?

LÉONOR.

Qui vous a fait de moi de si belles peintures,
Et prend soin de forger de telles impostures?

SCÈNE X.

ISABELLE, VALÈRE, LÉONOR, ARISTE,
SGANARELLE, UN COMMISSAIRE, UN NOTAIRE,
LISETTE, ERGASTE.

ISABELLE.

Ma sœur, je vous demande un généreux pardon,
Si de mes libertés j'ai taché votre nom.
Le pressant embarras d'une surprise extrême
M'a tantôt inspiré ce honteux stratagème :
Votre exemple condamne un tel emportement;
Mais le sort nous traita nous deux diversement.
    (*à Sganarelle.*)
Pour vous, je ne veux point, monsieur, vous faire excuse;

Je vous sers beaucoup plus que je ne vous abuse.
Le ciel pour être joints ne nous fit pas tous deux :
Je me suis reconnue indigne de vos vœux;
Et j'ai bien mieux aimé me voir aux mains d'un autre,
Que ne pas mériter un cœur comme le vôtre.

VALÈRE, *à Sganarelle.*

Pour moi, je mets ma gloire et mon bien souverain
A la pouvoir, monsieur, tenir de votre main.

ARISTE.

Mon frère, doucement il faut boire la chose :
D'une telle action vos procédés sont cause;
Et je vois votre sort malheureux à ce point,
Que, vous sachant dupé, l'on ne vous plaindra point.

LISETTE.

Par ma foi! je lui sais bon gré de cette affaire;
Et ce prix de ses soins est un trait exemplaire.

LÉONOR.

Je ne sais si ce trait se doit faire estimer;
Mais je sais bien qu'au moins je ne le puis blâmer.

ERGASTE.

Au sort d'être cocu son ascendant l'expose;
Et ne l'être qu'en herbe est pour lui douce chose.

SGANARELLE, *sortant de l'accablement dans lequel*
il étoit plongé.

Non, je ne puis sortir de mon étonnement.
Cette déloyauté confond mon jugement;
Et je ne pense pas que Satan en personne
Puisse être si méchant qu'une telle friponne.
J'aurois pour elle au feu mis la main que voilà.
Malheureux qui se fie à femme après cela !

La meilleure est toujours en malice féconde ;
C'est un sexe engendré pour damner tout le monde.
Je renonce à jamais à ce sexe trompeur,
Et je le donne tout au diable de bon cœur.

ERGASTE.

Bon.

ARISTE.

Allons tous chez moi. Venez, seigneur Valère ;
Nous tâcherons demain d'apaiser sa colère.

LISETTE, *au parterrre.*

Vous, si vous connoissez des maris loups-garous,
Envoyez-les au moins à l'école chez nous.

FIN DE L'ÉCOLE DES MARIS.

LES FACHEUX,

COMÉDIE-BALLET

EN TROIS ACTES ET EN VERS,

Représentée à la fête de Vaux le 20 août 1661, et à Paris, sur le théâtre du Palais-Royal, le 4 novembre de la même année.

AU ROI.

SIRE,

J'ajoute une scène à la comédie; et c'est une espèce de fâcheux assez insupportable qu'un homme qui dédie un livre. Votre Majesté en sait des nouvelles plus que personne de son royaume, et ce n'est pas d'aujourd'hui qu'elle se voit en butte à la furie des épîtres dédicatoires. Mais, bien que je suive l'exemple des autres, et me mette moi-même au rang de ceux que j'ai joués, j'ose dire toutefois à Votre Majesté que ce que j'en ai fait n'est pas tant pour lui présenter un livre que pour avoir lieu de lui rendre graces du succès de cette comédie. Je le dois, Sire, ce succès, qui a passé mon attente, non seulement à cette glorieuse approbation dont Votre Majesté honora d'abord la pièce, et qui a entraîné si hautement celle de tout le monde, mais encore à l'ordre qu'elle me donna d'y ajouter un caractère de fâcheux, dont elle eut la bonté de m'ouvrir les idées elle-même, et qui a été trouvé partout le plus beau morceau de l'ouvrage[1]. Il faut avouer, Sire, que je n'ai jamais

---

[1] Le caractère de fâcheux que le roi fit ajouter à la pièce, est celui du chasseur, acte II, scène VII.

rien fait avec tant de facilité, ni si promptement, que cet endroit où Votre Majesté me commanda de travailler. J'avois une joie à lui obéir qui me valoit bien mieux qu'Apollon et toutes les muses; et je conçois par là ce que je serois capable d'exécuter pour une comédie entière, si j'étois inspiré par de pareils commandements. Ceux qui sont nés en un rang élevé peuvent se proposer l'honneur de servir Votre Majesté dans les grands emplois; mais, pour moi, toute la gloire où je puis aspirer, c'est de la réjouir. Je borne là l'ambition de mes souhaits; et je crois qu'en quelque façon ce n'est pas être inutile à la France que de contribuer[1] quelque chose au divertissement de son Roi. Quand je n'y réussirai pas, ce ne sera jamais par un défaut de zèle ni d'étude, mais seulement par un mauvais destin qui suit assez souvent les meilleures intentions, et qui sans doute affligeroit sensiblement,

SIRE,

DE VOTRE MAJESTÉ,

Le très humble, très obéissant,
et très fidèle serviteur,
J.-B. P. MOLIÈRE.

[1] Dans les éditions publiées du vivant de Molière, le verbe est ainsi employé activement.

PRÉFACE.

Jamais entreprise au théâtre ne fut si précipitée que celle-ci ; et c'est une chose, je crois, toute nouvelle qu'une comédie ait été conçue, faite, apprise, et représentée en quinze jours. Je ne dis pas cela pour me piquer de l'*impromptu*, et en prétendre de la gloire, mais seulement pour prévenir certaines gens qui pourroient trouver à redire que je n'aie pas mis ici toutes les espèces de fâcheux qui se trouvent. Je sais que le nombre en est grand, et à la cour et dans la ville ; et que, sans épisodes, j'eusse bien pu en composer une comédie de cinq actes bien fournis, et avoir encore de la matière de reste. Mais dans le peu de temps qui me fut donné, il m'étoit impossible de faire un grand dessein, et de rêver beaucoup sur le choix de mes personnages, et sur la disposition de mon sujet. Je me réduisis donc à ne toucher qu'un petit nombre d'importuns ; et je pris ceux qui s'offrirent d'abord à mon esprit, et que je crus les plus propres à réjouir les augustes personnes devant qui j'avois à paroître ; et, pour lier promptement toutes ces choses ensemble, je me servis du premier nœud que je pus trouver. Ce n'est pas mon dessein d'examiner maintenant si tout cela pouvoit être mieux, et si tous ceux qui s'y sont divertis ont ri selon les règles. Le temps viendra de faire imprimer mes remarques sur les pièces que j'aurai faites, et je ne désespère pas de faire voir un jour, en grand auteur, que je puis citer Aristote et Horace. En attendant cet examen, qui peut-être ne viendra point, je m'en remets assez aux décisions de la multitude, et je tiens aussi difficile de combattre un ouvrage que le public approuve, que d'en défendre un qu'il condamne.

Il n'y a personne qui ne sache pour quelle réjouissance la pièce fut composée; et cette fête a fait un tel éclat, qu'il n'est pas nécessaire d'en parler; mais il ne sera pas hors de propos de dire deux paroles des ornements qu'on a mêlés avec la comédie.

Le dessein étoit de donner un ballet aussi; et comme il n'y avoit qu'un petit nombre choisi de danseurs excellents, on fut contraint de séparer les entrées de ce ballet, et l'avis fut de les jeter dans les entr'actes de la comédie, afin que ces intervalles donnassent temps aux mêmes baladins de revenir sous d'autres habits; de sorte que, pour ne point rompre aussi le fil de la pièce par ces manières d'intermèdes, on s'avisa de les coudre au sujet du mieux que l'on put, et de ne faire qu'une seule chose du ballet et de la comédie : mais, comme le temps étoit fort précipité, et que tout cela ne fut pas réglé entièrement par une même tête, on trouvera peut-être quelques endroits du ballet qui n'entrent pas dans la comédie aussi naturellement que d'autres. Quoi qu'il en soit, c'est un mélange qui est nouveau pour nos théâtres, et dont on pourroit chercher quelques autorités dans l'antiquité; et comme tout le monde l'a trouvé agréable, il peut servir d'idée à d'autres choses qui pourroient être méditées avec plus de loisir.

D'abord que la toile fut levée, un des acteurs, comme vous pourriez dire moi, parut sur le théâtre, en habit de ville, et, s'adressant au roi avec le visage d'un homme surpris, fit des excuses en désordre sur ce qu'il se trouvoit là seul, et manquoit de temps et d'acteurs pour donner à Sa Majesté le divertissement qu'elle sembloit attendre. En même temps, au milieu de vingt jets d'eau naturels, s'ouvrit cette coquille que tout le monde a vue; et l'agréable naïade [1] qui parut dedans s'avança au

[1] C'étoit la Béjart, qui peu de temps après devint la femme de Molière.

PRÉFACE.

bord du théâtre, et, d'un air héroïque, prononça les vers que M. Pellisson avoit faits, et qui servent de prologue[1].

[1] La Fontaine décrit ainsi les jeux des machines qui furent exécutés avant et pendant le prologue de Pellisson.

> On vit des rocs s'ouvrir, des termes se mouvoir,
> Et sur son piédestal tourner mainte figure.
> Deux enchanteurs, pleins de savoir,
> Firent tant, par leur imposture,
> Qu'on crut qu'ils avoient le pouvoir
> De commander à la nature.
> L'un de ces enchanteurs est le sieur Torelli,
> Magicien expert, et faiseur de miracles ;
> Et l'autre c'est Lebrun, par qui Vaux embelli
> Présente aux regardants mille rares spectacles ;
> Lebrun, dont on admire et l'esprit et la main,
> Père d'inventions agréables et belles,
> Rival des Raphaëls, successeur des Apelles,
> Par qui notre climat ne doit rien au romain.
> Par l'avis de ces deux la chose fut réglée.
> D'abord aux yeux de l'assemblée
> Parut un rocher si bien fait,
> Qu'on le crut rocher en effet ;
> Mais insensiblement, se changeant en coquille,
> Il en sortit une nymphe gentille
> Qui ressembloit à la Béjart,
> Nymphe excellente dans son art,
> Et que pas une ne surpasse.
> Aussi récita-t-elle avec beaucoup de grace
> Un prologue, estimé l'un des plus accomplis
> Qu'en ce genre on pût écrire,
> Et plus beau que je ne dis
> Ou bien que je n'ose dire,
> Car il est de la façon
> De notre ami Pellisson.
> Ainsi, bien que je l'admire,
> Je m'en tairai, puisqu'il n'est pas permis
> De louer ses amis.

« Dans ce prologue, la Béjart, qui représente la nymphe de la
« fontaine où se passe cette action, commande aux divinités qui
« lui sont soumises de sortir des marbres qui les enferment, et de
« contribuer de tout leur pouvoir au divertissement de Sa Majesté :
« aussitôt les termes et les statues qui font partie de l'ornement du
« théâtre se meuvent, et il en sort, je ne sais comment, des faunes
« et des bacchantes, qui font l'une des entrées du ballet. C'est une
« fort plaisante chose que de voir accoucher un terme, et danser
« l'enfant en venant au monde. »

PROLOGUE.

Le théâtre représente un jardin orné de termes et de plusieurs jets d'eau.

UNE NAIADE, *sortant des eaux, dans une coquille.*

Pour voir en ces beaux lieux le plus grand roi du monde,
Mortels, je viens à vous de ma grotte profonde.
Faut-il, en sa faveur, que la terre ou que l'eau
Produisent à vos yeux un spectacle nouveau?
Qu'il parle ou qu'il souhaite, il n'est rien d'impossible;
Lui-même n'est-il pas un miracle visible?
Son règne, si fertile en miracles divers,
N'en demande-t-il pas à tout cet univers?
Jeune, victorieux, sage, vaillant, auguste,
Aussi doux que sévère, aussi puissant que juste;
Régler et ses états et ses propres désirs;
Joindre aux nobles travaux les plus nobles plaisirs;
En ses justes projets jamais ne se méprendre;
Agir incessamment, tout voir et tout entendre,
Qui peut cela, peut tout : il n'a qu'à tout oser,
Et le ciel à ses vœux ne peut rien refuser.
Ces termes marcheront, et, si Louis l'ordonne,
Ces arbres parleront mieux que ceux de Dodone.
Hôtesses de leurs troncs, moindres divinités,
C'est Louis qui le veut, sortez, nymphes, sortez,
Je vous montre l'exemple, il s'agit de lui plaire.

PROLOGUE.

Quittez pour quelque temps votre forme ordinaire,
Et paroissons ensemble aux yeux des spectateurs,
Pour ce nouveau théâtre, autant de vrais acteurs.

(Plusieurs dryades, accompagnées de faunes et de satyres, sortent des arbres et des termes.)

Vous, soin de ses sujets, sa plus charmante étude,
Héroïque souci, royale inquiétude,
Laissez-le respirer, et souffrez qu'un moment
Son grand cœur s'abandonne au divertissement :
Vous le verrez demain, d'une force nouvelle,
Sous le fardeau pénible où votre voix l'appelle,
Faire obéir les lois, partager les bienfaits,
Par ses propres conseils prévenir nos souhaits,
Maintenir l'univers dans une paix profonde,
Et s'ôter le repos pour le donner au monde.
Qu'aujourd'hui tout lui plaise, et semble consentir
A l'unique dessein de le bien divertir !
Fâcheux, retirez-vous, ou s'il faut qu'il vous voie,
Que ce soit seulement pour exciter sa joie.

(La naïade emmène avec elle, pour la comédie, une partie des gens qu'elle a fait paroître, pendant que le reste se met à danser au son des hautbois, qui se joignent aux violons.)

PERSONNAGES.

DAMIS, tuteur d'Orphise [1].
ORPHISE [2].
ÉRASTE, amoureux d'Orphise [3].
ALCIDOR,
LISANDRE [4],
ALCANDRE,
ALCIPPE,
ORANTE [5],   } fâcheux.
CLIMÈNE [6],
DORANTE,
CARITIDÈS,
ORMIN,
FILINTE,
LA MONTAGNE, valet d'Éraste [7].
L'ÉPINE, valet de Damis.
LA RIVIÈRE, et deux camarades.

ACTEURS.

[1] L'Épy, — [2] Mademoiselle Molière. — [3] Molière. — [4] La Grange. — [5] Mademoiselle Duparc. — [6] Mademoiselle De Brie. — [7] Duparc.

La scène est à Paris.

LES FACHEUX.

ACTE PREMIER.

SCÈNE I[1].

ÉRASTE, LA MONTAGNE.

ÉRASTE.

Sous quel astre, bon dieu! faut-il que je sois né,
Pour être de fâcheux toujours assassiné!
Il semble que partout le sort me les adresse,
Et j'en vois chaque jour quelque nouvelle espèce;
Mais il n'est rien d'égal au fâcheux d'aujourd'hui;
J'ai cru n'être jamais débarrassé de lui,
Et cent fois j'ai maudit cette innocente envie
Qui m'a pris à dîner de voir la comédie,
Où, pensant m'égayer, j'ai misérablement
Trouvé de mes péchés le rude châtiment.
Il faut que je te fasse un récit de l'affaire,
Car je m'en sens encor tout ému de colère.

[1] Nicolas Fouquet, dernier surintendant des finances, engagea Molière à composer cette comédie pour la fameuse fête qu'il donna au roi et à la reine-mère dans sa maison de Vaux. Molière n'eut que quinze jours pour se préparer. Il avoit déja quelques scènes détachées toutes prêtes; il y en ajouta de nouvelles, et en composa cette comédie, qui fut, comme il le dit dans la préface, faite, apprise et représentée en moins de quinze jours.

J'étois sur le théâtre en humeur d'écouter
La pièce, qu'à plusieurs j'avois ouï vanter;
Les acteurs commençoient, chacun prêtoit silence,
Lorsque d'un air bruyant et plein d'extravagance,
Un homme à grands canons est entré brusquement
En criant : Holà, ho! un siége promptement!
Et, de son grand fracas surprenant l'assemblée,
Dans le plus bel endroit a la pièce troublée.
Hé, mon dieu! nos François, si souvent redressés,
Ne prendront-ils jamais un air de gens sensés?
Ai-je dit, et faut-il, sur nos défauts extrêmes,
Qu'en théâtre public nous nous jouions nous-mêmes,
Et confirmions ainsi, par des éclats de fous,
Ce que chez nos voisins on dit partout de nous?
Tandis que là dessus je haussois les épaules,
Les acteurs ont voulu continuer leurs rôles;
Mais l'homme pour s'asseoir a fait nouveau fracas,
Et traversant encor le théâtre à grand pas,
Bien que dans les côtés il pût être à son aise,
Au milieu du devant il a planté sa chaise,
Et, de son large dos morguant les spectateurs,
Aux trois quarts du parterre a caché les acteurs [1].
Un bruit s'est élevé, dont un autre eût eu honte;
Mais lui, ferme et constant, n'en a fait aucun compte,
Et se seroit tenu comme il s'étoit posé,

---

[1] Il y avoit autrefois des bancs sur l'avant-scène; les jeunes gens s'y donnoient eux-mêmes en spectacle, parlant plus haut que les acteurs, se levant avant la fin de la pièce, étalant enfin tous les ridicules si bien peints dans cette scène. En 1759 M. le comte de Lauraguais fit cesser ce scandale.

Si, pour mon infortune, il ne m'eût avisé.
Ah, marquis! m'a-t-il dit, prenant près de moi place,
Comment te portes-tu? Souffre que je t'embrasse.
Au visage sur l'heure un rouge m'est monté
Que l'on me vît connu d'un pareil éventé.
Je l'étois peu pourtant; mais on en voit paroître,
De ces gens qui de rien veulent fort vous connoître,
Dont il faut au salut les baisers essuyer,
Et qui sont familiers jusqu'à vous tutoyer.
Il m'a fait à l'abord cent questions frivoles,
Plus haut que les acteurs élevant ses paroles.
Chacun le maudissoit; et moi, pour l'arrêter,
Je serois, ai-je dit, bien aise d'écouter.
—Tu n'as point vu ceci, marquis? Ah, dieu me damne!
Je le trouve assez drôle, et je n'y suis pas âne;
Je sais par quelles lois un ouvrage est parfait:
Et Corneille me vient lire tout ce qu'il fait.
Là dessus de la pièce il m'a fait un sommaire,
Scène à scène averti de ce qui s'alloit faire,
Et jusques à des vers qu'il en savoit par cœur,
Il me les récitoit tout haut avant l'acteur.
J'avois beau m'en défendre, il a poussé sa chance,
Et s'est devers la fin levé long-temps d'avance;
Car les gens du bel air, pour agir galamment,
Se gardent bien surtout d'ouïr le dénoûment.
Je rendois grace au ciel, et croyois de justice
Qu'avec la comédie eût fini mon supplice;
Mais comme si c'en eût été trop bon marché,
Sur nouveaux frais mon homme à moi s'est attaché,

M'a conté ses exploits, ses vertus non communes,
Parlé de ses chevaux, de ses bonnes fortunes,
Et de ce qu'à la cour il avoit de faveur,
Disant qu'à m'y servir il s'offroit de grand cœur.
Je le remerciois doucement de la tête,
Minutant[1] à tous coups quelque retraite honnête;
Mais lui, pour le quitter me voyant ébranlé :
Sortons, ce m'a-t-il dit, le monde est écoulé :
Et sortis de ce lieu, me la donnant plus sèche[2],
Marquis, allons au Cours faire voir ma calèche[3];
Elle est bien entendue, et plus d'un duc et pair
En fait à mon faiseur faire une du même air.
Moi de lui rendre grace, et pour mieux m'en défendre,
De dire que j'avois certain repas à rendre.
— Ah, parbleu! j'en veux être; étant de tes amis,
Et manque au maréchal à qui j'avois promis.
De la chère, ai-je fait, la dose est trop peu forte
Pour oser y prier des gens de votre sorte.
Non, m'a-t-il répondu, je suis sans compliment,
Et j'y vais pour causer avec toi seulement;
Je suis des grands repas fatigué, je te jure.
Mais si l'on vous attend, ai-je dit, c'est injure.
— Tu te moques, marquis; nous nous connoissons tous;
Et je trouve avec toi des passe-temps plus doux.
Je pestois contre moi, l'ame triste et confuse,

[1] *Minuter*, vieux mot qui signifie *préparer*.

[2] *La donner sèche*, suivant l'Académie, c'est annoncer une nouvelle fâcheuse.

[3] *Le Cours* est cette partie des Champs-Élysées qu'on appelle le *Cours-la-Reine*.

ACTE I, SCÈNE I.

Du funeste succès qu'avoit eu mon excuse,
Et ne savois à quoi je devois recourir,
Pour sortir d'une peine à me faire mourir;
Lorsqu'un carrosse fait de superbe manière,
Et comblé de laquais et devant et derrière,
S'est, avec un grand bruit, devant nous arrêté,
D'où sautant un jeune homme amplement ajusté,
Mon importun et lui, courant à l'embrassade,
Ont surpris les passants de leur brusque incartade;
Et tandis que tous deux étoient précipités
Dans les convulsions de leurs civilités,
Je me suis doucement esquivé sans rien dire;
Non sans avoir long-temps gémi d'un tel martyre,
Et maudit le fâcheux, dont le zèle obstiné
M'ôtoit au rendez-vous qui m'est ici donné.

LA MONTAGNE.

Ce sont chagrins mêlés aux plaisirs de la vie.
Tout ne va pas, monsieur, au gré de notre envie.
Le ciel veut qu'ici-bas chacun ait ses fâcheux,
Et les hommes seroient sans cela trop heureux.

ÉRASTE.

Mais de tous mes fâcheux, le plus fâcheux encore
C'est Damis, le tuteur de celle que j'adore,
Qui rompt ce qu'à mes vœux elle donne d'espoir,
Et fait qu'en sa présence elle n'ose me voir.
Je crains d'avoir déja passé l'heure promise,
Et c'est dans cette allée où devoit être Orphise.

LA MONTAGNE.

L'heure d'un rendez-vous d'ordinaire s'étend,
Et n'est pas resserrée aux bornes d'un instant.

ÉRASTE.

Il est vrai; mais je tremble, et mon amour extrême
D'un rien se fait un crime envers celle que j'aime.

LA MONTAGNE.

Si ce parfait amour, que vous prouvez si bien,
Se fait vers votre objet un grand crime de rien,
Ce que son cœur pour vous sent de feux légitimes,
En revanche, lui fait un rien de tous vos crimes.

ÉRASTE.

Mais, tout de bon, crois-tu que je sois d'elle aimé?

LA MONTAGNE.

Quoi! vous doutez encor d'un amour confirmé?

ÉRASTE.

Ah! c'est malaisément qu'en pareille matière
Un cœur bien enflammé prend assurance entière;
Il craint de se flatter; et, dans ses divers soins,
Ce que plus il souhaite est ce qu'il croit le moins.
Mais songeons à trouver une beauté si rare.

LA MONTAGNE.

Monsieur, votre rabat par devant se sépare.

ÉRASTE.

N'importe.

LA MONTAGNE.

Laissez-moi l'ajuster, s'il vous plaît.

ÉRASTE.

Ouf! tu m'étrangles; fat, laisse-le comme il est.

LA MONTAGNE.

Souffrez qu'on peigne un peu...

ÉRASTE.

Sottise sans pareille!

Tu m'as d'un coup de dent presque emporté l'oreille.

LA MONTAGNE.

Vos canons...

ÉRASTE.

Laisse-les; tu prends trop de souci.

LA MONTAGNE.

Ils sont tout chiffonnés.

ÉRASTE.

Je veux qu'ils soient ainsi.

LA MONTAGNE.

Accordez-moi du moins, pour grace singulière,
De frotter ce chapeau qu'on voit plein de poussière.

ÉRASTE.

Frotte donc, puisqu'il faut que j'en passe par là.

LA MONTAGNE.

Le voulez-vous porter fait comme le voilà!

ÉRASTE.

Mon dieu! dépêche-toi.

LA MONTAGNE.

Ce seroit conscience.

ÉRASTE, *après avoir attendu.*

C'est assez.

LA MONTAGNE.

Donnez-vous un peu de patience.

ÉRASTE.

Il me tue.

LA MONTAGNE.

En quel lieu vous êtes-vous fourré?

ÉRASTE.

T'es-tu de ce chapeau pour toujours emparé?

LA MONTAGNE.

C'est fait.

ÉRASTE.

Donne-moi donc.

LA MONTAGNE, *laissant tomber le chapeau.*

Hai !

ÉRASTE.

Le voilà par terre !
Je suis fort avancé. Que la fièvre te serre !

LA MONTAGNE.

Permettez qu'en deux coups j'ôte...

ÉRASTE.

Il ne me plaît pas
Au diantre tout valet qui vous est sur les bras,
Qui fatigue son maître, et ne fait que déplaire
A force de vouloir trancher du nécessaire.

SCÈNE II.

ORPHISE, ALCIDOR, ÉRASTE, LA MONTAGNE.

(*Orphise traverse le fond du théâtre, Alcidor lui donne la main.*)

ÉRASTE.

Mais vois-je pas Orphise ! Oui, c'est elle qui vient.
Où va-t-elle si vite, et quel homme la tient ?
(*Il la salue comme elle passe, et elle en passant détourne la tête.*)

SCÈNE III.

ÉRASTE, LA MONTAGNE.

ÉRASTE.

Quoi! me voir en ces lieux devant elle paroître,
Et passer en feignant de ne me pas connoître!
Que croire? Qu'en dis-tu? Parle donc, si tu veux.

LA MONTAGNE.

Monsieur, je ne dis rien, de peur d'être fâcheux.

ÉRASTE.

Et c'est l'être en effet que de ne me rien dire
Dans les extrémités d'un si cruel martyre.
Fais donc quelque réponse à mon cœur abattu.
Que dois-je présumer? Parle, qu'en penses-tu?
Dis-moi ton sentiment.

LA MONTAGNE.

Monsieur, je veux me taire,
Et ne désire point trancher du nécessaire.

ÉRASTE.

Peste l'impertinent! Va-t'en suivre leurs pas,
Vois ce qu'ils deviendront, et ne les quitte pas.

LA MONTAGNE, *revenant sur ses pas.*

Il faut suivre de loin?

ÉRASTE.

Oui.

LA MONTAGNE, *revenant sur ses pas.*

Sans que l'on me voie,
Ou faire aucun semblant qu'après eux on m'envoie?

ÉRASTE.

Non, tu feras bien mieux de leur donner avis
Que par mon ordre exprès ils sont de toi suivis.

LA MONTAGNE, *revenant sur ses pas.*

Vous trouverai-je ici?

ÉRASTE.

Que le ciel te confonde,
Homme, à mon sentiment, le plus fâcheux du monde!

SCÈNE IV.

ÉRASTE.

Ah! que je sens de trouble, et qu'il m'eût été doux
Qu'on me l'eût fait manquer, ce fatal rendez-vous!
Je pensois y trouver toutes choses propices,
Et mes yeux pour mon cœur y trouvent des supplices.

SCÈNE V.

LISANDRE, ÉRASTE.

LISANDRE.

Sous ces arbres de loin mes yeux t'ont reconnu,
Cher marquis, et d'abord je suis à toi venu.
Comme à de mes amis, il faut que je te chante
Certain air que j'ai fait de petite courante [1],
Qui de toute la cour contente les experts,

---

[1] *Courante*, espèce de danse grave. Ce mot signifie aussi le chant sur lequel on mesure le pas d'une courante.

ACTE I, SCÈNE V.

Et sur qui plus de vingt ont déja fait des vers.
J'ai le bien, la naissance, et quelque emploi passable,
Et fais figure en France assez considérable;
Mais je ne voudrois pas, pour tout ce que je suis,
N'avoir point fait cet air qu'ici je te produis.
   (*Il prélude.*)
La, la, hem, hem, hem, écoute avec soin, je te prie.
   (*Il chante sa courante.*)
N'est-elle pas belle?

ÉRASTE.

Ah!

LISANDRE.

Cette fin est jolie.
(*Il rechante la fin quatre ou cinq fois de suite.*)
Comment la trouves-tu?

ÉRASTE.

Fort belle, assurément.

LISANDRE.

Les pas que j'en ai faits n'ont pas moins d'agrément,
Et surtout la figure a merveilleuse grace.
(*Il chante, parle et danse tout ensemble, et fait faire
   à Éraste les figures de la femme.*)
Tiens, l'homme passe ainsi, puis la femme repasse :
Ensemble; puis on quitte, et la femme vient là.
Vois-tu ce petit trait de feinte que voilà?
Ce fleuret? ces coupés courant après la belle?
Dos à dos, face à face, en se pressant sur elle.
Que t'en semble, marquis?

ÉRASTE.

Tous ces pas-là sont fins.

LISANDRE.

Je me moque, pour moi, des maîtres baladins[1].

ÉRASTE.

On le voit.

LISANDRE.

Les pas donc?

ÉRASTE.

N'ont rien qui me surprenne.

LISANDRE.

Veux-tu, par amitié, que je te les apprenne?

ÉRASTE.

Ma foi, pour le présent, j'ai certain embarras...

LISANDRE.

Hé bien donc, ce sera lorsque tu le voudras.
Si j'avois dessus moi ces paroles nouvelles,
Nous les lirions ensemble, et verrions les plus belles.

ÉRASTE.

Une autre fois.

LISANDRE.

Adieu; Baptiste le très cher
N'a point vu ma courante, et je le vais chercher:
Nous avons pour les airs de grandes sympathies,
Et je veux le prier d'y faire des parties.

(*Il s'en va toujours en chantant.*)

---

[1] Maîtres baladins, *maîtres de ballets.*

SCÈNE VI.

ÉRASTE.

Ciel! faut-il que le rang dont on veut tout couvrir,
De cent sots tous les jours nous oblige à souffrir,
Et nous fasse abaisser jusques aux complaisances
D'applaudir bien souvent à leurs impertinences!

SCÈNE VII.

ÉRASTE, LA MONTAGNE.

LA MONTAGNE.
Monsieur, Orphise est seule, et vient de ce côté.
ÉRASTE.
Ah! d'un trouble bien grand je me sens agité!
J'ai de l'amour encor pour la belle inhumaine,
Et ma raison voudroit que j'eusse de la haine.
LA MONTAGNE.
Monsieur, votre raison ne sait ce qu'elle veut,
Ni ce que sur un cœur une maîtresse peut.
Bien que de s'emporter on ait de justes causes,
Une belle, d'un mot, rajuste bien des choses.
ÉRASTE.
Hélas! je te l'avoue, et déja cet aspect
A toute ma colère imprime le respect.

SCÈNE VIII.

ORPHISE, ÉRASTE, LA MONTAGNE.

ORPHISE.

Votre front à mes yeux montre peu d'alégresse;
Seroit-ce ma présence, Éraste, qui vous blesse?
Qu'est-ce donc? Qu'avez-vous? et sur quels déplaisirs,
Lorsque vous me voyez, poussez-vous des soupirs?

ÉRASTE.

Hélas! pouvez-vous bien me demander, cruelle!
Ce qui fait de mon cœur la tristesse mortelle?
Et d'un esprit méchant n'est-ce pas un effet,
Que feindre d'ignorer ce que vous m'avez fait?
Celui dont l'entretien vous a fait à ma vue
Passer...

ORPHISE, *riant.*

C'est de cela que votre ame est émue?

ÉRASTE.

Insultez, inhumaine, encore à mon malheur;
Allez, il vous sied mal de railler ma douleur,
Et d'abuser, ingrate, à maltraiter ma flamme,
Du foible que pour vous vous savez qu'a mon ame.

ORPHISE.

Certes, il en faut rire, et confesser ici
Que vous êtes bien fou de vous troubler ainsi.
L'homme dont vous parlez, loin qu'il puisse me plaire,
Est un homme fâcheux dont j'ai su me défaire;
Un de ces importuns et sots officieux

Qui ne sauroient souffrir qu'on soit seule en des lieux,
Et viennent aussitôt, avec un doux langage,
Vous donner une main contre qui l'on enrage.
J'ai feint de m'en aller pour cacher mon dessein,
Et jusqu'à mon carrosse il m'a prêté la main.
Je m'en suis promptement défaite de la sorte;
Et j'ai, pour vous trouver, rentré par l'autre porte.

ÉRASTE.

A vos discours, Orphise, ajouterai-je foi,
Et votre cœur est-il tout sincère pour moi?

ORPHISE.

Je vous trouve fort bon de tenir ces paroles,
Quand je me justifie à vos plaintes frivoles.
Je suis bien simple encore, et ma sotte bonté...

ÉRASTE.

Ah! ne vous fâchez pas, trop sévère beauté,
Je veux croire en aveugle, étant sous votre empire,
Tout ce que vous aurez la bonté de me dire.
Trompez, si vous voulez, un malheureux amant;
J'aurai pour vous respect jusques au monument [1]...
Maltraitez mon amour, refusez-moi le vôtre,
Exposez à mes yeux le triomphe d'un autre;
Oui, je souffrirai tout de vos divins appas.
J'en mourrai; mais enfin je ne m'en plaindrai pas.

ORPHISE.

Quand de tels sentiments règneront dans votre ame,
Je saurai de ma part...

---

[1] *Monument* est mis là pour *tombeau*.

SCÈNE IX.

ALCANDRE, ORPHISE, ÉRASTE,
LA MONTAGNE.

ALCANDRE.

(à Orphise.)
Marquis, un mot. Madame,
De grace, pardonnez si je suis indiscret,
En osant, devant vous, lui parler en secret.
(Orphise sort.)

SCÈNE X.

ALCANDRE, ÉRASTE, LA MONTAGNE.

ALCANDRE.
Avec peine, marquis, je te fais la prière;
Mais un homme vient là de me rompre en visière,
Et je souhaite fort, pour ne rien reculer,
Qu'à l'heure, de ma part, tu l'ailles appeler.
Tu sais qu'en pareil cas ce seroit avec joie
Que je te le rendrois en la même monnoie.
ÉRASTE, *après avoir été quelque temps sans parler.*
Je ne veux point ici faire le capitan;
Mais on m'a vu soldat avant que courtisan :
J'ai servi quatorze ans, et je crois être en passe
De pouvoir d'un tel pas me tirer avec grace,
Et de ne craindre point qu'à quelque lâcheté

Le refus de mon bras me puisse être imputé.
Un duel met les gens en mauvaise posture;
Et notre roi n'est pas un monarque en peinture.
Il sait faire obéir les plus grand de l état,
Et je trouve qu'il fait en digne potentat.
Quand il faut le servir, j'ai du cœur pour le faire;
Mais je ne m'en sens point quand il faut lui déplaire.
Je me fais de son ordre une suprême loi;
Pour lui désobéir, cherche un autre que moi.
Je te parle, vicomte, avec franchise entière,
Et suis ton serviteur en toute autre matière.
Adieu.

SCÈNE XI.

ÉRASTE, LA MONTAGNE.

ÉRASTE.

Cinquante fois au diable les fâcheux !
Où donc s'est retiré cet objet de mes vœux ?

LA MONTAGNE.

Je ne sais.

ÉRASTE.

Pour savoir où la belle est allée,
Va-t'en chercher partout : j'attends dans cette allée.

FIN DU PREMIER ACTE.

BALLET DU PREMIER ACTE.

PREMIÈRE ENTRÉE.

Des joueurs de mail, en criant gare, l'obligent à se retirer; et, comme il veut revenir lorsqu'ils ont fait.

SECONDE ENTRÉE.

Des curieux viennent qui tournent autour de lui pour le connoître, et font qu'il se retire encore pour un moment.

ACTE SECOND.

SCÈNE I.

ÉRASTE.

Les fâcheux à la fin se sont-ils écartés?
Je pense qu'il en pleut ici de tous côtés.
Je les fuis et les trouve; et pour second martyre,
Je ne saurois trouver celle que je désire.
Le tonnerre et la pluie ont promptement passé,
Et n'ont point de ces lieux le beau monde chassé.
Plût au ciel, dans les dons que ses soins y prodiguent,
Qu'ils en eussent chassé tous les gens qui fatiguent!
Le soleil baisse fort, et je suis étonné
Que mon valet encor ne soit point retourné.

SCÈNE II.

ALCIPPE, ÉRASTE.

ALCIPPE.
Bonjour.
ÉRASTE, *à part.*
Hé quoi, toujours ma flamme divertie[1]!

---
[1] *Divertir, détourner, distraire :* du latin *vertere.*

ALCIPPE.

Console-moi, marquis, d'une étrange partie
Qu'au piquet je perdis hier contre un Saint-Bouvain,
A qui je donnerois quinze points et la main.
C'est un coup enragé, qui depuis hier m'accable,
Et qui feroit donner tous les joueurs au diable;
Un coup assurément à se pendre en public.
Il ne m'en faut que deux, l'autre a besoin d'un pic :
Je donne, il en prend six, et demande à refaire;
Moi, me voyant de tout, je n'en voulus rien faire.
Je porte l'as de trèfle (admire mon malheur!)
L'as, le roi, le valet, le huit et dix de cœur,
Et quitte, comme au point alloit la politique,
Dame et roi de carreau, dix et dame de pique.
Sur mes cinq cœurs portés la dame arrive encor,
Qui me fait justement une quinte major;
Mais mon homme avec l'as, non sans surprise extrême,
Des bas carreaux sur table étale une sixième.
J'en avois écarté la dame avec le roi;
Mais lui fallant un pic, je sortis hors d'effroi,
Et croyois bien du moins faire deux points uniques.
Avec les sept carreaux il avoit quatre piques,
Et, jetant le dernier, m'a mis dans l'embarras
De ne savoir lequel garder de mes deux as.
J'ai jeté l'as de cœur, avec raison, me semble,
Mais il avoit quitté quatre trèfles ensemble,
Et par un six de cœur je me suis vu capot,
Sans pouvoir, de dépit, proférer un seul mot.
Morbleu! fais-moi raison de ce coup effroyable;
A moins que l'avoir vu, peut-il être croyable?

ÉRASTE.
C'est dans le jeu qu'on voit les plus grands coups du sort.
ALCIPPE.
Parbleu! tu jugeras toi-même si j'ai tort,
Et si c'est sans raison que ce coup me transporte;
Car voici nos deux jeux, qu'exprès sur moi je porte.
Tiens, c'est ici mon port, comme je te l'ai dit,
Et voici...
ÉRASTE.
J'ai compris le tout par ton récit,
Et vois de la justice au transport qui t'agite;
Mais pour certaine affaire il faut que je te quitte.
Adieu. Console-toi pourtant de ton malheur.
ALCIPPE.
Qui, moi? J'aurai toujours ce coup-là sur le cœur;
Et c'est, pour ma raison, pis qu'un coup de tonnerre.
Je le veux faire, moi, voir à toute la terre.

(Il s'en va, et rentre en disant:)

Un six de cœur! Deux points!
ÉRASTE.
En quel lieu sommes-nous?
De quelque part qu'on tourne, on ne voit que des fous.

SCÈNE III.
ÉRASTE, LA MONTAGNE.

ÉRASTE.
Ah, que tu fais languir ma juste impatience!
LA MONTAGNE.
Monsieur, je n'ai pu faire une autre diligence.

ÉRASTE.

Mais me rapportes-tu quelque nouvelle enfin?

LA MONTAGNE.

Sans doute; et de l'objet qui fait votre destin,
J'ai, par un ordre exprès, quelque chose à vous dire.

ÉRASTE.

Et quoi? Déja mon cœur après ce mot soupire.
Parle.

LA MONTAGNE.

Souhaitez-vous de savoir ce que c'est?

ÉRASTE.

Oui, dis vite.

LA MONTAGNE.

Monsieur, attendez, s'il vous plaît.
Je me suis, à courir, presque mis hors d'haleine.

ÉRASTE.

Prends-tu quelque plaisir à me tenir en peine?

LA MONTAGNE.

Puisque vous désirez de savoir promptement
L'ordre que j'ai reçu de cet objet charmant,
Je vous dirai... Ma foi! sans vous vanter mon zèle;
J'ai bien fait du chemin pour trouver cette belle;
Et si...

ÉRASTE.

Peste soit fait de tes digressions!

LA MONTAGNE.

Ah! il faut modérer un peu ses passions;
Et Sénèque...

ÉRASTE.

Sénèque est un sot dans ta bouche,

ACTE II, SCÈNE III.

Puisqu'il ne me dit rien de tout ce qui me touche.
Dis-moi ton ordre, tôt.

LA MONTAGNE.

Pour contenter vos vœux.
Votre Orphise... Une bête est là dans vos cheveux.

ÉRASTE.

Laisse.

LA MONTAGNE.

Cette beauté, de sa part, vous fait dire...

ÉRASTE.

Quoi?

LA MONTAGNE.

Devinez.

ÉRASTE.

Sais-tu que je ne veux pas rire?

LA MONTAGNE.

Son ordre est qu'en ce lieu vous devez vous tenir,
Assuré que dans peu vous l'y verrez venir,
Lorsqu'elle aura quitté quelques provinciales,
Aux personnes de cour fâcheuses animales.

ÉRASTE.

Tenons-nous donc au lieu qu'elle a voulu choisir.
Mais, puisque l'ordre ici m'offre quelque loisir,
Laisse-moi méditer.

(*La Montagne sort.*)

J'ai dessein de lui faire
Quelque vers sur un air où je la vois se plaire.

(*Il rêve.*)

SCÈNE IV.

ORANTE, CLIMÈNE; ÉRASTE, *dans un coin du théâtre, sans être aperçu.*

ORANTE.

Tout le monde sera de mon opinion.

CLIMÈNE.

Croyez-vous l'emporter par obstination?

ORANTE.

Je pense mes raisons meilleures que les vôtres.

CLIMÈNE.

Je voudrois qu'on ouït les unes et les autres.

ORANTE, *apercevant Éraste.*

J'avise[1] un homme ici qui n'est pas ignorant;
Il pourra nous juger sur notre différent.
Marquis, de grace, un mot, souffrez qu'on vous appelle
Pour être entre nous deux juge d'une querelle,
D'un débat qu'ont ému nos divers sentiments
Sur ce qui peut marquer les plus parfaits amants.

ÉRASTE.

C'est une question à vider difficile,
Et vous devez chercher un juge plus habile.

ORANTE.

Non: vous nous dites là d'inutiles chansons.
Votre esprit fait du bruit, et nous vous connoissons;
Nous savons que chacun vous donne à juste titre...

---

[1] *J'avise*, j'aperçois.

ÉRASTE.

Hé! de grace...

ORANTE.

En un mot, vous serez notre arbitre,
Et ce sont deux moments qu'il vous faut nous donner.

CLIMÈNE, *à Orante.*

Vous retenez ici qui vous doit condamner;
Car enfin, s'il est vrai ce que j'en ose croire,
Monsieur à mes raisons donnera la victoire.

ÉRASTE, *à part.*

Que ne puis-je à mon traître inspirer le souci
D'inventer quelque chose à me tirer d'ici!

ORANTE, *à Climène.*

Pour moi, de son esprit j'ai trop bon témoignage,
Pour craindre qu'il prononce à mon désavantage.
    (*à Éraste.*)
Enfin, ce grand débat qui s'allume entre nous,
Est de savoir s'il faut qu'un amant soit jaloux.

CLIMÈNE.

Ou, pour mieux expliquer ma pensée et la vôtre,
Lequel doit plaire plus d'un jaloux ou d'un autre.

ORANTE.

Pour moi, sans contredit, je suis pour le dernier.

CLIMÈNE.

Et, dans mon sentiment, je tiens pour le premier.

ORANTE.

Je crois que notre cœur doit donner son suffrage
A qui fait éclater du respect davantage.

CLIMÈNE.

Et moi, que si nos vœux doivent paroître au jour,

C'est pour celui qui fait éclater plus d'amour.

ORANTE.

Oui; mais on voit l'ardeur dont une ame est saisie
Bien mieux dans le respect que dans la jalousie.

CLIMÈNE.

Et c'est mon sentiment, que qui s'attache à nous
Nous aime d'autant plus qu'il se montre jaloux.

ORANTE.

Fi! ne me parlez point, pour être amants, Climène,
De ces gens dont l'amour est fait comme la haine,
Et qui, pour tous respects et toute offre de vœux,
Ne s'appliquent jamais qu'à se rendre fâcheux;
Dont l'ame, que sans cesse un noir transport anime,
Des moindres actions cherche à nous faire un crime,
En soumet l'innocence à son aveuglement,
Et veut sur un coup d'œil un éclaircissement;
Qui, de quelque chagrin nous voyant l'apparence,
Se plaignent aussitôt qu'il naît de leur présence,
Et, lorsque dans nos yeux brille un peu d'enjouement,
Veulent que leurs rivaux en soient le fondement;
Enfin, qui, prenant droit des fureurs de leur zèle,
Ne nous parlent jamais que pour faire querelle,
Osent défendre à tous l'approche de nos cœurs,
Et se font les tyrans de leurs propres vainqueurs.
Moi, je veux des amants que le respect inspire,
Et leur soumission marque mieux notre empire.

CLIMÈNE.

Fi! ne me parlez point, pour être vrais amants,
De ces gens qui pour nous n'ont nuls emportements;
De ces tièdes galants, de qui les cœurs paisibles

Tiennent déja pour eux les choses infaillibles,
N'ont point peur de nous perdre, et laissent, chaque jour,
Sur trop de confiance endormir leur amour;
Sont avec leurs rivaux en bonne intelligence,
Et laissent un champ libre à leur persévérance.
Un amour si tranquille excite mon courroux :
C'est aimer froidement que n'être point jaloux,
Et je veux qu'un amant, pour me prouver sa flamme,
Sur d'éternels soupçons laisse flotter son ame,
Et, par de prompts transports, donne un signe éclatant
De l'estime qu'il fait de celle qu'il prétend.
On s'applaudit alors de son inquiétude;
Et, s'il nous fait parfois un traitement trop rude,
Le plaisir de le voir, soumis à nos genoux,
S'excuser de l'éclat qu'il a fait contre nous,
Ses pleurs, son désespoir d'avoir pu nous déplaire,
Sont un charme à calmer toute notre colère.

ORANTE.

Si, pour vous plaire, il faut beaucoup d'emportement,
Je sais qui vous pourroit donner contentement;
Et je connois des gens dans Paris plus de quatre,
Qui, comme ils le font voir, aiment jusques à battre.

CLIMÈNE.

Si pour vous plaire il faut n'être jamais jaloux,
Je sais certaines gens fort commodes pour vous;
Des hommes en amour d'une humeur si souffrante,
Qu'ils vous verroient sans peine entre les bras de trente.

ORANTE.

Enfin, par votre arrêt, vous devez déclarer
Celui de qui l'amour vous semble à préférer.

Orphise paroît dans le fond du théâtre, et voit Éraste entre Orante et Climène.

ÉRASTE.

Puisqu'à moins d'un arrêt je ne m'en puis défaire,
Toutes deux à la fois je vous veux satisfaire;
Et, pour ne point blâmer ce qui plaît à vos yeux,
Le jaloux aime plus, et l'autre aime bien mieux.

CLIMÈNE.

L'arrêt est plein d'esprit; mais...

ÉRASTE.

Suffit. J'en suis quitte.
Après ce que j'ai dit, souffrez que je vous quitte.

SCÈNE V.

ORPHISE, ÉRASTE.

ÉRASTE, *apercevant Orphise, et allant au devant d'elle.*

Que vous tardez, madame, et que j'éprouve bien...

ORPHISE.

Non, non, ne quittez pas un si doux entretien.
A tort vous m'accusez d'être trop tard venue.
(*montrant Orante et Climène qui viennent de sortir.*)
Et vous avez de quoi vous passer de ma vue.

ÉRASTE.

Sans sujet contre moi voulez-vous vous aigrir,
Et me reprochez-vous ce qu'on me fait souffrir?
Ah! de grace, attendez...

ORPHISE.

      Laissez-moi, je vous prie,
Et courez vous rejoindre à votre compagnie.

SCÈNE VI.

ÉRASTE.

Ciel! faut-il qu'aujourd'hui fâcheuses et fâcheux
Conspirent à troubler les plus chers de mes vœux!
Mais allons sur ses pas, malgré sa résistance,
Et faisons à ses yeux briller notre innocence.

SCÈNE VII.

DORANTE, ÉRASTE.

DORANTE.

Ah, marquis! que l'on voit de fâcheux tous les jours
Venir de nos plaisirs interrompre le cours!
Tu me vois enragé d'une assez belle chasse
Qu'un fat... C'est un récit qu'il faut que je te fasse.

ÉRASTE.

Je cherche ici quelqu'un, et ne puis m'arrêter.

DORANTE.

Parbleu! chemin faisant, je te le veux conter.
Nous étions une troupe assez bien assortie,
Qui, pour courir un cerf, avions hier fait partie;
Et nous fûmes coucher sur le pays exprès,
C'est-à-dire, mon cher, en fin fond de forêts.

Comme cet exercice est mon plaisir suprême,
Je voulus, pour bien faire, aller au bois moi-même,
Et nous conclûmes tous d'attacher nos efforts
Sur un cerf, qu'un chacun nous disoit cerf dix cors[1],
Mais, moi, mon jugement, sans qu'aux marques j'arrête,
Fut qu'il n'étoit que cerf à sa seconde tête.
Nous avions, comme il faut, séparé nos relais;
Et déjeunions en hâte avec quelques œufs frais,
Lorsqu'un franc campagnard, avec longue rapière,
Montant superbement sa jument poulinière,
Qu'il honoroit du nom de sa bonne jument,
S'en est venu nous faire un mauvais compliment,
Nous présentant aussi, pour surcroît de colère,
Un grand benêt de fils aussi sot que son père.
Il s'est dit grand chasseur, et nous a priés tous
Qu'il pût avoir le bien de courir avec nous.
Dieu préserve, en chassant, toute sage personne
D'un porteur de huchet[2], qui mal à propos sonne;
De ces gens qui, suivis de dix hourets[3] galeux,
Disent ma meute, et font les chasseurs merveilleux!
Sa demande reçue, et ses vertus prisées,
Nous avons été tous frapper à nos brisées[4].
A trois longueurs de trait, tayaut! voilà d'abord
Le cerf aux chiens donné. J'appuie et sonne fort.

---

[1] *Cerf dix cors*, un cerf de sept ans.

[2] *Huchet*, petit cor avec lequel les chasseurs appellent les chiens.

[3] *Houret*, mauvais chien de chasse.

[4] *Frapper aux brisées*, c'est faire repartir la bête du lieu où elle s'est arrêtée.

Mon cerf débuche[1], et passe une assez longue plaine,
Et mes chiens après lui, mais si bien en haleine,
Qu'on les auroit couverts tous d'un seul justaucorps.
Il vient à la forêt. Nous lui donnons alors
La vieille meute; et moi, je prends en diligence
Mon cheval alezan. Tu l'as vu?

ÉRASTE.

Non, je pense.

DORANTE.

Comment! C'est un cheval aussi bon qu'il est beau,
Et que, ces jours passés, j'achetai de Gaveau[2].
Je te laisse à penser, si sur cette matière,
Il voudroit me tromper, lui qui me considère :
Aussi je m'en contente; et jamais en effet
Il n'a vendu cheval ni meilleur ni mieux fait.
Une tête de barbe, avec l'étoile nette,
L'encolure d'un cygne, effilée et bien droite;
Point d'épaules non plus qu'un lièvre, court-jointé,
Et qui fait dans son port voir sa vivacité;
Des pieds, morbleu, des pieds! le rein double : à vrai dire,
J'ai trouvé le moyen, moi seul, de le réduire,
Et sur lui, quoique aux yeux il montrât beau semblant,
Petit-Jean de Gaveau ne montoit qu'en tremblant.
Une croupe, en largeur à nulle autre pareille,
Et des gigots, dieu sait! Bref, c'est une merveille;
Et j'en ai refusé cent pistoles, crois-moi,
Au retour d'un cheval amené pour le roi.

---

[1] *Débucher*, sortir du bois.
[2] *Gaveau*, marchand de chevaux; célèbre à la cour.

Je monte donc dessus, et ma joie étoit pleine,
De voir filer de loin les coupeurs dans la plaine;
Je pousse, et je me trouve en un fort à l'écart,
A la queue de nos chiens, moi seul avec Drécar[1].
Une heure là dedans notre cerf se fait battre.
J'appuie alors mes chiens, et fais le diable à quatre;
Enfin jamais chasseur ne se vit plus joyeux.
Je le relance seul, et tout alloit des mieux,
Lorsque d'un jeune cerf s'accompagne le nôtre;
Une part de mes chiens se sépare de l'autre;
Et je les vois, marquis, comme tu peux penser,
Chasser tous avec crainte, et Finaut balancer :
Il se rabat soudain, dont j'eus l'ame ravie;
Il empaume la voie; et moi, je sonne et crie :
A Finaut, à Finaut! j'en revois à plaisir[2]
Sur une taupinière, et resonne à loisir.
Quelques chiens revenoient à moi, quand, pour disgrace,
Le jeune cerf, marquis, à mon campagnard passe.
Mon étourdi se met à sonner comme il faut,
Et crie à pleine voix : Tayaut, tayaut, tayaut!
Mes chiens me quittent tous, et vont à ma pécore;
J'y pousse, et j'en revois dans le chemin encore;
Mais à terre, mon cher, je n'eus pas jeté l'œil,
Que je connus le change et sentis un grand deuil.
J'ai beau lui faire voir toutes les différences
Des pinces de mon cerf et de ses connoissances,
Il me soutient toujours, en chasseur ignorant,

---

[1] *Drécar*, piqueur renommé.
[2] *Revoir*, retrouver la trace de la bête.

Que c'est le cerf de meute; et, par ce différent,
Il donne temps aux chiens d'aller loin. J'en enrage,
Et, pestant de bon cœur contre le personnage,
Je pousse mon cheval et par haut et par bas,
Qui plioit des gaulis¹ aussi gros que le bras :
Je ramène les chiens à ma première voie,
Qui vont, en me donnant une excessive joie,
Requérir notre cerf, comme s'ils l'eussent vu.
Ils le relancent; mais ce coup est-il prévu?
A te dire le vrai, cher marquis, il m'assomme;
Notre cerf relancé va passer à notre homme,
Qui, croyant faire un trait de chasseur fort vanté,
D'un pistolet d'arçon qu'il avoit apporté,
Lui donne justement au milieu de la tête,
Et de fort loin me crie : Ah! j'ai mis bas la bête!
A-t-on jamais parlé de pistolets, bon dieu!
Pour courre un cerf? Pour moi, venant dessus le lieu,
J'ai trouvé l'action tellement hors d'usage,
Que j'ai donné des deux à mon cheval, de rage,
Et m'en suis revenu chez moi toujours courant,
Sans vouloir dire un mot à ce sot ignorant.

ÉRASTE.

Tu ne pouvois mieux faire, et ta prudence est rare :
C'est ainsi des fâcheux qu'il faut qu'on se sépare.
Adieu.

DORANTE.

Quand tu voudras nous irons quelque part,

---

¹ *Gaulis*, branches qui embarrassent le chasseur lorsqu'il pénètre dans les taillis.

Où nous ne craindrons point de chasseur campagnard.

ÉRASTE, *seul*.

Fort bien. Je crois qu'enfin je perdrai patience.
Cherchons à m'excuser avecque diligence.

FIN DU SECOND ACTE.

BALLET DU SECOND ACTE.

PREMIÈRE ENTRÉE.

Des joueurs de boule l'arrêtent pour mesurer un coup dont ils sont en dispute. Il se défait d'eux avec peine, et leur laisse danser un pas composé de toutes les postures qui sont ordinaires à ce jeu.

SECONDE ENTRÉE.

De petits frondeurs les viennent interrompre, qui sont chassés ensuite.

TROISIÈME ENTRÉE.

Par des savetiers et des savetières, leurs pères, et autres, qui sont aussi chassés à leur tour.

QUATRIÈME ENTRÉE.

Par un jardinier qui danse seul, et se retire pour faire place au troisième acte.

ACTE TROISIÈME.

SCÈNE I.

ÉRASTE, LA MONTAGNE.

ÉRASTE.

Il est vrai, d'un côté, mes soins ont réussi,
Cet adorable objet enfin s'est adouci;
Mais, d'un autre, on m'accable, et les astres sévères
Ont contre mon amour redoublé leurs colères.
Oui, Damis son tuteur, mon plus rude fâcheux,
Tout de nouveau s'oppose au plus doux de mes vœux,
A son aimable nièce a défendu ma vue,
Et veut d'un autre époux la voir demain pourvue.
Orphise toutefois, malgré son désaveu,
Daigne accorder ce soir une grace à mon feu;
Et j'ai fait consentir l'esprit de cette belle
A souffrir qu'en secret je la visse chez elle.
L'amour aime surtout les secrètes faveurs.
Dans l'obstacle qu'on force il trouve des douceurs;
Et le moindre entretien de la beauté qu'on aime,
Lorsqu'il est défendu, devient grace suprême.
Je vais au rendez-vous; c'en est l'heure à peu près.
Puis je veux m'y trouver plutôt avant qu'après.

LA MONTAGNE.

Suivrai-je vos pas?

ÉRASTE.

Non. Je craindrois que peut-être
A quelques yeux suspects tu me fisses connoître.

LA MONTAGNE.

Mais...

ÉRASTE.

Je ne le veux pas.

LA MONTAGNE.

Je dois suivre vos lois :
Mais au moins, si de loin...

ÉRASTE.

Te tairas-tu, vingt fois?
Et ne veux-tu jamais quitter cette méthode
De te rendre à toute heure un valet incommode?

SCÈNE II.

CARITIDÈS, ÉRASTE[1].

CARITIDÈS.

Monsieur, le temps[2] répugne à l'honneur de vous voir,
Le matin est plus propre à rendre un tel devoir;
Mais de vous rencontrer il n'est pas bien facile;

---

[1] Le peu de temps qu'avait eu Molière pour composer sa pièce l'engagea à charger Chapelle de la scène de Caritidès, et bientôt ce fut à ce rimeur voluptueux et facile qu'on attribua le succès de notre auteur. Chapelle se défendit mal; et Molière, blessé de ne pas le voir s'opposer vivement au bruit qui se répandoit de la communauté de leurs travaux, le menaça de faire imprimer l'essai informe dont il avoit été impossible de tirer parti.

[2] *Le temps répugne* : le moment est peu favorable.

Car vous dormez toujours, ou vous êtes en ville :
Au moins, messieurs vos gens me l'assurent ainsi;
Et j'ai, pour vous trouver, pris l'heure que voici.
Encore est-ce un grand heur dont le destin m'honore,
Car, deux moments plus tard, je vous manquois encore.

ÉRASTE.

Monsieur, souhaitez-vous quelque chose de moi?

CARITIDÈS.

Je m'acquitte, monsieur, de ce que je vous doi;
Et vous viens... Excusez l'audace qui m'inspire,
Si...

ÉRASTE.

Sans tant de façons, qu'avez-vous à me dire?

CARITIDÈS.

Comme le rang, l'esprit, la générosité,
Que chacun vante en vous...

ÉRASTE.

Oui, je suis fort vanté.
Passons, monsieur.

CARITIDÈS.

Monsieur, c'est une peine extrême
Lorsqu'il faut à quelqu'un se produire soi-même;
Et toujours près des grands on doit être introduit
Par des gens qui de nous fassent un peu de bruit,
Dont la bouche écoutée, avecque poids débite
Ce qui peut faire voir notre petit mérite.
Enfin, j'aurois voulu que des gens bien instruits
Vous eussent pu, monsieur, dire ce que je suis.

ÉRASTE.

Je vois assez, monsieur, ce que vous pouvez être,

ACTE III, SCÈNE II.

Et votre seul abord le peut faire connoître.
CARITIDÈS.
Oui, je suis un savant charmé de vos vertus,
Non pas de ces savants dont le nom n'est qu'en *us*,
Il n'est rien si commun qu'un nom à la latine :
Ceux qu'on habille en grec ont bien meilleure mine;
Et pour en avoir un qui se termine en *ès*,
Je me fais appeler monsieur Caritidès.
ÉRASTE.
Monsieur Caritidès, soit. Qu'avez-vous à dire?
CARITIDÈS.
C'est un placet, monsieur, que je voudrois vous lire,
Et que, dans la posture où vous met votre emploi,
J'ose vous conjurer de présenter au roi.
ÉRASTE.
Hé, monsieur, vous pouvez le présenter vous-même.
CARITIDÈS.
Il est vrai que le roi fait cette grace extrême:
Mais par ce même excès de ses rares bontés,
Tant de méchants placets, monsieur, sont présentés,
Qu'ils étouffent les bons; et l'espoir où je fonde,
Est qu'on donne le mien quand le prince est sans monde.
ÉRASTE.
Hé bien, vous le pouvez, et prendre votre temps.
CARITIDÈS.
Ah, monsieur! les huissiers sont de terribles gens!
Ils traitent les savants de faquins à nasardes,
Et je n'en puis venir qu'à la salle des gardes.
Les mauvais traitements qu'il me faut endurer,
Pour jamais de la cour me feroient retirer.

LES FACHEUX.

Si je n'avois conçu l'espérance certaine
Qu'auprès de notre roi vous serez mon Mécène.
Oui, votre crédit m'est un moyen assuré...

ÉRASTE.

Hé bien, donnez-moi donc, je le présenterai.

CARITIDÈS.

Le voici. Mais au moins oyez-en la lecture.

ÉRASTE.

Non.

CARITIDÈS.

C'est pour être instruit, monsieur, je vous conjure!

AU ROI.

Sire,

« Votre très humble, très obéissant, très fidèle, et
« très savant sujet et serviteur, Caritidès, François
« de nation, Grec de profession, ayant considéré les
« grands et notables abus qui se commettent aux in-
« scriptions des enseignes des maisons, boutiques,
« cabarets, jeux de boule, et autres lieux de votre
« bonne ville de Paris, en ce que certains ignorants,
« compositeurs desdites inscriptions, renversent, par
« une barbare, pernicieuse et détestable orthographe,
« toute sorte de sens et raison, sans aucun égard d'é-
« tymologie, analogie, énergie, ni allégorie quel-
« conque, au grand scandale de la république des
« lettres, et de la nation françoise, qui se décrie et
« déshonore par lesdits abus et fautes grossières, en-

ACTE III, SCÈNE II.

« vers les étrangers, et notamment envers les Alle-
« mands, curieux lecteurs et inspectateurs desdites
« inscriptions... »

ÉRASTE.

Ce placet est fort long, et pourroit bien fâcher...

CARITIDÈS.

Ah, monsieur! pas un mot ne se peut retrancher.

ÉRASTE.

Achevez promptement.

CARITIDÈS, *continue*.

« Supplie humblement Votre Majesté de créer pour
« le bien de son état et la gloire de son empire une
« charge de contrôleur, intendant, correcteur, révi-
« seur, et restaurateur général desdites inscriptions,
« et d'icelle honorer le suppliant, tant en considéra-
« tion de son rare et éminent savoir, que des grands
« et signalés services qu'il a rendus à l'état et à Votre
« Majesté, en faisant l'anagramme de Votre Majesté
« en françois, latin, grec, hébreu, syriaque, chaldéen,
« arabe...

ÉRASTE, *l'interrompant*.

Fort bien. Donnez-le vite, et faites la retraite :
Il sera vu du roi ; c'est une affaire faite.

CARITIDÈS.

Hélas! monsieur, c'est tout que montrer mon placet.
Si le roi le peut voir, je suis sûr de mon fait ;
Car, comme sa justice en toute chose est grande,
Il ne pourra jamais refuser ma demande.
Au reste, pour porter au ciel votre renom,
Donnez-moi par écrit votre nom et surnom.

J'en veux faire un poëme en forme d'acrostiche
Dans les deux bouts du vers et dans chaque hémistiche.
ÉRASTE.
Oui, vous l'aurez demain, monsieur Caritidès.
(seul.)
Ma foi! de tels savants sont des ânes bien faits.
J'aurois dans d'autres temps bien ri de sa sottise.

SCÈNE III.

ORMIN, ÉRASTE.

ORMIN.
Bien qu'une grande affaire en ce lieu me conduise,
J'ai voulu qu'il sortît avant que vous parler.
ÉRASTE.
Fort bien. Mais dépêchons; car je veux m'en aller.
ORMIN.
Je me doute à peu près que l'homme qui vous quitte
Vous a fort ennuyé, monsieur, par sa visite.
C'est un vieux importun, qui n'a pas l'esprit sain,
Et pour qui j'ai toujours quelque défaite en main.
Au Mail, au Luxembourg, et dans les Tuileries,
Il fatigue le monde avec ses rêveries.
Et des gens comme vous doivent fuir l'entretien
De tous ces savantas qui ne sont bons à rien.
Pour moi, je ne crains pas que je vous importune,
Puisque je viens, monsieur, faire votre fortune.
ÉRASTE, *bas, à part.*
Voici quelque souffleur, de ces gens qui n'ont rien,

Et vous viennent toujours promettre tant de bien.
  (*haut.*)
Vous avez fait, monsieur, cette bénite pierre,
Qui peut seule enrichir tous les rois de la terre?

ORMIN.

La plaisante pensée, hélas, où vous voilà!
Dieu me garde, monsieur, d'être de ces fous-là!
Je ne me repais point de visions frivoles,
Et je vous porte ici les solides paroles
D'un avis que par vous je veux donner au roi,
Et que tout cacheté je conserve sur moi :
Non de ces sots projets, de ces chimères vaines,
Dont les surintendants ont les oreilles pleines :
Non de ces gueux d'avis, dont les prétentions
Ne parlent que de vingt ou trente millions,
Mais un qui, tous les ans, à si peu qu'on le monte,
En peut donner au roi quatre cents de bon compte,
Avec facilité, sans risque ni soupçon,
Et sans fouler le peuple en aucune façon;
Enfin c'est un avis d'un gain inconcevable,
Et que du premier mot on trouvera faisable.
Oui, pourvu que par vous je puisse être poussé...

ÉRASTE.

Soit; nous en parlerons. Je suis un peu pressé.

ORMIN.

Si vous me promettiez de garder le silence,
Je vous découvrirois cet avis d'importance.

ÉRASTE.

Non, non, je ne veux point savoir votre secret.

ORMIN.

Monsieur, pour le trahir, je vous crois trop discret,
Et veux, avec franchise, en deux mots vous l'apprendre.
Il faut voir si quelqu'un ne peut point nous entendre.
(*Après avoir regardé si personne ne l'écoute, il s'approche de l'oreille d'Éraste.*)
Cet avis merveilleux dont je suis l'inventeur,
Est que...

ÉRASTE.

D'un peu plus loin, et pour cause, monsieur.

ORMIN.

Vous voyez le grand gain, sans qu'il faille le dire,
Que de ses ports de mer le roi tous les ans tire;
Or, l'avis dont encor nul ne s'est avisé,
Est qu'il faut de la France, et c'est un coup aisé,
En fameux ports de mer mettre toutes les côtes.
Ce seroit pour monter à des sommes très hautes;
Et si...

ÉRASTE.

L'avis est bon, et plaira fort au roi.
Adieu. Nous nous verrons.

ORMIN.

Au moins, appuyez-moi
Pour en avoir ouvert les premières paroles.

ÉRASTE.

Oui, oui.

ORMIN.

Si vous vouliez me prêter deux pistoles,
Que vous reprendriez sur le droit de l'avis,

Monsieur...

ÉRASTE.

(*Il donne de l'argent à Ormin.*)   (*seul.*)

. Oui, volontiers. Plût à Dieu qu'à ce prix
De tous les importuns je pusse me voir quitte!
Voyez quel contre-temps prend ici leur visite!
Je pense qu'à la fin je pourrai bien sortir.
Viendra-t-il point quelqu'un encor me divertir?

SCÈNE IV.

FILINTE, ÉRASTE.

FILINTE.

Marquis, je viens d'apprendre une étrange nouvelle.

ÉRASTE.

Quoi?

FILINTE.

Qu'un homme tantôt t'a fait une querelle.

ÉRASTE.

A moi?

FILINTE.

Que te sert-il de le dissimuler?
Je sais de bonne part qu'on t'a fait appeler;
Et comme ton ami, quoi qu'il en réussisse,
Je te viens contre tous faire offre de service.

ÉRASTE.

Je te suis obligé; mais crois que tu me fais...

FILINTE.

Tu ne l'avoueras pas : mais tu sors sans valets.
Demeure dans la ville, ou gagne la campagne,

Tu n'iras nulle part que je ne t'accompagne.
ÉRASTE, *à part.*

Ah, j'enrage!
FILINTE.

A quoi bon de te cacher de moi?
ÉRASTE.

Je te jure, marquis, qu'on s'est moqué de toi.
FILINTE.

En vain tu t'en défends.
ÉRASTE.

Que le ciel me foudroie,
Si d'aucun démêlé...
FILINTE.

Tu penses qu'on te croie?
ÉRASTE.

Hé, mon dieu! je te dis, et ne déguise point
Que...
FILINTE.

Ne me crois pas dupe et crédule à ce point.
ÉRASTE.

Veux-tu m'obliger?
FILINTE.

Non.
ÉRASTE.

Laisse-moi, je te prie.
FILINTE.

Point d'affaire, marquis.
ÉRASTE.

Une galanterie
En certain lieu ce soir...

FILINTE.

Je ne te quitte pas.
En quel lieu que ce soit, je veux suivre tes pas.

ÉRASTE.

Parbleu! puisque tu veux que j'aie une querelle,
Je consens à l'avoir pour contenter ton zèle;
Ce sera contre toi, qui me fais enrager,
Et dont je ne me puis par douceur dégager.

FILINTE.

C'est fort mal d'un ami recevoir le service;
Mais puisque je vous rends un si mauvais office,
Adieu. Videz sans moi tout ce que vous aurez.

ÉRASTE.

Vous serez mon ami quand vous me quitterez.
    (*seul.*)
Mais voyez quels malheurs suivent ma destinée!
Ils m'auront fait passer l'heure qu'on m'a donnée.

SCÈNE V.

DAMIS, L'ÉPINE, ÉRASTE, LA RIVIÈRE
ET SES COMPAGNONS.

DAMIS, *à part.*

Quoi, malgré moi le traître espère l'obtenir!
Ah! mon juste courroux le saura prévenir.

ÉRASTE, *à part.*

J'entrevois là quelqu'un sur la porte d'Orphise.
Quoi, toujours quelque obstacle aux feux qu'elle autorise!

DAMIS, *à l'Épine.*
Oui, j'ai su que ma nièce, en dépit de mes soins,
Doit voir ce soir chez elle Éraste sans témoins.
LA RIVIÈRE, *à ses compagnons.*
Qu'entends-je à ces gens-là dire de notre maître?
Approchons doucement, sans nous faire connoître.
DAMIS, *à l'Épine.*
Mais avant qu'il ait lieu d'achever son dessein,
Il faut de mille coups percer son traître sein.
Va-t'en faire venir ceux que je viens de dire
Pour les mettre en embûche aux lieux que je désire,
Afin qu'au nom d'Éraste on soit prêt à venger
Mon honneur que ses feux ont l'orgueil d'outrager,
A rompre un rendez-vous qui dans ce lieu l'appelle,
Et noyer dans son sang sa flamme criminelle.
LA RIVIÈRE, *attaquant Damis avec ses compagnons.*
Avant qu'à tes fureurs on puisse l'immoler,
Traître! tu trouveras en nous à qui parler.
ÉRASTE.
Bien qu'il m'ait voulu perdre, un point d'honneur me presse
De secourir ici l'oncle de ma maîtresse.
(*à Damis.*)
Je suis à vous, monsieur.
(*Il met l'épée à la main contre La Rivière et ses
compagnons qu'il met en fuite.*)
DAMIS.
O ciel! par quel secours
D'un trépas assuré vois-je sauver mes jours?
A qui suis-je obligé d'un si rare service?

ACTE III, SCÈNE VI.

ÉRASTE, *revenant*.

Je n'ai fait, vous servant, qu'un acte de justice.

DAMIS.

Ciel! puis-je à mon oreille ajouter quelque foi?
Est-ce la main d'Éraste...

ÉRASTE.

Oui, oui, monsieur, c'est moi.
Trop heureux que ma main vous ait tiré de peine,
Trop malheureux d'avoir mérité votre haine.

DAMIS.

Quoi! celui dont j'avois résolu le trépas
Est celui qui pour moi vient d'employer son bras?
Ah! c'en est trop; mon cœur est contraint de se rendre;
Et, quoi que votre amour ce soir ait pu prétendre,
Ce trait si surprenant de générosité
Doit étouffer en moi toute animosité.
Je rougis de ma faute, et blâme mon caprice.
Ma haine trop long-temps vous a fait injustice;
Et, pour la condamner par un éclat fameux,
Je vous joins dès ce soir à l'objet de vos vœux.

SCÈNE VI.

ORPHISE, DAMIS, ÉRASTE,

ORPHISE, *sortant de chez elle avec un flambeau.*
Monsieur, quelle aventure a d'un trouble effroyable...

DAMIS.

Ma nièce, elle n'a rien que de très agréable,
Puisqu'après tant de vœux que j'ai blâmés en vous,

C'est elle qui vous donne Éraste pour époux.
Son bras a repoussé le trépas que j'évite,
Et je veux envers lui que votre main m'acquitte.

ORPHISE.

Si c'est pour lui payer ce que vous lui devez,
J'y consens, devant tout aux jours qu'il a sauvés.

ÉRASTE.

Mon cœur est si surpris d'une telle merveille,
Qu'en ce ravissement je doute si je veille.

DAMIS.

Célébrons l'heureux sort dont vous allez jouir,
Et que nos violons viennent nous réjouir !

(*On frappe à la porte de Damis.*)

ÉRASTE.

Qui frappe là si fort ?

SCÈNE VII.

DAMIS, ORPHISE, ÉRASTE, L'ÉPINE.

L'ÉPINE.

Monsieur, ce sont des masques,
Qui portent des crins-crins et des tambours de basques.
(*Les masques entrent qui occupent toute la place.*)

ÉRASTE.

Quoi ! toujours des fâcheux ! Holà ! Suisses, ici ;
Qu'on me fasse sortir ces gredins que voici.

FIN DU TROISIÈME ACTE.

BALLET DU TROISIÈME ACTE.

PREMIÈRE ENTRÉE.

Des Suisses, avec des hallebardes, chassent tous les masques fâcheux, et se retirent ensuite pour laisser danser à leur aise.

DERNIÈRE ENTRÉE.

Quatre bergers et une bergère, qui, au sentiment de tous ceux qui l'ont vue, ferme le divertissement d'assez bonne grace.

FIN DES FACHEUX.

L'ÉCOLE DES FEMMES,

COMÉDIE EN CINQ ACTES

ET EN VERS,

Représentée à Paris, sur le théâtre du Palais-Royal, le 26 décembre 1662.

A MADAME[1].

MADAME,

Je suis le plus embarrassé homme du monde lorsqu'il me faut dédier un livre, et je me trouve si peu fait au style d'épître dédicatoire, que je ne sais par où sortir de celle-ci. Un autre auteur qui seroit à ma place trouveroit d'abord cent belles choses à dire de Votre Altesse Royale sur ce titre de *l'École des femmes*, et l'offre qu'il vous en feroit. Mais, pour moi, Madame, je vous avoue mon foible : je ne sais point cet art de trouver des rapports entre des choses si peu proportionnées; et, quelques belles lumières que mes confrères les auteurs me donnent tous les jours sur de pareils sujets, je ne vois point ce que Votre

---

[1] Madame, première femme de Monsieur, frère du roi.

Altesse Royale pourroit avoir à démêler avec la comédie que je lui présente. On n'est pas en peine, sans doute, comme il faut faire pour vous louer : la matière, Madame, ne saute que trop aux yeux, et, de quelque côté qu'on vous regarde, on rencontre gloire sur gloire, et qualités sur qualités. Vous en avez, Madame, du côté du rang et de la naissance, qui vous font respecter de toute la terre. Vous en avez du côté des graces et de l'esprit et du corps, qui vous font admirer de toutes les personnes qui vous voient. Vous en avez du côté de l'ame, qui, si l'on ose parler ainsi, vous font aimer de tous ceux qui ont l'honneur d'approcher de vous : je veux dire cette douceur pleine de charmes dont vous daignez tempérer la fierté des grands titres que vous portez; cette bonté tout obligeante, cette affabilité généreuse que vous faites paroître pour tout le monde. Et ce sont particulièrement ces dernières pour qui je suis, et dont je sens fort bien que je ne me pourrai taire quelque jour. Mais, encore une fois, Madame, je ne sais point le biais de faire entrer ici des vérités si éclatantes; et ce sont choses, à mon avis, et d'une trop vaste étendue, et d'un mérite trop relevé, pour les vouloir renfermer dans une épître et les mêler avec des bagatelles. Tout bien considéré, Madame, je ne vois rien à faire ici pour moi que de vous dédier simplement ma comédie, et de vous assurer, avec tout le respect qu'il m'est possible, que je suis,

MADAME,

DE VOTRE ALTESSE ROYALE,

Le très humble, très obéissant, et très fidèle serviteur,
MOLIÈRE.

PRÉFACE.

Bien des gens ont frondé d'abord cette comédie : mais les rieurs ont été pour elle; et tout le mal qu'on en a pu dire n'a pu faire qu'elle n'ait eu un succès dont je me contente. Je sais qu'on attend de moi dans cette impression quelque préface qui réponde aux censeurs, et rende raison de mon ouvrage; et sans doute que je suis assez redevable à toutes les personnes qui lui ont donné leur approbation pour me croire obligé de défendre leur jugement contre celui des autres : mais il se trouve qu'une grande partie des choses que j'aurois à dire sur ce sujet est déja dans une dissertation que j'ai faite en dialogue [1], et dont je ne sais encore ce que je ferai. L'idée de ce dialogue, ou, si l'on veut, de cette petite comédie, me vint après les deux ou trois premières représentations de ma pièce. Je la dis, cette idée, dans une maison où je me trouvai un soir : et d'abord une personne de qualité, dont l'esprit est assez connu dans le monde, et qui me fait l'honneur de m'aimer, trouva le projet assez à son gré, non seulement pour me solliciter d'y mettre la main, mais encore pour l'y mettre lui-même ; et je fus étonné que, deux jours après, il me montra toute l'affaire exécutée d'une manière, à la vérité, beaucoup plus galante et plus spirituelle que je ne puis faire, mais où je trouvai des choses trop avantageuses pour moi ; et j'eus peur que, si je produisois cet

[1] *La Critique de l'École des femmes.*

PRÉFACE.

ouvrage sur notre théâtre, on ne m'accusât d'avoir mendié les louanges qu'on m'y donnoit. Cependant cela m'empêcha, par quelque considération, d'achever ce que j'avois commencé. Mais tant de gens me pressent tous les jours de le faire, que je ne sais ce qui en sera; et cette incertitude est cause que je ne mets point dans cette préface ce qu'on verra dans la *Critique*, en cas que je me résolve à la faire paroître. S'il faut que cela soit, je le dis encore, ce sera seulement pour venger le public du chagrin délicat de certaines gens : car, pour moi, je m'en tiens assez vengé par la réussite de ma comédie; et je souhaite que toutes celles que je pourrai faire soient traitées par eux comme celle-ci, pourvu que le reste soit de même.

PERSONNAGES.

ARNOLPHE ou LA SOUCHE [1].
AGNÈS, fille d'Enrique [2].
HORACE, amant d'Agnès, fils d'Oronte [3].
CHRYSALDE, ami d'Arnolphe [4].
ENRIQUE, beau-frère de Chrysalde et père d'Agnès.
ORONTE, père d'Horace et ami d'Arnolphe.
ALAIN, paysan, valet d'Arnolphe [5].
GEORGETTE, paysanne, servante d'Arnolphe [6].
UN NOTAIRE [7].

ACTEURS.

[1] MOLIÈRE. — [2] Mademoiselle DE BRIE. — [3] LA GRANGE. — [4] L'ÉPY, — [5] BRÉCOURT. — [6] Madeleine BÉJART. — [7] DE BRIE.

La scène est à Paris dans une place publique.

L'ÉCOLE DES FEMMES.

ACTE PREMIER.

SCÈNE I.

CHRYSALDE, ARNOLPHE.

CHRYSALDE.
Vous venez, dites-vous, pour lui donner la main?
ARNOLPHE.
Oui. Je veux terminer la chose dans demain.
CHRYSALDE.
Nous sommes ici seuls, et l'on peut, ce me semble,
Sans craindre d'être ouïs, y discourir ensemble.
Voulez-vous qu'en ami je vous ouvre mon cœur,
Votre dessein pour vous me fait trembler de peur :
Et, de quelque façon que vous tourniez l'affaire,
Prendre femme est à vous un coup bien téméraire.
ARNOLPHE.
Il est vrai, notre ami. Peut-être que chez vous
Vous trouvez des sujets de craindre pour chez nous;
Et votre front, je crois, veut que du mariage
Les cornes soient partout l'infaillible apanage.
CHRYSALDE.
Ce sont coups de hasard dont on n'est point garant,

Et bien sot, ce me semble, est le soin qu'on en prend.
Mais quand je crains pour vous, c'est cette raillerie
Dont cent pauvres maris ont souffert la furie :
Car enfin vous savez qu'il n'est grands ni petits
Que de votre critique on ait vus garantis;
Que vos plus grands plaisirs sont, partout où vous êtes,
De faire cent éclats des intrigues secrètes...

ARNOLPHE.

Fort bien. Est-il au monde une autre ville aussi
Où l'on ait des maris si patients qu'ici?
Est-ce qu'on n'en voit pas de toutes les espèces,
Qui sont accommodés chez eux de toutes pièces?
L'un amasse du bien, dont sa femme fait part
A ceux qui prennent soin de le faire cornard;
L'autre, un peu plus heureux, mais non pas moins infame,
Voit faire tous les jours des présents à sa femme,
Et d'aucun soin jaloux n'a l'esprit combattu,
Parce qu'elle lui dit que c'est pour sa vertu.
L'un fait beaucoup de bruit qui ne lui sert de guères;
L'autre en toute douceur laisse aller les affaires,
Et, voyant arriver chez lui le damoiseau,
Prend fort honnêtement ses gants et son manteau.
L'une de son galant, en adroite femelle,
Fait fausse confidence à son époux fidèle,
Qui dort en sûreté sur un pareil appas,
Et le plaint, ce galant, des soins qu'il ne perd pas;
L'autre, pour se purger de sa magnificence,
Dit qu'elle gagne au jeu l'argent qu'elle dépense :
Et le mari benêt, sans songer à quel jeu,
Sur les gains qu'elle fait rend des graces à Dieu.

Enfin ce sont partout des sujets de satire;
Et, comme spectateur, ne puis-je pas en rire?
Puis-je pas de nos sots...

CHRYSALDE.

Oui : mais qui rit d'autrui
Doit craindre qu'en revanche on rie aussi de lui.
J'entends parler le monde; et des gens se délassent
A venir débiter les choses qui se passent :
Mais, quoi que l'on divulgue aux endroits où je suis,
Jamais on ne m'a vu triompher de ces bruits.
J'y suis assez modeste : et bien qu'aux occurrences
Je puisse condamner certaines tolérances,
Que mon dessein ne soit de souffrir nullement
Ce que quelques maris souffrent paisiblement,
Pourtant je n'ai jamais affecté de le dire;
Car enfin il faut craindre un revers de satire,
Et l'on ne doit jamais jurer sur de tels cas
De ce qu'on pourra faire, ou bien ne faire pas.
Ainsi, quand à mon front, par un sort qui tout mène,
Il seroit arrivé quelque disgrace humaine,
Après mon procédé, je suis presque certain
Qu'on se contentera de s'en rire sous main :
Et peut-être qu'encor j'aurai cet avantage
Que quelques bonnes gens diront que c'est dommage.
Mais de vous, cher compère, il en est autrement;
Je vous le dis encor, vous risquez diablement.
Comme sur les maris accusés de souffrance,
De tout temps votre langue a daubé d'importance,
Qu'on vous a vu contre eux un diable déchaîné,
Vous devez marcher droit pour n'être point berné;

Et, s'il faut que sur vous on ait la moindre prise,
Gare qu'aux carrefours on ne vous tympanise,
Et...

ARNOLPHE.

Mon dieu! notre ami, ne vous tourmentez point.
Bien rusé qui pourra m'attraper sur ce point.
Je sais les tours rusés et les subtiles trames
Dont, pour nous en planter, savent user les femmes;
Et, comme on est dupé par leurs dextérités,
Contre cet accident j'ai pris mes sûretés;
Et celle que j'épouse a toute l'innocence
Qui peut sauver mon front de maligne influence.

CHRYSALDE.

Hé! que prétendez-vous, qu'une sotte, en un mot...

ARNOLPHE.

Épouser une sotte est pour n'être point sot.
Je crois, en bon chrétien, votre moitié fort sage :
Mais une femme habile est un mauvais présage;
Et je sais ce qu'il coûte à de certaines gens
Pour avoir pris les leurs avec trop de talents.
Moi, j'irois me charger d'une spirituelle
Qui ne parleroit rien que cercle et que ruelle,
Qui de prose et de vers feroit de doux écrits,
Et que visiteroient marquis et beaux esprits,
Tandis que, sous le nom de mari de madame,
Je serois comme un saint que pas un ne réclame?
Non, non, je ne veux point d'un esprit qui soit haut;
Et femme qui compose en sait plus qu'il ne faut.
Je prétends que la mienne, en clartés peu sublime,
Même ne sache pas ce que c'est qu'une rime;

Et s'il faut qu'avec elle on joue au corbillon,
Et qu'on vienne à lui dire, à son tour : Qu'y met-on ?
Je veux qu'elle réponde : Une tarte à la crème ;
En un mot, qu'elle soit d'une ignorance extrême :
Et c'est assez pour elle, à vous en bien parler,
De savoir prier Dieu, m'aimer, coudre et filer.

CHRYSALDE.

Une femme stupide est donc votre marotte ?

ARNOLPHE.

Tant, que j'aimerois mieux une laide bien sotte
Qu'une femme fort belle avec beaucoup d'esprit.

CHRYSALDE.

L'esprit et la beauté...

ARNOLPHE.

L'honnêteté suffit.

CHRYSALDE.

Mais comment voulez-vous, après tout, qu'une bête
Puisse jamais savoir ce que c'est qu'être honnête ?
Outre qu'il est assez ennuyeux, que je croi,
D'avoir toute sa vie une bête avec soi,
Pensez-vous le bien prendre, et que sur votre idée
La sûreté d'un front puisse être bien fondée ?
Une femme d'esprit peut trahir son devoir :
Mais il faut, pour le moins, qu'elle ose le vouloir ;
Et la stupide au sien peut manquer d'ordinaire
Sans en avoir l'envie, et sans penser le faire.

ARNOLPHE.

A ce bel argument, à ce discours profond,
Ce que Pantagruel à Panurge répond :

Pressez-moi de me joindre à femme autre que sotte,
Prêchez, patrocinez[1] jusqu'à la Pentecôte;
Vous serez ébahi, quand vous serez au bout,
Que vous ne m'aurez rien persuadé du tout.

CHRYSALDE.

Je ne vous dis plus mot.

ARNOLPHE.

  Chacun a sa méthode.
En femme, comme en tout, je veux suivre ma mode:
Je me vois riche assez pour pouvoir, que je croi,
Choisir une moitié qui tienne tout de moi,
Et de qui la soumise et pleine dépendance
N'ait à me reprocher aucun bien ni naissance.
Un air doux et posé, parmi d'autres enfans,
M'inspira de l'amour pour elle dès quatre ans:
Sa mère se trouvant de pauvreté pressée,
De la lui demander il me vint en pensée;
Et la bonne paysanne, apprenant mon désir,
A s'ôter cette charge eut beaucoup de plaisir.
Dans un petit couvent, loin de toute pratique,
Je la fis élever selon ma politique,
C'est-à-dire ordonnant quels soins on emploîroit
Pour la rendre idiote autant qu'il se pourroit.
Dieu merci, le succès a suivi mon attente,
Et grande, je l'ai vue à tel point innocente,
Que j'ai béni le ciel d'avoir trouvé mon fait,
Pour me faire une femme au gré de mon souhait.

---

[1] *Patrociner*, vient du latin *patrocinari*, protéger, prendre la défense de quelqu'un, plaider pour quelqu'un.

Je l'ai donc retirée; et comme ma demeure
A cent sortes de gens est ouverte à toute heure,
Je l'ai mise à l'écart, comme il faut tout prévoir,
Dans cette autre maison où nul ne me vient voir;
Et, pour ne point gâter sa bonté naturelle,
Je n'y tiens que des gens tout aussi simples qu'elle.
Vous me direz : Pourquoi cette narration?
C'est pour vous rendre instruit de ma précaution.
Le résultat de tout est qu'en ami fidèle
Ce soir je vous invite à souper avec elle;
Je veux que vous puissiez un peu l'examiner,
Et voir si de mon choix on doit me condamner.

CHRYSALDE.

J'y consens.

ARNOLPHE.

Vous pourrez, dans cette conférence,
Juger de sa personne et de son innocence.

CHRYSALDE.

Pour cet article-là, ce que vous m'avez dit
Ne peut...

ARNOLPHE.

La vérité passe encor mon récit.
Dans ses simplicités à tous coups je l'admire,
Et parfois elle en dit dont je pâme de rire.
L'autre jour (pourroit-on se le persuader?)
Elle étoit fort en peine, et me vint demander,
Avec une innocence à nulle autre pareille,
Si les enfants qu'on fait se faisoient par l'oreille.

CHRYSALDE.

Je me réjouis fort, seigneur Arnolphe...

ARNOLPHE.

Bon!
Me voulez-vous toujours appeler de ce nom?

CHRYSALDE.

Ah! malgré que j'en aie, il me vient à la bouche,
Et jamais je ne songe à M. de La Souche.
Qui diable vous a fait aussi vous aviser,
A quarante-deux ans, de vous débaptiser,
Et d'un vieux tronc pourri de votre métairie
Vous faire dans le monde un nom de seigneurie?

ARNOLPHE.

Outre que la maison par ce nom se connoît,
La Souche plus qu'Arnolphe à mes oreilles plaît.

CHRYSALDE.

Quel abus de quitter le vrai nom de ses pères,
Pour en vouloir prendre un bâti sur des chimères!
De la plupart des gens c'est la démangeaison;
Et, sans vous embrasser dans la comparaison,
Je sais un paysan qu'on appeloit Gros-Pierre,
Qui, n'ayant pour tout bien qu'un seul quartier de terre,
Y fit tout alentour faire un fossé bourbeux,
Et de monsieur de l'Isle en prit le nom pompeux.

ARNOLPHE.

Vous pourriez vous passer d'exemple de la sorte.
Mais enfin de La Souche est le nom que je porte :
J'y vois de la raison, j'y trouve des appas;
Et m'appeler de l'autre est ne m'obliger pas.

CHRYSALDE.

Cependant la plupart ont peine à s'y soumettre,
Et je vois même encor des adresses de lettre...

ARNOLPHE.

Je le souffre aisément de qui n'est pas instruit ;
Mais vous...

CHRYSALDE.

Soit : là dessus nous n'aurons plus de bruit ;
Et je prendrai le soin d'accoutumer ma bouche
A ne vous plus nommer que monsieur de La Souche.

ARNOLPHE.

Adieu. Je frappe ici pour donner le bonjour,
Et dire seulement que je suis de retour.

CHRYSALDE, *à part, en s'en allant.*

Ma foi, je le tiens fou de toutes les manières.

ARNOLPHE, *seul.*

Il est un peu blessé de certaines matières.
Chose étrange de voir comme avec passion
Un chacun est chaussé de son opinion !
(*Il frappe à sa porte.*)
Holà !

SCÈNE II.

ARNOLPHE; ALAIN ET GEORGETTE
dans la maison.

ALAIN.

Qui heurte ?

ARNOLPHE.

(*à part.*)
Ouvrez. On aura, que je pense,
Grande joie de me voir après dix jours d'absence.

ALAIN.

Qui va là ?

ARNOLPHE.

Moi.

ALAIN.

Georgette?

GEORGETTE.

Hé bien?

ALAIN.

Ouvre là bas.

GEORGETTE.

Va-s-y, toi.

ALAIN.

Va-s-y, toi.

GEORGETTE.

Ma foi, je n'irai pas.

ALAIN.

Je n'irai pas aussi.

ARNOLPHE.

Belle cérémonie
Pour me laisser dehors! Holà, ho! je vous prie.

GEORGETTE.

Qui frappe?

ARNOLPHE.

Votre maître.

GEORGETTE.

Alain?

ALAIN.

Quoi?

GEORGETTE.

C'est monsieu.

Ouvre vite.

ACTE I, SCÈNE II.

ALAIN.
Ouvre, toi.

GEORGETTE.
Je souffle notre feu.

ALAIN.
J'empêche, peur du chat, que mon moineau ne sorte.

ARNOLPHE.
Quiconque de vous deux n'ouvrira pas la porte
N'aura point à manger de plus de quatre jours.
Ah!

GEORGETTE.
Par quelle raison y venir, quand j'y cours?

ALAIN.
Pourquoi plutôt que moi? Le plaisant strodagème!

GEORGETTE.
Ote-toi donc de là.

ALAIN.
Non, ôte-toi, toi-même.

GEORGETTE.
Je veux ouvrir la porte.

ALAIN.
Et je veux l'ouvrir, moi.

GEORGETTE.
Tu ne l'ouvriras pas.

ALAIN.
Ni toi non plus.

GEORGETTE.
Ni toi.

ARNOLPHE.
Il faut que j'aie ici l'ame bien patiente!

ALAIN, *en entrant.*

Au moins, c'est moi, monsieur.

GEORGETTE, *en entrant.*

Je suis votre servante ;
C'est moi.

ALAIN.

Sans le respect de monsieur que voilà,
Je te...

ARNOLPHE, *recevant un coup d'Alain.*

Peste!

ALAIN.

Pardon.

ARNOLPHE.

Voyez ce lourdaud-là !

ALAIN.

C'est elle aussi, monsieur.

ARNOLPHE.

Que tous deux on se taise !
Songez à me répondre, et laissons la fadaise.
Hé bien, Alain, comment se porte-t-on ici ?

ALAIN.

Monsieur, nous nous...
(*Arnolphe ôte le chapeau de dessus la tête d'Alain.*)
Monsieur, nous nous por...
(*Arnolphe l'ôte encore.*)
Dieu merci,
Nous nous...

ARNOLPHE, *ôtant le chapeau d'Alain pour la troisième fois, et le jetant par terre.*

Qui vous apprend, impertinente bête,

A parler devant moi le chapeau sur la tête?
ALAIN.
Vous faites bien, j'ai tort.
ARNOLPHE, à Alain.
Faites descendre Agnès.

SCÈNE III.

ARNOLPHE, GEORGETTE.

ARNOLPHE.
Lorsque je m'en allai, fut-elle triste après?
GEORGETTE.
Triste? Non.
ARNOLPHE.
Non!
GEORGETTE.
Si fait.
ARNOLPHE.
Pourquoi donc...
GEORGETTE.
Oui, je meure.
Elle vous croyoit voir de retour à toute heure;
Et nous n'oyions jamais passer devant chez nous,
Cheval, âne ou mulet, qu'elle ne prît pour vous.

SCÈNE IV.

ARNOLPHE, AGNÈS, ALAIN, GEORGETTE.

ARNOLPHE.

La besogne à la main! c'est un bon témoignage.
Hé bien, Agnès, je suis de retour du voyage :
En êtes-vous bien aise?

AGNÈS.

Oüi, monsieur, dieu merci.

ARNOLPHE.

Et moi de vous revoir je suis bien aise aussi.
Vous vous êtes toujours, comme on voit, bien portée?

AGNÈS.

Hors les puces, qui m'ont la nuit inquiétée.

ARNOLPHE.

Ah! vous aurez dans peu quelqu'un pour les chasser.

AGNÈS.

Vous me ferez plaisir.

ARNOLPHE.

Je le puis bien penser.
Que faites-vous donc là?

AGNÈS.

Je me fais des cornettes.
Vos chemises de nuit et vos coiffes sont faites.

ARNOLPHE.

Ah, voilà qui va bien! Allez, montez là haut:
Ne vous ennuyez point, je reviendrai tantôt,
Et je vous parlerai d'affaires importantes.

SCÈNE V.

ARNOLPHE.

Héroïnes du temps, mesdames les savantes,
Pousseuses de tendresse et de beaux sentiments,
Je défie à la fois tous vos vers, vos romans,
Vos lettres, billets doux, toute votre science,
De valoir cette honnête et pudique ignorance.
Ce n'est point par le bien qu'il faut être ébloui ;
Et pourvu que l'honneur soit...

SCÈNE VI.

HORACE, ARNOLPHE.

ARNOLPHE.
Que vois-je ! Est-ce... Oui.
Je me trompe. Nenni. Si fait. Non, c'est lui-même.
Hor...

HORACE.
Seigneur Ar...

ARNOLPHE.
Horace.

HORACE.
Arnolphe.

ARNOLPHE.
Ah, joie extrême !
Et depuis quand ici ?

HORACE.

Depuis neuf jours.

ARNOLPHE.

Vraiment?

HORACE.

Je fus d'abord chez vous, mais inutilement.

ARNOLPHE.

J'étois à la campagne...

HORACE.

Oui, depuis dix journées.

ARNOLPHE.

Oh! comme les enfants croissent en peu d'années!
J'admire de le voir au point où le voilà,
Après que je l'ai vu pas plus grand que cela.

HORACE.

Vous voyez.

ARNOLPHE.

Mais, de grace, Oronte votre père,
Mon bon et cher ami, que j'estime et révère,
Que fait-il à présent? Est-il toujours gaillard?
A tout ce qui le touche il sait que je prends part:
Nous ne nous sommes vus depuis quatre ans ensemble;
Ni, qui plus est, écrit l'un à l'autre, me semble.

HORACE.

Il est, seigneur Arnolphe, encor plus gai que nous:
Et j'avois de sa part une lettre pour vous;
Mais depuis, par une autre il m'apprend sa venue.
Et la raison encor ne m'en est pas connue.
Savez-vous qui peut être un de vos citoyens
Qui retourne en ces lieux avec beaucoup de biens

ACTE I, SCÈNE VI.

Qu'il s'est en quatorze ans acquis dans l'Amérique?

ARNOLPHE.

Non. Mais vous a-t-on dit comme on le nomme?

HORACE.

Enrique.

ARNOLPHE.

Non.

HORACE.

Mon père m'en parle, et qu'il est revenu,
Comme s'il devoit m'être entièrement connu,
Et m'écrit qu'en chemin ensemble ils se vont mettre,
Pour un fait important que ne dit pas sa lettre.

(*Horace remet la lettre d'Oronte à Arnolphe.*)

ARNOLPHE.

J'aurai certainement grande joie à le voir,
Et pour le régaler je ferai mon pouvoir.

(*Après avoir lu la lettre.*)

Il faut pour les amis des lettres moins civiles,
Et tous ces compliments sont choses inutiles.
Sans qu'il prît le souci de m'en écrire rien,
Vous pouvez librement disposer de mon bien.

HORACE.

Je suis homme à saisir les gens par leurs paroles,
Et j'ai présentement besoin de cent pistoles.

ARNOLPHE.

Ma foi, c'est m'obliger que d'en user ainsi,
Et je me réjouis de les avoir ici.
Gardez aussi la bourse.

HORACE.

Il faut...

ARNOLPHE.

                  Laissons ce style.
Hé bien! comment encor trouvez-vous cette ville?

HORACE.

Nombreuse en citoyens, superbe en bâtiments,
Et j'en crois merveilleux les divertissements.

ARNOLPHE.

Chacun a ses plaisirs qu'il se fait à sa guise :
Mais, pour ceux que du nom de galants on baptise,
Ils ont en ce pays de quoi se contenter,
Car les femmes y sont faites à coqueter;
On trouve d'humeur douce et la brune et la blonde,
Et les maris aussi les plus bénins du monde :
C'est un plaisir de prince, et des tours que je voi
Je me donne souvent la comédie à moi.
Peut-être en avez-vous déja féru [1] quelqu'une.
Vous est-il point encore arrivé de fortune?
Les gens faits comme vous font plus que les écus,
Et vous êtes de taille à faire des cocus.

HORACE.

A ne vous rien cacher de la vérité pure,
J'ai d'amour en ces lieux eu certaine aventure,
Et l'amitié m'oblige à vous en faire part.

ARNOLPHE, *à part*.

Bon! Voici de nouveau quelque conte gaillard;
Et ce sera de quoi mettre sur mes tablettes.

HORACE.

Mais, de grace, qu'au moins les choses soient secrètes.

---

[1] *Féru*, du verbe *férir* (frapper), vieux mot qui n'est plus en usage. Il est pris ici au figuré, et signifie inspirer de l'amour.

ACTE I, SCÈNE VI.

ARNOLPHE.

Oh!

HORACE.

Vous n'ignorez pas qu'en ces occasions
Un secret éventé rompt nos prétentions.
Je vous avouerai donc avec pleine franchise
Qu'ici d'une beauté mon ame s'est éprise.
Mes petits soins d'abord ont eu tant de succès,
Que je me suis chez elle ouvert un doux accès,
Et, sans trop me vanter ni lui faire une injure,
Mes affaires y sont en fort bonne posture.

ARNOLPHE, *en riant.*

Et c'est?

HORACE, *lui montrant le logis d'Agnès.*

Un jeune objet qui loge en ce logis
Dont vous voyez d'ici que les murs sont rougis;
Simple, à la vérité, par l'erreur sans seconde
D'un homme qui la cache au commerce du monde,
Mais qui, dans l'ignorance où l'on veut l'asservir,
Fait briller des attraits capables de ravir;
Un air tout engageant, je ne sais quoi de tendre,
Dont il n'est point de cœur qui se puisse défendre.
Mais peut-être il n'est pas que vous n'ayez bien vu
Ce jeune astre d'amour de tant d'attraits pourvu?
C'est Agnès qu'on l'appelle.

ARNOLPHE, *à part.*

Ah, je crève!

HORACE.

Pour l'homme,
C'est, je crois, de La Zousse, ou Source, qu'on le nomme,

Je ne me suis pas fort arrêté sur le nom :
Riche, à ce qu'on m'a dit; mais des plus sensés, non :
Et l'on m'en a parlé comme d'un ridicule.
Le connoissez-vous point?

ARNOLPHE, *à part*.
    La fâcheuse pilule!

HORACE.
Hé! vous ne dites mot?

ARNOLPHE.
   Hé! oui, je le connoi.

HORACE.
C'est un fou, n'est-ce pas?

ARNOLPHE.
   Hé...

HORACE.
    Qu'en dites-vous? Quoi?
Hé! c'est-à-dire oui. Jaloux à faire rire?
Sot? Je vois qu'il en est ce que l'on m'a pu dire.
Enfin l'aimable Agnès à su m'assujétir;
C'est un joli bijou, pour ne vous point mentir;
Et ce seroit péché qu'une beauté si rare
Fût laissée au pouvoir de cet homme bizarre.
Pour moi, tous mes efforts, tous mes vœux les plus doux
Vont à m'en rendre maître en dépit des jaloux;
Et l'argent que de vous j'emprunte avec franchise
N'est que pour mettre à bout cette juste entreprise.
Vous savez mieux que moi, quels que soient nos efforts,
Que l'argent est la clef de tous les grands ressorts,
Et que ce doux métal, qui frappe tant de têtes,
En amour, comme en guerre, avance les conquêtes.

Vous me semblez chagrin : seroit-ce qu'en effet
Vous désapprouveriez le dessein que j'ai fait?
ARNOLPHE.
Non, c'est que je songeois...
HORACE.
Cet entretien vous lasse.
Adieu. J'irai chez vous tantôt vous rendre grace.
ARNOLPHE, *se croyant seul.*
Ah! faut-il...
HORACE, *revenant.*
Derechef, veuillez être discret;
Et n'allez pas, de grace, éventer mon secret.
ARNOLPHE, *se croyant seul.*
Que je sens dans mon ame...
HORACE, *revenant.*
Et surtout à mon père,
Qui s'en feroit peut-être un sujet de colère.
ARNOLPHE, *croyant qu'Horace revient encore.*
Oh...

SCÈNE VII.

ARNOLPHE.

Oh, que j'ai souffert durant cet entretien!
Jamais trouble d'esprit ne fut égal au mien.
Avec quelle imprudence et quelle hâte extrême
Il m'est venu conter cette affaire à moi-même!
Bien que mon autre nom le tienne dans l'erreur,
Étourdi montra-t-il jamais tant de fureur?

Mais, ayant tant souffert, je devois me contraindre
Jusques à m'éclaircir de ce que je dois craindre,
A pousser jusqu'au bout son caquet indiscret,
Et savoir pleinement leur commerce secret.
Tâchons de le rejoindre, il n'est pas loin, je pense :
Tirons-en de ce fait l'entière confidence.
Je tremble du malheur qui m'en peut arriver,
Et l'on cherche souvent plus qu'on ne veut trouver.

FIN DU PREMIER ACTE.

ACTE SECOND.

SCÈNE I.

ARNOLPHE.

Il m'est, lorsque j'y pense, avantageux sans doute
D'avoir perdu mes pas, et pu manquer sa route :
Car enfin de mon cœur le trouble impérieux
N'eût pu se renfermer tout entier à ses yeux ;
Il eût fait éclater l'ennui qui me dévore,
Et je ne voudrois pas qu'il sût ce qu'il ignore.
Mais je ne suis pas homme à gober le morceau,
Et laisser le champ libre aux yeux d'un damoiseau ;
J'en veux rompre le cours, et, sans tarder, apprendre
Jusqu'où l'intelligence entre eux a pu s'étendre :
J'y prends pour mon honneur un notable intérêt ;
Je la regarde en femme aux termes qu'il en est ;
Elle n'a pu faillir sans me couvrir de honte,
Et tout ce qu'elle fait enfin est sur mon compte.
Éloignement fatal! voyage malheureux!
    (*Il frappe à sa porte.*)

SCÈNE II.

ARNOLPHE, ALAIN, GEORGETTE.

ALAIN.
Ah, monsieur! cette fois....

ARNOLPHE.

Paix. Venez çà tous deux.
Passez là, passez là. Venez là, venez, dis-je.

GEORGETTE.

Ah! vous me faites peur, et tout mon sang se fige.

ARNOLPHE.

C'est donc ainsi qu'absent vous m'avez obéi?
Et tous deux de concert vous m'avez donc trahi?

GEORGETTE, *tombant aux genoux d'Arnolphe.*

Hé! ne me mangez pas, monsieur, je vous conjure.

ALAIN, *à part.*

Quelque chien enragé l'a mordu, je m'assure.

ARNOLPHE, *à part.*

Ouf! Je ne puis parler, tant je suis prévenu[1];
Je suffoque, et voudrois me pouvoir mettre nu.
  (*à Alain et à Georgette.*)
Vous avez donc souffert, ô canaille maudite!
  (*à Alain qui veut s'enfuir.*)
Qu'un homme soit venu... Tu veux prendre la fuite!
  (*à Georgette.*)
Il faut que sur-le-champ... Si tu bouges... Je veux
  (*à Alain.*)
Que vous me disiez... Hé! oui, je veux que tous deux...
(*Alain et Georgette se lèvent, et veulent encore s'enfuir.*)
Quiconque remuera, par la mort! je l'assomme.
Comme est-ce que chez moi s'est introduit cet homme?
Hé! parlez. Dépêchez, vite, promptement, tôt,
Sans rêver. Veut-on dire?

---

[1] *Prévenu,* tourmenté, agité.

ALAIN ET GEORGETTE.
Ah, ah!

GEORGETTE, *retombant aux genoux d'Arnolphe*
Le cœur me faut.

ALAIN, *retombant aux genoux d'Arnolphe.*
Je meurs.

ARNOLPHE, *à part.*
Je suis en eau : prenons un peu d'haleine ;
Il faut que je m'évente et que je me promène.
Aurois-je deviné, quand je l'ai vu petit,
Qu'il croîtroit pour cela ? Ciel, que mon cœur pâtit !
Je pense qu'il vaut mieux que de sa propre bouche
Je tire avec douceur l'affaire qui me touche.
Tâchons à modérer notre ressentiment.
Patience, mon cœur, doucement, doucement.
(*à Alain et à Georgette.*)
Levez-vous, et, rentrant, faites qu'Agnès descende.
(*à part.*)
Arrêtez. Sa surprise en deviendroit moins grande :
Du chagrin qui me trouble ils iroient l'avertir,
Et moi-même je veux l'aller faire sortir.
(*à Alain et à Georgette.*)
Que l'on m'attende ici.

SCÈNE III.

ALAIN, GEORGETTE.

GEORGETTE.
Mon Dieu, qu'il est terrible !

Ses regards m'ont fait peur, mais une peur horrible;
Et jamais je ne vis un plus hideux chrétien.

ALAIN.

Ce monsieur l'a fâché; je te le disois bien.

GEORGETTE.

Mais que diantre est-ce là qu'avec tant de rudesse
Il nous fait au logis garder notre maîtresse?
D'où vient qu'à tout le monde il veut tant la cacher,
Et qu'il ne sauroit voir personne en approcher.

ALAIN.

C'est que cette action le met en jalousie.

GEORGETTE.

Mais d'où vient qu'il est pris de cette fantaisie?

ALAIN.

Cela vient... cela vient de ce qu'il est jaloux.

GEORGETTE.

Oui : mais pourquoi l'est-il? Et pourquoi ce courroux?

ALAIN.

C'est que la jalousie... entends-tu bien, Georgette?
Est une chose... la... qui fait qu'on s'inquiète...
Et qui chasse les gens d'autour d'une maison.
Je m'en vais te bailler une comparaison,
Afin de concevoir la chose davantage :
Dis-moi, n'est-il pas vrai, quand tu tiens ton potage,
Que, si quelque affamé venoit pour en manger,
Tu serois en colère, et voudrois le charger?

GEORGETTE.

Oui; je comprends cela.

ALAIN.

C'est justement tout comme.

La femme est en effet le potage de l'homme :
Et quand un homme voit d'autres hommes parfois
Qui veulent dans sa soupe aller tremper leurs doigts,
Il en montre aussitôt une colère extrême.

GEORGETTE.

Oui : mais pourquoi chacun n'en fait-il pas de même,
Et que nous en voyons qui paroissent joyeux
Lorsque leurs femmes sont avec de beaux monsieux ?

ALAIN.

C'est que chacun n'a pas cette amitié goulue
Qui n'en veut que pour soi.

GEORGETTE.

Si je n'ai la berlue,
Je le vois qui revient.

ALAIN.

Tes yeux sont bons; c'est lui.

GEORGETTE.

Vois comme il est chagrin.

ALAIN.

C'est qu'il a de l'ennui.

SCÈNE IV.

ARNOLPHE, ALAIN, GEORGETTE.

ARNOLPHE, *à part.*

Un certain Grec[1] disoit à l'empereur Auguste,
Comme une instruction utile autant que juste,

---

[1] Athénodore, philosophe de la cour d'Auguste.

Que lorsqu'une aventure en colère nous met,
Nous devons, avant tout, dire notre alphabet,
Afin que dans ce temps la bile se tempère,
Et qu'on ne fasse rien que l'on ne doive faire.
J'ai suivi sa leçon sur le sujet d'Agnès,
Et je la fais venir en ce lieu tout exprès,
Sous prétexte d'y faire un tour de promenade,
Afin que les soupçons de mon esprit malade
Puissent sur le discours la mettre adroitement.
Et, lui sondant le cœur, s'éclaircir doucement.

SCÈNE V.

ARNOLPHE, AGNÈS, ALAIN, GEORGETTE.

ARNOLPHE.

Venez, Agnès.

(*à Alain et à Georgette.*)
Rentrez.

SCÈNE VI.

ARNOLPHE, AGNÈS.

ARNOLPHE.
La promenade est belle.
AGNÈS.

Fort belle.

ARNOLPHE.
Le beau jour!

AGNÈS.
Fort beau.
ARNOLPHE.
Quelle nouvelle?
AGNÈS.
Le petit chat est mort.
ARNOLPHE.
C'est dommage; mais quoi!
Nous sommes tous mortels, et chacun est pour soi.
Lorsque j'étois aux champs n'a-t-il point fait de pluie?
AGNÈS.
Non.
ARNOLPHE.
Vous ennuyoit-il?
AGNÈS.
Jamais je ne m'ennuie.
ARNOLPHE.
Qu'avez-vous fait encor ces neuf ou dix jours-ci?
AGNÈS.
Six chemises, je pense, et six coiffes aussi.
ARNOLPHE, *après avoir un peu rêvé.*
Le monde, chère Agnès, est une étrange chose!
Voyez la médisance, et comme chacun cause!
Quelques voisins m'ont dit qu'un jeune homme inconnu
Étoit, en mon absence, à la maison venu;
Que vous aviez souffert sa vue et ses harangues:
Mais je n'ai point pris foi sur ces méchantes langues,
Et j'ai voulu gager que c'étoit faussement...
AGNÈS.
Mon dieu! ne gagez pas, vous perdriez vraiment.

ARNOLPHE.

Quoi! c'est la vérité qu'un homme...

AGNÈS.

Chose sûre.
Il n'a presque bougé de chez nous, je vous jure.

ARNOLPHE, *bas, à part.*

Cet aveu qu'elle fait avec sincérité
Me marque pour le moins son ingénuité.

(*haut.*)

Mais il me semble, Agnès, si ma mémoire est bonne,
Que j'avois défendu que vous vissiez personne.

AGNÈS.

Oui : mais quand je l'ai vu vous ignoriez pourquoi;
Et vous en auriez fait sans doute autant que moi.

ARNOLPHE.

Peut-être. Mais enfin contez-moi cette histoire.

AGNÈS.

Elle est fort étonnante, et difficile à croire.
J'étois sur le balcon à travailler au frais,
Lorsque je vis passer sous les arbres d'auprès
Un jeune homme bien fait, qui, rencontrant ma vue,
D'une humble révérence aussitôt me salue :
Moi, pour ne point manquer à la civilité,
Je fis la révérence aussi de mon côté.
Soudain il me refait une autre révérence;
Moi, j'en refais de même une autre en diligence;
Et lui d'une troisième aussitôt repartant,
D'une troisième aussi j'y repars à l'instant.
Il passe, vient, repasse, et toujours, de plus belle,
Me fait à chaque fois révérence nouvelle;

ACTE II, SCÈNE VI.

Et moi, qui tous ses tours fixement regardois,
Nouvelle révérence aussi je lui rendois;
Tant que, si sur ce point la nuit ne fût venue,
Toujours comme cela je me serois tenue,
Ne voulant point céder, ni recevoir l'ennui
Qu'il me pût estimer moins civile que lui.

ARNOLPHE.

Fort bien!

AGNÈS.

Le lendemain, étant sur notre porte,
Une vieille m'aborde, en parlant de la sorte :
« Mon enfant, le bon Dieu puisse-t-il vous bénir,
« Et dans tous vos attraits long-temps vous maintenir!
« Il ne vous a pas fait une belle personne
« Afin de mal user des choses qu'il vous donne;
« Et vous devez savoir que vous avez blessé
« Un cœur qui de s'en plaindre est aujourd'hui forcé. »

ARNOLPHE, *à part.*

Ah, suppôt de Satan! exécrable damnée!

AGNÈS.

Moi, j'ai blessé quelqu'un! fis-je tout étonnée.
« Oui, dit-elle, blessé, mais blessé tout de bon;
« Et c'est l'homme qu'hier vous vîtes au balcon. »
Hélas! qui pourroit, dis-je, en avoir été cause?
Sur lui, sans y penser, fis-je choir quelque chose?
« Non, dit-elle; vos yeux ont fait ce coup fatal,
« Et c'est de leurs regards qu'est venu tout son mal. »
Hé, mon Dieu! ma surprise est, fis-je, sans seconde;
Mes yeux ont-ils du mal pour en donner au monde?
« Oui, fit-elle, vos yeux, pour causer le trépas,

« Ma fille, ont un venin que vous ne savez pas.
« En un mot, il languit, le pauvre misérable ;
« Et s'il faut, poursuivit la vieille charitable,
« Que votre cruauté lui refuse un secours,
« C'est un homme à porter en terre dans deux jours. »
Mon Dieu ! j'en aurois, dis-je, une douleur bien grande.
Mais, pour le secourir, qu'est-ce qu'il me demande ?
« Mon enfant, me dit-elle, il ne veut obtenir
« Que le bien de vous voir et vous entretenir ;
« Vos yeux peuvent eux seuls empêcher sa ruine,
« Et du mal qu'ils ont fait être la médecine. »
Hélas ! volontiers, dis-je ; et puisqu'il est ainsi,
Il peut, tant qu'il voudra, me venir voir ici.

ARNOLPHE, *à part.*

Ah ! sorcière maudite, empoisonneuse d'ames,
Puisse l'enfer payer tes charitables trames !

AGNÈS.

Voilà comme il me vit, et reçut guérison.
Vous-même, à votre avis, n'ai-je pas eu raison ?
Et pouvois-je, après tout, avoir la conscience
De le laisser mourir faute d'une assistance ?
Moi qui compatis tant aux gens qu'on fait souffrir,
Et ne puis, sans pleurer, voir un poulet mourir !

ARNOLPHE, *bas, à part.*

Tout cela n'est parti que d'une ame innocente ;
Et j'en dois accuser mon absence imprudente,
Qui sans guide a laissé cette bonté de mœurs
Exposée aux aguets des rusés séducteurs.
Je crains que le pendard, dans ses vœux téméraires,
Un peu plus fort que jeu n'ait poussé les affaires.

AGNÈS.

Qu'avez-vous? Vous grondez, ce me semble, un petit[1] :
Est-ce que c'est mal fait ce que je vous ai dit?

ARNOLPHE.

Non. Mais de cette vue apprenez-moi les suites,
Et comme le jeune homme a passé ses visites.

AGNÈS.

Hélas! si vous saviez comme il étoit ravi,
Comme il perdit son mal, sitôt que je le vi:
Le présent qu'il m'a fait d'une belle cassette,
Et l'argent qu'en ont eu notre Alain et Georgette,
Vous l'aimeriez sans doute, et diriez comme nous...

ARNOLPHE.

Oui. Mais que faisoit-il étant seul avec vous?

AGNÈS.

Il disoit qu'il m'aimoit d'une amour sans seconde,
Et me disoit des mots les plus gentils du monde,
Des choses que jamais rien ne peut égaler,
Et dont toutes les fois que je l'entends parler,
La douceur me chatouille, et là dedans remue
Certain je ne sais quoi dont je suis tout émue.

ARNOLPHE, *bas, à part.*

O fâcheux examen d'un mystère fatal,
Où l'examinateur souffre seul tout le mal!

(*haut.*)

Outre tous ces discours, toutes ces gentillesses,
Ne vous faisoit-il point aussi quelques caresses?

---

[1] *Un petit,* pour *un peu.*

AGNÈS.

Oh tant! il me prenoit et les mains et les bras;
Et de me les baiser il n'étoit jamais las.

ARNOLPHE.

Ne vous a-t-il point pris, Agnès, quelque autre chose?
(*la voyant interdite.*)
Ouf!

AGNÈS.

Hé! il m'a...

ARNOLPHE.

Quoi?

AGNÈS.

Pris...

ARNOLPHE.

Hé!

AGNÈS.

Le...

ARNOLPHE.

Plaît-il?

AGNÈS.

Je n'ose,
Et vous vous fâcherez peut-être contre moi.

ARNOLPHE.

Non.

AGNÈS.

Si fait.

ARNOLPHE.

Mon dieu! non.

AGNÈS.

Jurez donc votre foi.

ACTE II, SCÈNE VI.

ARNOLPHE.

Ma foi, soit.

AGNÈS.

Il m'a pris... Vous serez en colère.

ARNOLPHE.

Non.

AGNÈS.

Si.

ARNOLPHE.

Non, non, non, non. Diantre, que de mystère !
Qu'est-ce qu'il vous a pris ?

AGNÈS.

Il...

ARNOLPHE, *à part*.

Je souffre en damné.

AGNÈS.

Il m'a pris le ruban que vous m'aviez donné.
A vous dire le vrai, je n'ai pu m'en défendre.

ARNOLPHE, *reprenant haleine*.

Passe pour le ruban. Mais je voulois apprendre
S'il ne vous a rien fait que vous baiser les bras.

AGNÈS.

Comment ! est-ce qu'on fait d'autres choses ?

ARNOLPHE.

Non pas.
Mais pour guérir du mal qu'il dit qui le possède,
N'a-t-il pas exigé de vous d'autre remède ?

AGNÈS.

Non. Vous pouvez juger, s'il en eût demandé,
Que, pour le secourir, j'aurois tout accordé.

ARNOLPHE, *bas, à part.*

Grace aux bontés du ciel, j'en suis quitte à bon compte :
Si j'y retombe plus, je veux bien qu'on m'affronte [1].

(*haut.*)

Chut. De votre innocence, Agnès, c'est un effet ;
Je ne vous en dis mot. Ce qui s'est fait est fait.
Je sais qu'en vous flattant le galant ne désire
Que de vous abuser, et puis après s'en rire.

AGNÈS.

Oh! point. Il me l'a dit plus de vingt fois à moi.

ARNOLPHE.

Ah! vous ne savez pas ce que c'est que sa foi.
Mais enfin apprenez qu'accepter des cassettes,
Et de ces beaux blondins écouter les sornettes ;
Que se laisser par eux, à force de langueur,
Baiser ainsi les mains et chatouiller le cœur,
Est un péché mortel des plus gros qu'il se fasse.

AGNÈS.

Un péché, dites-vous ? Et la raison, de grace ?

ARNOLPHE.

La raison ? La raison est l'arrêt prononcé
Que par ces actions le ciel est courroucé.

AGNÈS.

Courroucé! Mais pourquoi faut-il qu'il s'en courrouce ?
C'est une chose, hélas, si plaisante et si douce !
J'admire quelle joie on goûte à tout cela,
Et je ne savois point encor ces choses-là.

---

[1] *Qu'on m'affronte*, pour *qu'on me fasse un affront*.

ACTE II, SCÈNE VI.

ARNOLPHE.
Oui, c'est un grand plaisir que toutes ces tendresses,
Ces propos si gentils, et ces douces caresses;
Mais il faut le goûter en toute honnêteté,
Et qu'en se mariant le crime en soit ôté.

AGNÈS.
N'est-ce plus un péché lorsque l'on se marie?

ARNOLPHE.
Non.

AGNÈS.
Mariez-moi donc promptement, je vous prie.

ARNOLPHE.
Si vous le souhaitez, je le souhaite aussi;
Et pour vous marier on me revoit ici.

AGNÈS.
Est-il possible?

ARNOLPHE.
Oui.

AGNÈS.
Que vous me ferez aise!

ARNOLPHE.
Oui, je ne doute point que l'hymen ne vous plaise.

AGNÈS.
Vous nous voulez nous deux...

ARNOLPHE.
Rien de plus assuré.

AGNÈS.
Que, si cela se fait, je vous caresserai!

ARNOLPHE.
Hé! la chose sera de ma part réciproque.

AGNÈS.

Je ne reconnois point, pour moi, quand on se moque;
Parlez-vous tout de bon?

ARNOLPHE.

Oui, vous le pourrez voir.

AGNÈS.

Nous serons mariés?

ARNOLPHE.

Oui.

AGNÈS.

Mais quand?

ARNOLPHE.

Dès ce soir.

AGNÈS, *riant.*

Dès ce soir!

ARNOLPHE.

Dès ce soir. Cela vous fait donc rire?

AGNÈS.

Oui.

ARNOLPHE.

Vous voir bien contente est ce que je désire.

AGNÈS.

Hélas! que je vous ai grande obligation,
Et qu'avec lui j'aurai de satisfaction!

ARNOLPHE.

Avec qui?

AGNÈS.

Avec... La...

ARNOLPHE.

La... La n'est pas mon compte.

A choisir un mari vous êtes un peu prompte.
C'est un autre, en un mot, que je vous tiens tout prêt.
Et quant au monsieur La, je prétends, s'il vous plaît,
Dût le mettre au tombeau le mal dont il vous berce,
Qu'avec lui désormais vous rompiez tout commerce;
Que, venant au logis, pour votre compliment
Vous lui fermiez au nez la porte honnêtement,
Et, lui jetant, s'il heurte, un grès par la fenêtre,
L'obligiez tout de bon à ne plus y paroître.
M'entendez-vous, Agnès? Moi, caché dans un coin,
De votre procédé je serai le témoin.

AGNÈS.

Las, il est si bien fait! C'est...

ARNOLPHE.

                       Ah, que de langage!

AGNÈS.

Je n'aurai pas le cœur...

ARNOLPHE.

                 Point de bruit davantage.

Montez là-haut.

AGNÈS.

       Mais, quoi! voulez-vous...

ARNOLPHE.

                           C'est assez.

Je suis maître, je parle; allez, obéissez.

FIN DU SECOND ACTE.

ACTE TROISIÈME.

SCÈNE I.

ARNOLPHE, AGNÈS, ALAIN, GEORGETTE.

ARNOLPHE.

Oui, tout a bien été, ma joie est sans pareille :
Vous avez là suivi mes ordres à merveille,
Confondu de tout point le blondin séducteur ;
Et voilà de quoi sert un sage directeur.
Votre innocence, Agnès, avoit été surprise :
Voyez, sans y penser, où vous vous étiez mise.
Vous enfiliez tout droit, sans mon instruction [1],
Le grand chemin d'enfer et de perdition.
De tous ces damoiseaux on sait trop les coutumes :
Ils ont de beaux canons, force rubans et plumes,
Grands cheveux, belles dents, et des propos fort doux ;
Mais, comme je vous dis, la griffe est là dessous,
Et ce sont vrais satans, dont la gueule altérée
De l'honneur féminin cherche à faire curée [2].
Mais encore une fois, grace au soin apporté,
Vous en êtes sortie avec honnêteté.

---

[1] On supprimoit, du vivant de Molière, huit vers, à partir de celui-ci.

[2] *Faire curée*, au propre, *donner de la pâture aux chiens de chasse;* et au figuré, tel qu'il est employé ici, *détruire.*

ACTE III, SCÈNE II.

L'air dont je vous ai vu lui jeter une pierre,
Qui de tous ses desseins a mis l'espoir par terre,
Me confirme encor mieux à ne point différer
Les noces où j'ai dit qu'il vous faut préparer.
Mais avant toute chose, il est bon de vous faire
Quelque petit discours qui vous soit salutaire.
(à Georgette et à Alain.)
Un siége au frais ici. Vous, si jamais en rien...

GEORGETTE.

De toutes vos leçons nous nous souviendrons bien.
Cet autre monsieur-là nous en faisoit accroire.
Mais...

ALAIN.

S'il entre jamais, je veux jamais ne boire.
Aussi bien est-ce un sot; il nous a l'autre fois
Donné deux écus d'or qui n'étoient pas de poids.

ARNOLPHE.

Ayez donc pour souper tout ce que je désire;
Et pour notre contrat, comme je viens de dire,
Faites venir ici, l'un ou l'autre au retour,
Le notaire qui loge au coin du carrefour.

SCÈNE II.

ARNOLPHE, AGNÈS.

ARNOLPHE, *assis.*

Agnès, pour m'écouter, laissez là votre ouvrage :
Levez un peu la tête, et tournez le visage;
(Mettant le doigt sur son front.)
La : regardez-moi là durant cet entretien;

Et, jusqu'au moindre mot, imprimez-le-vous bien.
Je vous épouse, Agnès; et cent fois la journée
Vous devez bénir l'heur de votre destinée,
Contempler la bassesse où vous avez été,
Et dans le même temps admirer ma bonté,
Qui, de ce vil état de pauvre villageoise,
Vous fait monter au rang d'honorable bourgeoise,
Et jouir de la couche et des embrassements
D'un homme qui fuyoit tous ces engagements,
Et dont à vingt partis, fort capables de plaire,
Le cœur a refusé l'honneur qu'il vous veut faire.
Vous devez toujours, dis-je, avoir devant les yeux
Le peu que vous étiez sans ce nœud glorieux,
Afin que cet objet d'autant mieux vous instruise
A mériter l'état où je vous aurai mise;
A toujours vous connoître, et faire qu'à jamais
Je puisse me louer de l'acte que je fais.
Le mariage, Agnès, n'est pas un badinage:
A d'austères devoirs le rang de femme engage;
Et vous n'y montez pas, à ce que je prétends,
Pour être libertine et prendre du bon temps.
Votre sexe n'est là que pour la dépendance:
Du côté de la barbe est la toute-puissance.
Bien qu'on soit deux moitiés de la société,
Ces deux moitiés pourtant n'ont point d'égalité:
L'une est moitié suprême et l'autre subalterne;
L'une en tout est soumise à l'autre qui gouverne;
Et ce que le soldat, dans son devoir instruit,
Montre d'obéissance au chef qui le conduit,
Le valet à son maître, un enfant à son père,

A son supérieur le moindre petit frère,
N'approche point encor de la docilité,
Et de l'obéissance, et de l'humilité,
Et du profond respect où la femme doit être
Pour son mari, son chef, son seigneur et son maître.
Lorsqu'il jette sur elle un regard sérieux,
Son devoir aussitôt est de baisser les yeux,
Et de n'oser jamais le regarder en face
Que quand d'un doux regard il lui veut faire grace.
C'est ce qu'entendent mal les femmes d'aujourd'hui;
Mais ne vous gâtez pas sur l'exemple d'autrui.
Gardez-vous d'imiter ces coquettes vilaines
Dont par toute la ville on chante les fredaines,
Et de vous laisser prendre aux assauts du malin,
C'est-à-dire d'ouïr aucun jeune blondin.
Songez qu'en vous faisant moitié de ma personne,
C'est mon honneur, Agnès, que je vous abandonne;
Que cet honneur est tendre, et se blesse de peu;
Que sur un tel sujet il ne faut point de jeu,
Et qu'il est aux enfers des chaudières bouillantes
Où l'on plonge à jamais les femmes malvivantes.
Ce que je vous dis là ne sont point des chansons;
Et vous devez du cœur dévorer ces leçons.
Si votre ame les suit, et fuit d'être coquette,
Elle sera toujours, comme un lis, blanche et nette:
Mais, s'il faut qu'à l'honneur elle fasse un faux bond,
Elle deviendra lors noire comme un charbon;
Vous paroîtrez à tous un objet effroyable,
Et vous irez un jour, vrai partage du diable,
Bouillir dans les enfers à toute éternité;

Dont vous veuille garder la céleste bonté!
Faites la révérence. Ainsi qu'une novice,
Par cœur, dans le couvent, doit savoir son office,
Entrant au mariage il en faut faire autant;
Et voici, dans ma poche, un écrit important
Qui vous enseignera l'office de la femme.
J'en ignore l'auteur, mais c'est quelque bonne ame;
Et je veux que ce soit votre unique entretien.
    (*Il se lève.*)
Tenez. Voyons un peu si vous le lirez bien.

AGNÈS *lit.*

LES MAXIMES DU MARIAGE,

ou

LES DEVOIRS DE LA FEMME MARIÉE.

AVEC SON EXERCICE JOURNALIER.

PREMIÈRE MAXIME.

Celle qu'un lien honnête
Fait entrer au lit d'autrui
Doit se mettre dans la tête,
Malgré le train d'aujourd'hui,
Que l'homme qui la prend ne la prend que pour lui.

ARNOLPHE.

Je vous expliquerai ce que cela veut dire;
Mais, pour l'heure présente, il ne faut rien que lire.

ACTE III, SCÈNE II.

AGNÈS poursuit.

DEUXIÈME MAXIME.

Elle ne se doit parer
Qu'autant que peut désirer
Le mari qui la possède :
C'est lui que touche seul le soin de sa beauté ;
Et pour rien doit être compté
Que les autres la trouvent laide.

TROISIÈME MAXIME.

Loin ces études d'œillades,
Ces eaux, ces blancs, ces pommades,
Et mille ingrédients qui font des teints fleuris :
A l'honneur, tous les jours, ce sont drogues mortelles ;
Et les soins de paroître belles
Se prennent peu pour les maris.

QUATRIÈME MAXIME.

Sous sa coiffe, en sortant, comme l'honneur l'ordonne,
Il faut que de ses yeux elle étouffe les coups ;
Car, pour bien plaire à son époux,
Elle ne doit plaire à personne.

CINQUIÈME MAXIME.

Hors ceux dont au mari la visite se rend,
La bonne règle défend
De recevoir aucune ame :
Ceux qui de galante humeur
N'ont affaire qu'à madame
N'accommodent pas monsieur.

SIXIÈME MAXIME.

Il faut des présents des hommes
    Qu'elle se défende bien;
    Car, dans le siècle où nous sommes,
    On ne donne rien pour rien.

SEPTIÈME MAXIME.

Dans ses meubles, dût-elle en avoir de l'ennui,
Il ne faut écritoire, encre, papier, ni plumes:
    Le mari doit, dans les bonnes coutumes,
    Écrire tout ce qui s'écrit chez lui.

HUITIÈME MAXIME.

    Ces sociétés déréglées
    Qu'on nomme belles assemblées,
Des femmes tous les jours corrompent les esprits:
En bonne politique on les doit interdire;
    Car c'est là que l'on conspire
    Contre les pauvres maris.

NEUVIÈME MAXIME.

Toute femme qui veut à l'honneur se vouer
    Doit se défendre de jouer,
    Comme d'une chose funeste:
    Car le jeu, fort décevant,
    Pousse une femme souvent
    A jouer de tout son reste.

DIXIÈME MAXIME.

    Des promenades du temps,
    Ou repas qu'on donne aux champs,

Il ne faut point qu'elle essaie.
Selon les prudents cerveaux,
Le mari dans ces cadeaux,
Est toujours celui qu'on paie.

ONZIÈME MAXIME.

ARNOLPHE.

Vous achèverez seule; et, pas à pas, tantôt,
Je vous expliquerai ces choses comme il faut.
Je me suis souvenu d'une petite affaire :
Je n'ai qu'un mot à dire, et ne tarderai guère.
Rentrez; et conservez ce livre chèrement.
Si le notaire vient, qu'il m'attende un moment.

SCÈNE III.

ARNOLPHE.

Je ne puis faire mieux que d'en faire ma femme.
Ainsi que je voudrai, je tournerai cette ame;
Comme un morceau de cire entre mes mains elle est,
Et je lui puis donner la forme qui me plaît.
Il s'en est peu fallu que, durant mon absence [1],
On ne m'ait attrapé par son trop d'innocence;
Mais il vaut beaucoup mieux, à dire vérité,
Que la femme qu'on a pèche de ce côté.
De ces sortes d'erreurs le remède est facile.

[1] On retranchoit, du temps de Molière, dans cette scène, huit vers commençant par, *Il s'en est peu fallu*, etc., et huit autres encore du même monologue, commençant par, *De ce qu'elle s'y met*, etc.

Toute personne simple aux leçons est docile;
Et, si du bon chemin on la fait écarter,
Deux mots incontinent l'y peuvent rejeter.
Mais une femme habile est bien une autre bête :
Notre sort ne dépend que de sa seule tête,
De ce qu'elle s'y met rien ne la fait gauchir[1],
Et nos enseignements ne font là que blanchir :
Son bel esprit lui sert à railler nos maximes,
A se faire souvent des vertus de ses crimes,
Et trouver, pour venir à ses coupables fins,
Des détours à duper l'adresse des plus fins.
Pour se parer du coup en vain on se fatigue :
Une femme d'esprit est un diable en intrigue;
Et, dès que son caprice a prononcé tout bas
L'arrêt de notre honneur, il faut passer le pas :
Beaucoup d'honnêtes gens en pourroient bien que dire.
Enfin mon étourdi n'aura pas lieu d'en rire;
Par son trop de caquet il a ce qu'il lui faut.
Voilà de nos François l'ordinaire défaut :
Dans la possession d'une bonne fortune,
Le secret est toujours ce qui les importune;
Et la vanité sotte a pour eux tant d'appas,
Qu'ils se pendroient plutôt que de ne causer pas.
Oh! que les femmes sont du diable bien tentées,
Lorsqu'elles vont choisir ces têtes éventées!
Et que... Mais le voici. Cachons-nous toujours bien,
Et découvrons un peu quel chagrin est le sien.

[1] *Gauchir*, détourner.

SCÈNE IV.

HORACE, ARNOLPHE.

HORACE.

Je reviens de chez vous, et le destin me montre
Qu'il n'a pas résolu que je vous y rencontre.
Mais j'irai tant de fois, qu'enfin quelque moment...

ARNOLPHE.

Hé, mon dieu! n'entrons point dans ce vain compliment:
Rien ne me fâche tant que ces cérémonies;
Et, si l'on m'en croyoit, elles seroient bannies.
C'est un maudit usage, et la plupart des gens
Y perdent sottement les deux tiers de leur temps.
 (*Il se couvre.*)
Mettons donc sans façon. Hé bien! vos amourettes?
Puis-je, seigneur Horace, apprendre où vous en êtes?
J'étois tantôt distrait par quelque vision;
Mais depuis là dessus j'ai fait réflexion.
De vos premiers progrès j'admire la vitesse,
Et dans l'événement mon ame s'intéresse.

HORACE.

Ma foi, depuis qu'à vous s'est découvert mon cœur,
Il est à mon amour arrivé du malheur.

ARNOLPHE.

Oh, oh! comment cela?

HORACE.

          La fortune cruelle
A ramené des champs le patron de la belle.

ARNOLPHE.

Quel malheur!

HORACE.

Et de plus, à mon très grand regret,
Il a su de nous deux le commerce secret.

ARNOLPHE.

D'où diantre a-t-il sitôt appris cette aventure?

HORACE.

Je ne sais : mais enfin c'est une chose sûre.
Je pensois aller rendre, à mon heure à peu près,
Ma petite visite à ses jeunes attraits,
Lorsque, changeant pour moi de ton et de visage,
Et servante et valet m'ont bouché le passage,
Et d'un « Retirez-vous, vous nous importunez, »
M'ont assez rudement fermé la porte au nez.

ARNOLPHE.

La porte au nez!

HORACE.

Au nez.

ARNOLPHE.

La chose est un peu forte.

HORACE.

J'ai voulu leur parler au travers de la porte;
Mais, à tous mes propos, ce qu'ils ont répondu,
C'est : « Vous n'entrerez point, monsieur l'a défendu. »

ARNOLPHE.

Ils n'ont donc point ouvert?

HORACE.

Non. Et de la fenêtre
Agnès m'a confirmé le retour de ce maître,

ACTE III, SCÈNE IV.

En me chassant de là d'un ton plein de fierté,
Accompagné d'un grès que sa main a jeté.

ARNOLPHE.

Comment, d'un grès!

HORACE.

D'un grès de taille non petite,
Dont on a par ses mains régalé ma visite.

ARNOLPHE.

Diantre, ce ne sont pas des prunes que cela!
Et je trouve fâcheux l'état où vous voilà.

HORACE.

Il est vrai, je suis mal par ce retour funeste.

ARNOLPHE.

Certes, j'en suis fâché pour vous, je vous proteste.

HORACE.

Cet homme me rompt tout.

ARNOLPHE.

Oui; mais cela n'est rien,
Et de vous raccrocher vous trouverez moyen.

HORACE.

Il faut bien essayer, par quelque intelligence,
De vaincre du jaloux l'exacte vigilance.

ARNOLPHE.

Cela vous est facile, et la fille, après tout,
Vous aime.

HORACE.

Assurément.

ARNOLPHE.

Vous en viendrez à bout.

HORACE.

Je l'espère.

ARNOLPHE.

Le grès vous a mis en déroute ;
Mais cela ne doit pas vous étonner.

HORACE.

Sans doute ;
Et j'ai compris d'abord que mon homme étoit là,
Qui, sans se faire voir conduisoit tout cela.
Mais ce qui m'a surpris, et qui va vous surprendre,
C'est un autre incident que vous allez entendre ;
Un trait hardi qu'a fait cette jeune beauté,
Et qu'on n'attendroit point de sa simplicité.
Il le faut avouer, l'amour est un grand maître :
Ce qu'on ne fut jamais, il nous enseigne à l'être ;
Et souvent de nos mœurs l'absolu changement
Devient par ses leçons l'ouvrage d'un moment.
De la nature en nous il force les obstacles,
Et ses effets soudains ont de l'air des miracles.
D'un avare à l'instant il fait un libéral,
Un vaillant d'un poltron, un civil d'un brutal :
Il rend agile à tout l'ame la plus pesante,
Et donne de l'esprit à la plus innocente.
Oui, ce dernier miracle éclate dans Agnès,
Car, tranchant avec moi par ces termes exprès,
« Retirez-vous, mon ame aux visites renonce,
« Je sais tous vos discours, et voilà ma réponse, »
Cette pierre ou ce grès, dont vous vous étonniez,
Avec un mot de lettre est tombée à mes pieds ;
Et j'admire de voir cette lettre ajustée

Avec le sens des mots et la pierre jetée.
D'une telle action n'êtes-vous pas surpris?
L'amour sait-il pas l'art d'aiguiser les esprits?
Et peut-on me nier que ses flammes puissantes
Ne fassent dans un cœur des choses étonnantes?
Que dites-vous du tour et de ce mot d'écrit?
Hé! n'admirez-vous point cette adresse d'esprit?
Trouvez-vous pas plaisant de voir quel personnage
A joué mon jaloux dans tout ce badinage?
Dites.

ARNOLPHE.

Oui, fort plaisant.

HORACE.

Riez-en donc un peu.
(*Arnolphe rit d'un air forcé.*)
Cet homme gendarmé d'abord contre mon feu,
Qui chez lui se retranche, et de grès fait parade,
Comme si j'y voulois entrer par escalade,
Qui, pour me repousser, dans son bizarre effroi,
Anime du dedans tous ses gens contre moi,
Et qu'abuse à ses yeux, par sa machine même,
Celle qu'il veut tenir dans l'ignorance extrême!
Pour moi, je vous l'avoue, encor que son retour
En un grand embarras jette ici mon amour,
Je tiens cela plaisant autant qu'on sauroit dire :
Je ne puis y songer sans de bon cœur en rire;
Et vous n'en riez pas assez, à mon avis.

ARNOLPHE, *avec un ris forcé.*

Pardonnez-moi, j'en ris tout autant que je puis.

HORACE.

Mais il faut qu'en ami je vous montre sa lettre.
Tout ce que son cœur sent, sa main a su l'y mettre,
Mais en termes touchants et tout pleins de bonté,
De tendresse innocente et d'ingénuité,
De la manière enfin que la pure nature
Exprime de l'amour la première blessure.

ARNOLPHE, *bas, à part.*

Voilà, friponne, à quoi l'écriture te sert!
Et, contre mon dessein, l'art t'en fut découvert.

HORACE *lit.*

« Je veux vous écrire, et je suis bien en peine par
« où je m'y prendrai. J'ai des pensées que je désirerois
« que vous sussiez; mais je ne sais comment faire pour
« vous les dire, et je me défie de mes paroles. Comme
« je commence à connoître qu'on m'a toujours tenue
« dans l'ignorance, j'ai peur de mettre quelque chose
« qui ne soit pas bien, et d'en dire plus que je ne de-
« vrois. En vérité, je ne sais ce que vous m'avez fait;
« mais je sens que je suis fâchée à mourir de ce qu'on
« me fait faire contre vous, que j'aurai toutes les
« peines du monde à me passer de vous, et que je se-
« rois bien aise d'être à vous. Peut-être qu'il y a du
« mal à dire cela; mais enfin je ne puis m'empêcher de
« le dire, et je voudrois que cela se pût faire sans qu'il
« y en eût. On me dit fort que tous les jeunes hommes
« sont des trompeurs, qu'il ne les faut point écouter,
« et que tout ce que vous me dites n'est que pour
« m'abuser : mais je vous assure que je n'ai pu encore

« me figurer cela de vous; et je suis si touchée de vos
« paroles, que je ne saurois croire qu'elles soient men-
« teuses. Dites-moi franchement ce qui en est : car
« enfin, comme je suis sans malice, vous auriez le plus
« grand tort du monde si vous me trompiez, et je
« pense que j'en mourrois de déplaisir. »

ARNOLPHE, *à part.*

Hon, chienne!

HORACE.

Qu'avez-vous?

ARNOLPHE.

Moi? rien. C'est que je tousse.

HORACE.

Avez-vous jamais vu d'expression plus douce?
Malgré les soins maudits d'un injuste pouvoir,
Un plus beau naturel se peut-il faire voir?
Et n'est-ce pas sans doute un crime punissable
De gâter méchamment ce fonds d'ame admirable,
D'avoir, dans l'ignorance et la stupidité,
Voulu de cet esprit étouffer la clarté?
L'amour a commencé d'en déchirer le voile;
Et si, par la faveur de quelque bonne étoile,
Je puis, comme j'espère, à ce franc animal,
Ce traître, ce bourreau, ce faquin, ce brutal...

ARNOLPHE.

Adieu.

HORACE.

Comment! si vite?

ARNOLPHE.

Il m'est dans la pensée

Venu tout maintenant une affaire pressée.

HORACE.

Mais ne sauriez-vous point, comme on la tient de près,
Qui dans cette maison pourroit avoir accès?
J'en use sans scrupule; et ce n'est pas merveille
Qu'on se puisse, entre amis, servir à la pareille[1].
Je n'ai plus là dedans que gens pour m'observer;
Et servante et valet, que je viens de trouver,
N'ont jamais, de quelque air que je m'y sois pu prendre,
Adouci leur rudesse à me vouloir entendre.
J'avois pour de tels coups certaine vieille en main,
D'un génie, à vrai dire, au-dessus de l'humain :
Elle m'a dans l'abord servi de bonne sorte;
Mais, depuis quatre jours, la pauvre femme est morte.
Ne me pourriez-vous point ouvrir quelque moyen?

ARNOLPHE.

Non, vraiment; et sans moi vous en trouverez bien.

HORACE.

Adieu donc. Vous voyez ce que je vous confie.

SCÈNE V.

ARNOLPHE.

Comme il faut devant lui que je me mortifie!
Quelle peine à cacher mon déplaisir cuisant!
Quoi, pour une innocente un esprit si présent!
Elle a feint d'être telle à mes yeux, la traîtresse,

---

[1] *Servir à la pareille*, à charge de revanche.

ACTE III, SCÈNE V.

Ou le diable à son ame a soufflé cette adresse;
Enfin, me voilà mort par ce funeste écrit.
Je vois qu'il a, le traître, empaumé son esprit,
Qu'à ma suppression il s'est ancré chez elle;
Et c'est mon désespoir et ma peine mortelle.
Je souffre doublement dans le vol de son cœur;
Et l'amour y pâtit aussi bien que l'honneur.
J'enrage de trouver cette place usurpée,
Et j'enrage de voir ma prudence trompée.
Je sais que, pour punir son amour libertin,
Je n'ai qu'à laisser faire à son mauvais destin,
Que je serois vengé d'elle par elle-même :
Mais il est bien fâcheux de perdre ce qu'on aime.
Ciel! puisque pour un choix j'ai tant philosophé,
Faut-il de ses appas m'être si fort coiffé!
Elle n'a ni parents, ni support, ni richesse;
Elle trahit mes soins, mes bontés, ma tendresse :
Et cependant je l'aime après ce lâche tour,
Jusqu'à ne me pouvoir passer de cet amour.
Sot! n'as-tu point de honte? Ah! je crève, j'enrage,
Et je souffleterois mille fois mon visage.
Je veux entrer un peu, mais seulement pour voir
Quelle est sa contenance après un trait si noir.
Ciel, faites que mon front soit exempt de disgrace;
Ou bien, s'il est écrit qu'il faille que j'y passe,
Donnez-moi tout au moins, pour de tels accidents,
La constance qu'on voit à de certaines gens!

FIN DU TROISIÈME ACTE.

ACTE QUATRIÈME.

SCÈNE I.

ARNOLPHE.

J'ai peine, je l'avoue, à demeurer en place.
Et de mille soucis mon esprit s'embarrasse,
Pour pouvoir mettre un ordre et dedans et dehors
Qui du godelureau rompe tous les efforts.
De quel œil la traîtresse a soutenu ma vue!
De tout ce quelle a fait elle n'est point émue;
Et, bien qu'elle me mette à deux doigts du trépas,
On diroit, à la voir, qu'elle n'y touche pas.
Plus, en la regardant, je la voyois tranquille,
Plus je sentois en moi s'échauffer une bile[1];
Et ces bouillants transports dont s'enflammoit mon cœur
Y sembloient redoubler mon amoureuse ardeur.
J'étois aigri, fâché, désespéré contre elle;
Et cependant jamais je ne la vis si belle;
Jamais ses yeux aux miens n'ont paru si perçants,
Jamais je n'eus pour eux des désirs si pressants;
Et je sens là dedans qu'il faudra que je crève,
Si de mon triste sort la disgrace s'achève.
Quoi! j'aurai dirigé son éducation
Avec tant de tendresse et de précaution,

---

[1] *S'échauffer une bile;* on diroit aujourd'hui, *s'échauffer ma bile.*

Je l'aurai fait passer chez moi dès son enfance,
Et j'en aurai chéri la plus tendre espérance,
Mon cœur aura bâti sur ses attraits naissants,
Et cru la mitonner pour moi durant treize ans,
Afin qu'un jeune fou dont elle s'amourache
Me la vienne enlever jusque sur la moustache,
Lorsqu'elle est avec moi mariée à demi!
Non, parbleu! non, parbleu! Petit sot, mon ami,
Vous aurez beau tourner, ou j'y perdrai mes peines,
Ou je rendrai, ma foi, vos espérances vaines,
Et de moi tout-à-fait vous ne vous rirez point.

SCÈNE II.

UN NOTAIRE, ARNOLPHE.

UN NOTAIRE.

Ah, le voilà! Bonjour. Me voici tout à point
Pour dresser le contrat que vous souhaitez faire.
ARNOLPHE, *se croyant seul, et sans voir ni entendre le notaire.*

Comment faire?
LE NOTAIRE.
Il le faut dans la forme ordinaire.
ARNOLPHE, *se croyant seul.*
A mes précautions je veux songer de près.
LE NOTAIRE.
Je ne passerai rien contre vos intérêts.
ARNOLPHE, *se croyant seul.*
Il se faut garantir de toutes les surprises.

LE NOTAIRE.

Suffit qu'entre mes mains vos affaires soient mises.
Il ne vous faudra point, de peur d'être déçu,
Quittancer le contrat que vous n'ayez reçu.

ARNOLPHE, *se croyant seul.*

J'ai peur, si je fais faire éclater quelque chose,
Que de cet incident par la ville on ne cause.

LE NOTAIRE.

Hé bien ! il est aisé d'empêcher cet éclat,
Et l'on peut en secret faire votre contrat.

ARNOLPHE, *se croyant seul.*

Mais comment faudra-t-il qu'avec elle j'en sorte?

LE NOTAIRE.

Le douaire se règle au bien qu'on vous apporte.

ARNOLPHE, *se croyant seul.*

Je l'aime, et cet amour est mon grand embarras.

LE NOTAIRE.

On peut avantager une femme en ce cas.

ARNOLPHE, *se croyant seul.*

Quel traitement lui faire en pareille aventure?

LE NOTAIRE.

L'ordre est que le futur doit douer la future
Du tiers du dot qu'elle a; mais cet ordre n'est rien,
Et l'on va plus avant lorsque l'on le veut bien.

ARNOLPHE, *se croyant seul.*

Si...   (*Il aperçoit le notaire.*)

LE NOTAIRE.

Pour le préciput, il les regarde ensemble.
Je dis que le futur peut, comme bon lui semble,
Douer la future.

ARNOLPHE.
Hé!
LE NOTAIRE.
Il peut l'avantager,
Lorsqu'il l'aime beaucoup et qu'il veut l'obliger,
Et cela pour douaire, ou préfix, qu'on appelle,
Qui demeure perdu par le trépas d'icelle;
Ou sans retour, qui va de ladite à ses hoirs;
Ou coutumier, selon les différents vouloirs;
Ou par donation dans le contrat formelle,
Qu'on fait ou pure et simple, ou qu'on fait mutuelle.
Pourquoi hausser le dos? Est-ce qu'on parle en fat,
Et que l'on ne sait pas les formes d'un contrat?
Qui me les apprendra? Personne, je présume.
Sais-je pas qu'étant joints, on est par la coutume
Communs en meubles, biens, immeubles et conquêts,
A moins que par un acte on y renonce exprès?
Sais-je pas que le tiers du bien de la future
Entre en communauté pour...

ARNOLPHE.
Oui, c'est chose sûre,
Vous savez tout cela : mais qui vous en dit mot?

LE NOTAIRE.
Vous, qui me prétendez faire passer pour sot
En me haussant l'épaule et faisant la grimace.

ARNOLPHE.
La peste soit de l'homme, et sa chienne de face!
Adieu. C'est le moyen de vous faire finir.

LE NOTAIRE.
Pour dresser un contrat m'a-t-on pas fait venir?

ARNOLPHE.

Oui, je vous ai mandé; mais la chose est remise,
Et l'on vous mandera quand l'heure sera prise.
Voyez quel diable d'homme avec son entretien!

LE NOTAIRE, *seul*.

Je pense qu'il en tient, et je crois penser bien.

SCÈNE III.

LE NOTAIRE, ALAIN, GEORGETTE.

LE NOTAIRE, *allant au devant d'Alain et de Georgette*.
M'êtes-vous pas venus querir pour votre maître?

ALAIN.

Oui.

LE NOTAIRE.

J'ignore pour qui vous le pouvez connoître.
Mais allez, de ma part, lui dire de ce pas
Que c'est un fou fieffé.

GEORGETTE.

Nous n'y manquerons pas.

SCÈNE IV.

ARNOLPHE, ALAIN, GEORGETTE.

ALAIN.

Monsieur...

ARNOLPHE.

Approchez-vous; vous êtes mes fidèles,

Mes bons, mes vrais amis, et j'en sais des nouvelles.

ALAIN.

Le notaire...

ARNOLPHE.

Laissons, c'est pour quelque autre jour.
On veut à mon honneur jouer d'un mauvais tour;
Et quel affront pour vous, mes enfants, pourroit-ce être,
Si l'on avoit ôté l'honneur à votre maître!
Vous n'oseriez après paroître en nul endroit;
Et chacun, vous voyant, vous montreroit au doigt.
Donc, puisque autant que moi l'affaire vous regarde,
Il faut de votre part faire une telle garde,
Que ce galant ne puisse en aucune façon...

GEORGETTE.

Vous nous avez tantôt montré notre leçon.

ARNOLPHE.

Mais à ses beaux discours gardez bien de vous rendre.

ALAIN.

Oh vraiment!

GEORGETTE.

Nous savons comme il faut s'en défendre.

ARNOLPHE.

S'il venoit doucement : Alain, mon pauvre cœur,
Par un peu de secours soulage ma langueur...

ALAIN.

Vous êtes un sot.

ARNOLPHE.

(à Georgette.)
Bon. Georgette, ma mignonne,
Tu me parois si douce et si bonne personne...

GEORGETTE.

Vous êtes un nigaud.

ARNOLPHE.

(à Alain.)

Bon. Quel mal trouves-tu
Dans un dessein honnête et tout plein de vertu?

ALAIN.

Vous êtes un fripon.

ARNOLPHE.

(à Georgette.)

Fort bien. Ma mort est sûre,
Si tu ne prends pitié des peines que j'endure.

GEORGETTE.

Vous êtes un benêt, un impudent.

ARNOLPHE.

Fort bien.

(à Alain.)
Je ne suis pas un homme à vouloir rien pour rien;
Je sais, quand on me sert, en garder la mémoire :
Cependant, par avance, Alain, voilà pour boire;
Et voilà pour t'avoir, Georgette, un cotillon.

(*Ils tendent tous deux la main, et prennent l'argent.*)

Ce n'est de mes bienfaits qu'un simple échantillon.
Toute la courtoisie enfin dont je vous presse,
C'est que je puisse voir votre belle maîtresse.

GEORGETTE, *le poussant.*

A d'autres.

ARNOLPHE.

Bon cela.

ACTE IV, SCÈNE IV.

ALAIN, *le poussant*.
  Hors d'ici.

ARNOLPHE.
    Bon.

GEORGETTE, *le poussant*.
      Mais tôt.

ARNOLPHE.
Bon. Holà! c'est assez.

GEORGETTE.
    Fais-je pas comme il faut?

ALAIN.
Est-ce de la façon que vous voulez l'entendre?

ARNOLPHE.
Oui, fort bien, hors l'argent qu'il ne falloit pas prendre.

GEORGETTE.
Nous ne nous sommes pas souvenus de ce point.

ALAIN.
Voulez-vous qu'à l'instant nous recommençions?

ARNOLPHE.
      Point:
Suffit. Rentrez tous deux.

ALAIN.
    Vous n'avez rien qu'à dire.

ARNOLPHE.
Non, vous dis-je; rentrez, puisque je le désire.
Je vous laisse l'argent. Allez : je vous rejoins.
Ayez bien l'œil à tout, et secondez mes soins.

SCÈNE V.

ARNOLPHE.

Je veux, pour espion qui soit d'exacte vue,
Prendre le savetier du coin de notre rue.
Dans la maison toujours je prétends la tenir,
Y faire bonne garde, et surtout en bannir
Vendeuses de rubans, perruquières, coiffeuses,
Faiseuses de mouchoirs, gantières, revendeuses,
Tous ces gens qui sous main travaillent chaque jour
A faire réussir les mystères d'amour.
Enfin j'ai vu le monde, et j'en sais les finesses.
Il faudra que mon homme ait de grandes adresses,
Si message ou poulet de sa part peut entrer.

SCÈNE VI.

HORACE, ARNOLPHE.

HORACE.

La place m'est heureuse à vous y rencontrer.
Je viens de l'échapper bien belle, je vous jure.
Au sortir d'avec vous, sans prévoir l'aventure,
Seule dans ce balcon j'ai vu paroître Agnès,
Qui des arbres prochains prenoit un peu le frais.
Après m'avoir fait signe, elle a su faire en sorte,
Descendant au jardin, de m'en ouvrir la porte :

ACTE IV, SCÈNE VI.

Mais à peine tous deux dans sa chambre étions-nous,
Qu'elle a sur les degrés entendu son jaloux;
Et tout ce qu'elle a pu, dans un tel accessoire [1],
C'est de me renfermer dans une grande armoire.
Il est entré d'abord : je ne le voyois pas;
Mais je l'oyois marcher, sans rien dire, à grands pas;
Poussant de temps en temps des soupirs pitoyables,
Et donnant quelquefois de grands coups sur les tables,
Frappant un petit chien qui pour lui s'émouvoit,
Et jetant brusquement les hardes qu'il trouvoit.
Il a même cassé, d'une main mutinée,
Des vases dont la belle ornoit sa cheminée;
Et sans doute il faut bien qu'à ce becque-cornu [2]
Du trait qu'elle a joué quelque jour soit venu.
Enfin, après cent tours, ayant de la manière
Sur ce qui n'en peut mais déchargé sa colère,
Mon jaloux, inquiet, sans dire son ennui,
Est sorti de la chambre, et moi de mon étui.
Nous n'avons point voulu, de peur du personnage,
Risquer à nous tenir ensemble davantage;
C'étoit trop hasarder: mais je dois, cette nuit,
Dans sa chambre un peu tard m'introduire sans bruit.
En toussant par trois fois je me ferai connoître;
Et je dois au signal voir ouvrir la fenêtre,
Dont avec une échelle, et secondé d'Agnès,
Mon amour tâchera de me gagner l'accès.

[1] *Être en accessoire*, être en danger.

[2] *Becque-cornu* est une imitation du mot italien *becco*, qui signifie *bouc*; le mot *becco* vient lui-même du grec βήκη, *capra*, mot imitatif du mugissement de la chèvre.

Comme à mon seul ami, je veux bien vous l'apprendre.
L'alégresse du cœur s'augmente à la répandre,
Et goûtât-on cent fois un bonheur tout parfait,
On n'en est pas content, si quelqu'un ne le sait.
Vous prendrez part, je pense, à l'heur de mes affaires.
Adieu. Je vais songer aux choses nécessaires.

SCÈNE VII.

ARNOLPHE.

Quoi! l'astre qui s'obstine à me désespérer
Ne me donnera pas le temps de respirer!
Coup sur coup je verrai, par leur intelligence,
De mes soins vigilants confondre la prudence!
Et je serai la dupe, en ma maturité,
D'une jeune innocente et d'un jeune éventé!
En sage philosophe on m'a vu, vingt années,
Contempler des maris les tristes destinées,
Et m'instruire avec soin de tous les accidents
Qui font dans le malheur tomber les plus prudents;
Des disgraces d'autrui profitant dans mon ame,
J'ai cherché les moyens, voulant prendre une femme,
De pouvoir garantir mon front de tous affronts,
Et le tirer de pair d'avec les autres fronts;
Pour ce noble dessein, j'ai cru mettre en pratique
Tout ce que peut trouver l'humaine politique:
Et, comme si du sort il étoit arrêté
Que nul homme ici-bas n'en seroit exempté,
Après l'expérience et toutes les lumières

Que j'ai pu m'acquérir sur de telles matières,
Après vingt ans et plus de méditation
Pour me conduire en tout avec précaution,
De tant d'autres maris j'aurois quitté la trace
Pour me trouver après dans la même disgrace !
Ah, bourreau de destin ! vous en aurez menti.
De l'objet qu'on poursuit je suis encor nanti ;
Si son cœur m'est volé par ce blondin funeste,
J'empêcherai du moins qu'on s'empare du reste ;
Et cette nuit, qu'on prend pour ce galant exploit,
Ne se passera pas si doucement qu'on croit.
Ce m'est quelque plaisir, parmi tant de tristesse,
Que l'on me donne avis du piége qu'on me dresse,
Et que cet étourdi, qui veut m'être fatal,
Fasse son confident de son propre rival.

SCÈNE VIII.

CHRYSALDE, ARNOLPHE.

CHRYSALDE.

Hé bien, souperons-nous avant la promenade ?

ARNOLPHE.

Non. Je jeûne ce soir.

CHRYSALDE.

D'où vient cette boutade ?

ARNOLPHE.

De grace, excusez-moi, j'ai quelque autre embarras.

CHRYSALDE.

Votre hymen résolu ne se fera-t-il pas ?

ARNOLPHE.
C'est trop s'inquiéter des affaires des autres.
CHRYSALDE.
Oh, oh, si brusquement! quels chagrins sont les vôtres?
Seroit-il point, compère, à votre passion
Arrivé quelque peu de tribulation?
Je le jugerois presque, à voir votre visage.
ARNOLPHE.
Quoi qu'il m'arrive, au moins aurai-je l'avantage
De ne pas ressembler à de certaines gens
Qui souffrent doucement l'approche des galants.
CHRYSALDE.
C'est un étrange fait, qu'avec tant de lumières
Vous vous effarouchiez toujours sur ces matières,
Qu'en cela vous mettiez le souverain bonheur,
Et ne conceviez point au monde d'autre honneur.
Être avare, brutal, fourbe, méchant et lâche,
N'est rien, à votre avis, auprès de cette tache,
Et, de quelque façon qu'on puisse avoir vécu,
On est homme d'honneur quand on n'est point cocu.
A le bien prendre au fond, pourquoi voulez-vous croire
Que de ce cas fortuit dépende notre gloire,
Et qu'une ame bien née ait à se reprocher
L'injustice d'un mal qu'on ne peut empêcher?
Pourquoi voulez-vous, dis-je, en prenant une femme,
Qu'on soit digne, à son choix, de louange ou de blâme,
Et qu'on s'aille former un monstre plein d'effroi
De l'affront que nous fait son manquement de foi?
Mettez-vous dans l'esprit qu'on peut du cocuage
Se faire, en galant homme, une plus douce image;

ACTE IV, SCÈNE VIII.

Que, des coups du hasard aucun n'étant garant,
Cet accident, en soi, doit être indifférent;
Et qu'enfin tout le mal, quoique le monde glose,
N'est que dans la façon de recevoir la chose:
Et, pour se bien conduire en ces difficultés,
Il y faut, comme en tout, fuir les extrémités,
N'imiter pas ces gens un peu trop débonnaires
Qui tirent vanité de ces sortes d'affaires,
De leurs femmes toujours vont citant les galants,
En font partout l'éloge, et prônent leurs talents,
Témoignent avec eux d'étroites sympathies,
Sont de tous leurs cadeaux, de toutes leurs parties,
Et font qu'avec raison les gens sont étonnés
De voir leur hardiesse à montrer là leur nez.
Ce procédé sans doute est tout-à-fait blâmable :
Mais l'autre extrémité n'est pas moins condamnable.
Si je n'approuve pas ces amis des galants,
Je ne suis pas aussi pour ces gens turbulents
Dont l'imprudent chagrin, qui tempête et qui gronde,
Attire au bruit qu'il fait les yeux de tout le monde,
Et qui, par cet éclat, semblent ne pas vouloir
Qu'aucun puisse ignorer ce qu'ils peuvent avoir.
Entre ces deux partis il en est un honnête,
Où, dans l'occasion, l'homme prudent s'arrête;
Et quand on le sait prendre, on n'a point à rougir
Du pis dont une femme avec nous puisse agir.
Quoi qu'on en puisse dire enfin, le cocuage
Sous des traits moins affreux aisément s'envisage;
Et, comme je vous dis, toute l'habileté
Ne va qu'à le savoir tourner du bon côté.

ARNOLPHE.

Après ce beau discours, toute la confrérie
Doit un remercîment à votre seigneurie :
Et quiconque voudra vous entendre parler
Montrera de la joie à s'y voir enrôler.

CHRYSALDE.

Je ne dis pas cela ; car c'est ce que je blâme :
Mais, comme c'est le sort qui nous donne une femme,
Je dis que l'on doit faire ainsi qu'au jeu de dés,
Où, s'il ne vous vient pas ce que vous demandez,
Il faut jouer d'adresse, et d'une ame réduite
Corriger le hasard par la bonne conduite.

ARNOLPHE.

C'est-à-dire dormir et manger toujours bien,
Et se persuader que tout cela n'est rien.

CHRYSALDE.

Vous pensez vous moquer ; mais, à ne vous rien feindre,
Dans le monde je vois cent choses plus à craindre,
Et dont je me ferois un bien plus grand malheur
Que de cet accident qui vous fait tant de peur.
Pensez-vous qu'à choisir, de deux choses prescrites,
Je n'aimasse pas mieux être ce que vous dites,
Que de me voir mari de ces femmes de bien
Dont la mauvaise humeur fait un procès sur rien ;
Ces dragons de vertu, ces honnêtes diablesses,
Se retranchant toujours sur leurs sages prouesses,
Qui, pour un petit tort qu'elles ne nous font pas,
Prennent droit de traiter les gens du haut en bas,
Et veulent, sur le pied de nous être fidèles,
Que nous soyons tenus à tout endurer d'elles ?

Encore un coup, compère, apprenez qu'en effet
Le cocuage n'est que ce que l'on le fait;
Qu'on peut le souhaiter pour de certaines causes,
Et qu'il a ses plaisirs comme les autres choses [1].

ARNOLPHE.

Si vous êtes d'humeur à vous en contenter,
Quant à moi ce n'est pas la mienne d'en tâter;
Et plutôt que subir une telle aventure...

CHRYSALDE.

Mon dieu! ne jurez point, de peur d'être parjure.
Si le sort l'a réglé, vos soins sont superflus,
Et l'on ne prendra point votre avis là-dessus.

ARNOLPHE.

Moi, je serois cocu!

CHRYSALDE.

Vous voilà bien malade!
Mille gens le sont bien, sans vous faire bravade,
Qui de mine, de cœur, de biens et de maison,
Ne feroient avec vous nulle comparaison.

ARNOLPHE.

Et moi, je n'en voudrois avec eux faire aucune.
Mais cette raillerie, en un mot, m'importune;
Brisons là, s'il vous plaît.

CHRYSALDE.

Vous êtes en courroux!
Nous en saurons la cause. Adieu. Souvenez-vous,

---

[1] « Il n'est pas, dit Rabelais, coquu qui veut. Si tu es coquu,
« ergo ta femme sera belle; ergo tu seras bien traité d'elle; ergo
« tu auras des amis beaucoup; ergo tu seras sauvé. »

Quoi que sur ce sujet votre honneur vous inspire,
Que c'est être à demi ce que l'on vient de dire
Que de vouloir jurer qu'on ne le sera pas.

ARNOLPHE.

Moi, je le jure encore, et je vais de ce pas
Contre cet accident trouver un bon remède.

(*Il court heurter à sa porte.*)

SCÈNE IX.

ARNOLPHE, ALAIN, GEORGETTE.

ARNOLPHE.

Mes amis, c'est ici que j'implore votre aide.
Je suis édifié de votre affection :
Mais il faut qu'elle éclate en cette occasion ;
Et, si vous m'y servez selon ma confiance,
Vous êtes assurés de votre récompense.
L'homme que vous savez, n'en faites point de bruit,
Veut, comme je l'ai su, m'attraper cette nuit,
Dans la chambre d'Agnès entrer par escalade ;
Mais il lui faut, nous trois, dresser une embuscade.
Je veux que vous preniez chacun un bon bâton,
Et, quand il sera près du dernier échelon
(Car dans le temps qu'il faut j'ouvrirai la fenêtre),
Que tous deux à l'envi vous me chargiez ce traître,
Mais d'un air dont son dos garde le souvenir,
Et qui lui puisse apprendre à ne plus revenir,
Sans me nommer pourtant en aucune manière,
Ni faire aucun semblant que je serai derrière.

ACTE IV, SCÈNE IX.

Aurez-vous bien l'esprit de servir mon courroux?

ALAIN.

S'il ne tient qu'à frapper, monsieur, tout est à nous :
Vous verrez, quand je bats, si j'y vais de main morte.

GEORGETTE.

La mienne, quoique aux yeux elle n'est pas si forte,
N'en quitte pas sa part à le bien étriller.

ARNOLPHE.

Rentrez donc; et surtout gardez de babiller.
   (*seul.*)
Voilà pour le prochain une leçon utile;
Et, si tous les maris qui sont en cette ville
De leurs femmes ainsi recevoient le galant,
Le nombre des cocus ne seroit pas si grand.

FIN DU QUATRIÈME ACTE.

ACTE CINQUIÈME.

SCÈNE I.

ARNOLPHE, ALAIN, GEORGETTE.

ARNOLPHE.
Traîtres, qu'avez-vous fait par cette violence?
ALAIN.
Nous vous avons rendu, monsieur, obéissance.
ARNOLPHE.
De cette excuse en vain vous voulez vous armer,
L'ordre étoit de le battre, et non de l'assommer,
Et c'étoit sur le dos, et non pas sur la tête,
Que j'avois commandé qu'on fît choir la tempête.
Ciel! dans quel accident me jette ici le sort!
Et que puis-je résoudre à voir cet homme mort?
Rentrez dans la maison, et gardez de rien dire
De cet ordre innocent que j'ai pu vous prescrire.
(*seul.*)
Le jour s'en va paroître, et je vais consulter
Comment dans ce malheur je me dois comporter.
Hélas! que deviendrai-je? et que dira le père,
Lorsque inopinément il saura cette affaire?

SCÈNE II.

HORACE, ARNOLPHE.

HORACE, à part.

Il faut que j'aille un peu reconnoître qui c'est.
ARNOLPHE, se croyant seul.
Eût-on jamais prévu...
(heurté par Horace, qu'il ne reconnoît pas.)
Qui va là, s'il vous plaît?
HORACE.
C'est vous, seigneur Arnolphe?
ARNOLPHE.
Oui. Mais vous...
HORACE.
C'est Horace.

Je m'en allois chez vous vous prier d'une grace.
Vous sortez bien matin!
ARNOLPHE, bas, à part.
Quelle confusion!
Est-ce un enchantement? est-ce une illusion?
HORACE.
J'étois, à dire vrai, dans une grande peine;
Et je bénis du ciel la bonté souveraine
Qui fait qu'à point nommé je vous rencontre ainsi.
Je viens vous avertir que tout a réussi,
Et même beaucoup plus que je n'eusse osé dire,
Et par un incident qui devoit tout détruire.
Je ne sais point par où l'on a pu soupçonner
Cette assignation qu'on m'avoit su donner:

Mais, étant sur le point d'atteindre à la fenêtre,
J'ai, contre mon espoir, vu quelques gens paroître,
Qui, sur moi brusquement levant chacun le bras,
M'ont fait manquer le pied et tomber jusqu'en bas;
Et ma chute, aux dépens de quelque meurtrissure,
De vingt coups de bâton m'a sauvé l'aventure.
Ces gens-là, dont étoit, je pense, mon jaloux,
Ont imputé ma chute à l'effort de leurs coups;
Et, comme la douleur, un assez long espace,
M'a fait, sans remuer, demeurer sur la place,
Ils ont cru tout de bon qu'ils m'avoient assommé,
Et chacun d'eux s'en est aussitôt alarmé.
J'entendois tout leur bruit dans le profond silence,
L'un l'autre ils s'accusoient de cette violence;
Et, sans lumière aucune, en querellant le sort,
Sont venus doucement tâté si j'étois mort.
Je vous laisse à penser si, dans la nuit obscure,
J'ai d'un vrai trépassé su tenir la figure.
Ils se sont retirés avec beaucoup d'effroi;
Et, comme je songeois à me retirer, moi,
De cette feinte mort la jeune Agnès émue
Avec empressement est devers moi venue :
Car les discours qu'entre eux ces gens avoient tenus
Jusques à son oreille étoient d'abord venus,
Et pendant tout ce trouble étant moins observée,
Du logis aisément elle s'étoit sauvée;
Mais, me trouvant sans mal, elle a fait éclater
Un transport difficile à bien représenter.
Que vous dirai-je enfin? Cette aimable personne
A suivi les conseils que son amour lui donne,

N'a plus voulu songer à retourner chez soi,
Et de tout son destin s'est commise à ma foi.
Considérez un peu, par ce trait d'innocence,
Où l'expose d'un fou la haute impertinence,
Et quels fâcheux périls elle pourroit courir,
Si j'étois maintenant homme à la moins chérir.
Mais d'un trop pur amour mon ame est embrasée ;
J'aimerois mieux mourir que l'avoir abusée :
Je lui vois des appas dignes d'un autre sort,
Et rien ne m'en sauroit séparer que la mort.
Je prévois là dessus l'emportement d'un père ;
Mais nous prendrons le temps d'apaiser sa colère.
A des charmes si doux je me laisse emporter,
Et dans la vie enfin il se faut contenter.
Ce que je veux de vous, sous un secret fidèle,
C'est que je puisse mettre en vos mains cette belle ;
Que dans votre maison, en faveur de mes feux,
Vous lui donniez retraite au moins un jour ou deux.
Outre qu'aux yeux du monde il faut cacher sa fuite,
Et qu'on en pourroit faire une exacte poursuite,
Vous savez qu'une fille aussi de sa façon
Donne avec un jeune homme un étrange soupçon ;
Et comme c'est à vous, sûr de votre prudence,
Que j'ai fait de mes feux entière confidence,
C'est à vous seul aussi, comme ami généreux,
Que je puis confier ce dépôt amoureux.

ARNOLPHE.

Je suis, n'en doutez point, tout à votre service.

HORACE.

Vous voulez bien me rendre un si charmant office ?

ARNOLPHE.

Très volontiers, vous dis-je; et je me sens ravir
De cette occasion que j'ai de vous servir.
Je rends graces au ciel de ce qu'il me l'envoie,
Et n'ai jamais rien fait avec si grande joie.

HORACE.

Que je suis redevable à toutes vos bontés!
J'avois de votre part craint des difficultés :
Mais vous êtes du monde, et, dans votre sagesse,
Vous savez excuser le feu de la jeunesse.
Un de mes gens la garde au coin de ce détour.

ARNOLPHE.

Mais comment ferons-nous? car il fait un peu jour.
Si je la prends ici, l'on me verra peut-être;
Et s'il faut que chez moi vous veniez à paroître,
Des valets causeront. Pour jouer au plus sûr,
Il faut me l'amener dans un lieu plus obscur.
Mon allée est commode, et je l'y vais attendre.

HORACE.

Ce sont précautions qu'il est fort bon de prendre.
Pour moi, je ne ferai que vous la mettre en main,
Et chez moi, sans éclat, je retourne soudain.

ARNOLPHE, *seul.*

Ah, fortune! ce trait d'aventure propice
Répare tous les maux que m'a faits ton caprice.

(*Il s'enveloppe le nez de son manteau.*)

SCÈNE III.

AGNÈS, HORACE, ARNOLPHE.

HORACE, *à Agnès.*

Ne soyez point en peine où je vais vous mener;
C'est un logement sûr que je vous fais donner.
Vous loger avec moi ce seroit tout détruire :
Entrez dans cette porte, et laissez-vous conduire.

(*Arnolphe lui prend la main sans qu'elle le reconnoisse.*)

AGNÈS, *à Horace.*

Pourquoi me quittez-vous?

HORACE.

Chère Agnès, il le faut.

AGNÈS.

Songez donc, je vous prie, à revenir bientôt.

HORACE.

J'en suis assez pressé par ma flamme amoureuse.

AGNÈS.

Quand je ne vous vois point, je ne suis point joyeuse.

HORACE.

Hors de votre présence, on me voit triste aussi.

AGNÈS.

Hélas! s'il étoit vrai, vous resteriez ici.

HORACE.

Quoi, vous pourriez douter de mon amour extrême!

AGNÈS.

Non, vous ne m'aimez pas autant que je vous aime.

(*Arnolphe la tire.*)
Ah! l'on me tire trop.

HORACE.

C'est qu'il est dangereux,
Chère Agnès, qu'en ce lieu nous soyons vus tous deux;
Et le parfait ami de qui la main vous presse
Suit le zèle prudent qui pour nous l'intéresse.

AGNÈS.

Mais suivre un inconnu que...

HORACE.

N'appréhendez rien :
Entre de telles mains vous ne serez que bien.

AGNÈS.

Je me trouverois mieux entre celles d'Horace,
Et j'aurois...

(*à Arnolphe, qui la tire encore.*)
Attendez.

HORACE.

Adieu. Le jour me chasse.

AGNÈS.

Quand vous verrai-je donc?

HORACE.

Bientôt assurément.

AGNÈS.

Que je vais m'ennuyer jusques à ce moment!

HORACE, *en s'en allant.*

Grace au ciel, mon bonheur n'est plus en concurrence,
Et je puis maintenant dormir en assurance.

SCÈNE IV.

ARNOLPHE, AGNÈS.

ARNOLPHE, *caché dans son manteau, et déguisant sa voix.*

Venez, ce n'est pas là que je vous logerai,
Et votre gîte ailleurs est par moi préparé.
Je prétends en lieu sûr mettre votre personne.
  (*se faisant connoître.*)
Me connoissez-vous?

AGNÈS.
Hai!

ARNOLPHE.
              Mon visage, friponne,
Dans cette occasion rend vos sens effrayés,
Et c'est à contre-cœur qu'ici vous me voyez;
Je trouble en ses projets l'amour qui vous possède.
  (*Agnès regarde si elle ne verra point Horace.*)
N'appelez point des yeux le galant à votre aide;
Il est trop éloigné pour vous donner secours.
Ah, ah! si jeune encor, vous jouez de ces tours!
Votre simplicité, qui semble sans pareille,
Demande si l'on fait les enfants par l'oreille;
Et vous savez donner des rendez-vous la nuit,
Et pour suivre un galant vous évader sans bruit!
Tudieu, comme avec lui votre langue cajole!
Il faut qu'on vous ait mise à quelque bonne école!
Qui diantre tout d'un coup vous en a tant appris?
Vous ne craignez donc plus de trouver des esprits?

Et ce galant, la nuit, vous a donc enhardie?
Ah, coquine, en venir à cette perfidie!
Malgré tous mes bienfaits, former un tel dessein!
Petit serpent que j'ai réchauffé dans mon sein,
Et qui, dès qu'il se sent, par une humeur ingrate,
Cherche à faire du mal à celui qui le flatte!

AGNÈS.

Pourquoi me criez-vous?

ARNOLPHE.

J'ai grand tort, en effet!

AGNÈS.

Je n'entends point de mal dans tout ce que j'ai fait.

ARNOLPHE.

Suivre un galant n'est pas une action infame?

AGNÈS.

C'est un homme qui dit qu'il me veut pour sa femme;
J'ai suivi vos leçons, et vous m'avez prêché
Qu'il se faut marier pour ôter le péché.

ARNOLPHE.

Oui. Mais pour femme, moi, je prétendois vous prendre;
Et je vous l'avois fait, me semble, assez entendre.

AGNÈS.

Oui. Mais, à vous parler franchement entre nous,
Il est plus pour cela selon mon goût que vous.
Chez vous le mariage est fâcheux et pénible,
Et vos discours en font une image terrible;
Mais, las! il le fait, lui, si rempli de plaisirs,
Que de se marier il donne des désirs.

ARNOLPHE.

Ah, c'est que vous l'aimez, traîtresse!

AGNÈS.

Oui, je l'aime.

ARNOLPHE.
Et vous avez le front de le dire à moi-même!

AGNÈS.
Et pourquoi, s'il est vrai, ne le dirois-je pas?

ARNOLPHE.
Le deviez-vous aimer, impertinente?

AGNÈS.

Hélas!
Est-ce que j'en puis mais? Lui seul en est la cause,
Et je n'y songeois pas lorsque se fit la chose.

ARNOLPHE.
Mais il falloit chasser cet amoureux désir.

AGNÈS.
Le moyen de chasser ce qui fait du plaisir?

ARNOLPHE.
Et ne saviez-vous pas que c'étoit me déplaire?

AGNÈS.
Moi? point du tout. Quel mal cela vous peut-il faire?

ARNOLPHE.
Il est vrai, j'ai sujet d'en être réjoui!
Vous ne m'aimez donc pas, à ce compte?

AGNÈS.

Vous?

ARNOLPHE.

Oui.

AGNÈS.
Hélas! non.

ARNOLPHE.

Comment, non!

AGNÈS.

Voulez-vous que je mente?

ARNOLPHE.

Pourquoi ne m'aimer pas, madame l'impudente?

AGNÈS.

Mon dieu! ce n'est pas moi que vous devez blâmer :
Que ne vous êtes-vous, comme lui, fait aimer!
Je ne vous en ai pas empêché, que je pense.

ARNOLPHE.

Je m'y suis efforcé de toute ma puissance ;
Mais les soins que j'ai pris, je les ai perdus tous.

AGNÈS.

Vraiment, il en sait donc là dessus plus que vous ;
Car à se faire aimer il n'a point eu de peine.

ARNOLPHE, *à part.*

Voyez comme raisonne et répond la vilaine!
Peste! une précieuse en diroit-elle plus?
Ah! je l'ai mal connue; ou, ma foi, là dessus
Une sotte en sait plus que le plus habile homme.

(*à Agnès.*)

Puisqu'en raisonnements votre esprit se consomme,
La belle raisonneuse, est-ce qu'un si long temps
Je vous aurai pour lui nourrie à mes dépens?

AGNÈS.

Non. Il vous rendra tout jusques au dernier double [1].

---

[1] Pièce de monnoie qui valoit deux deniers.

ARNOLPHE, *bas, à part.*

Elle a de certains mots où mon dépit redouble.
  (*haut.*)
Me rendra-t-il, coquine, avec tout son pouvoir,
Les obligations que vous pouvez m'avoir?

AGNÈS.

Je ne vous en ai pas de si grandes qu'on pense.

ARNOLPHE.

N'est-ce rien que les soins d'élever votre enfance?

AGNÈS.

Vous avez là dedans bien opéré vraiment,
Et m'avez fait en tout instruire joliment!
Croit-on que je me flatte, et qu'enfin dans ma tête
Je ne juge pas bien que je suis une bête?
Moi-même j'en ai honte; et, dans l'âge où je suis,
Je ne veux plus passer pour sotte, si je puis.

ARNOLPHE.

Vous fuyez l'ignorance, et voulez, quoi qu'il coûte,
Apprendre du blondin quelque chose?

AGNÈS.

                              Sans doute.
C'est de lui que je sais ce que je puis savoir;
Et beaucoup plus qu'à vous je pense lui devoir.

ARNOLPHE.

Je ne sais qui me tient qu'avec une gourmade
Ma main de ce discours ne venge la bravade.
J'enrage quand je vois sa piquante froideur,
Et quelques coups de poing satisferoient mon cœur.

AGNÈS.

Hélas! vous le pouvez, si cela vous peut plaire.

ARNOLPHE, *à part.*

Ce mot, et ce regard désarme ma colère,
Et produit un retour de tendresse de cœur,
Qui de son action efface la noirceur.
Chose étrange d'aimer, et que, pour ces traîtresses,
Les hommes soient sujets à de telles foiblesses!
Tout le monde connoît leur imperfection;
Ce n'est qu'extravagance et qu'indiscrétion;
Leur esprit est méchant, et leur ame fragile;
Il n'est rien de plus foible et de plus imbécille,
Rien de plus infidèle : et, malgré tout cela,
Dans le monde on fait tout pour ces animaux-là.

(*à Agnès.*)

Hé bien, faisons la paix. Va, petite traîtresse,
Je te pardonne tout, et te rends ma tendresse:
Considère par là l'amour que j'ai pour toi,
Et, me voyant si bon, en revanche aime-moi.

AGNÈS.

Du meilleur de mon cœur je voudrois vous complaire:
Que me coûteroit-il, si je le pouvois faire?

ARNOLPHE.

Mon pauvre petit cœur, tu le peux, si tu veux.
Écoute seulement ce soupir amoureux,
Vois ce regard mourant, contemple ma personne,
Et quitte ce morveux et l'amour qu'il te donne.
C'est quelque sort qu'il faut qu'il ait jeté sur toi;
Et tu seras cent fois plus heureuse avec moi.
Ta forte passion est d'être brave et leste:
Tu le seras toujours, va, je te le proteste;
Sans cesse, nuit et jour, je te caresserai,

ACTE V, SCÈNE V.

Je te bouchonnerai[1], baiserai, mangerai;
Tout comme tu voudras tu pourras te conduire :
Je ne m'explique point, et cela, c'est tout dire.
   (bas, à part.)
Jusqu'où la passion peut-elle faire aller!
   (haut.)
Enfin à mon amour rien ne peut s'égaler:
Quelle preuve veux-tu que je t'en donne, ingrate?
Me veux-tu voir pleurer? Veux-tu que je me batte?
Veux-tu que je m'arrache un côté de cheveux?
Veux-tu que je me tue? Oui, dis, si tu le veux,
Je suis tout prêt, cruelle, à te prouver ma flamme.

        AGNÈS.

Tenez, tous vos discours ne me touchent point l'ame:
Horace avec deux mots en feroit plus que vous.

        ARNOLPHE.

Ah! c'est trop me braver, trop pousser mon courroux.
Je suivrai mon dessein, bête trop indocile,
Et vous dénicherez à l'instant de la ville.
Vous rebutez mes vœux et me mettez à bout;
Mais un cul de couvent me vengera de tout.

SCÈNE V.

ARNOLPHE, AGNÈS, ALAIN.

        ALAIN.

Je ne sais ce que c'est, monsieur; mais il me semble

---

[1] *Bouchonner* signifie familièrement *cajoler, caresser.*

Qu'Agnès et le corps mort s'en sont allés ensemble.
ARNOLPHE.
La voici. Dans ma chambre allez me la nicher.
(à part.)
Ce ne sera pas là qu'il la viendra chercher;
Et puis, c'est seulement pour une demi-heure.
Je vais, pour lui donner une sûre demeure,
(à Alain.)
Trouver une voiture. Enfermez-vous des mieux,
Et surtout gardez-vous de la quitter des yeux.
(seul.)
Peut-être que son ame, étant dépaysée,
Pourra de cet amour être désabusée.

SCÈNE VI.

HORACE, ARNOLPHE.

HORACE.
Ah! je viens vous trouver, accablé de douleur.
Le ciel, seigneur Arnolphe, a conclu mon malheur;
Et, par un trait fatal d'une injustice extrême,
On me veut arracher de la beauté que j'aime.
Pour arriver ici mon père a pris le frais;
J'ai trouvé qu'il mettoit pied à terre ici près :
Et la cause, en un mot, d'une telle venue,
Qui, comme je disois, ne m'étois pas connue,
C'est qu'il m'a marié sans m'en écrire rien,
Et qu'il vient en ces lieux célébrer ce lien.
Jugez, en prenant part à mon inquiétude,

ACTE V, SCÈNE VI.

S'il pouvoit m'arriver un contre-temps plus rude.
Cet Enrique, dont hier je m'informois à vous,
Cause tout le malheur dont je ressens les coups :
Il vient avec mon père achever ma ruine;
Et c'est sa fille unique à qui l'on me destine.
J'ai, dès leurs premiers mots, pensé m'évanouir :
Et d'abord sans vouloir plus long-temps les ouïr,
Mon père ayant parlé de vous rendre visite,
L'esprit plein de frayeur, je l'ai devancé vite.
De grace, gardez-vous de lui rien découvrir
De mon engagement, qui le pourroit aigrir;
Et tâchez, comme en vous il prend grande créance,
De le dissuader de cette autre alliance.

ARNOLPHE.

Oui-da.

HORACE.

Conseillez-lui de différer un peu,
Et rendez en ami ce service à mon feu.

ARNOLPHE.

Je n'y manquerai pas.

HORACE.

C'est en vous que j'espère.

ARNOLPHE.

Fort bien.

HORACE.

Et je vous tiens mon véritable père.
Dites-lui que mon âge... Ah, je le vois venir!
Écoutez les raisons que je vous puis fournir [1].

---

[1] Les connoisseurs, dit Voltaire, admirèrent avec quelle adresse

SCÈNE VII.

ENRIQUE, ORONTE, CHRYSALDE, HORACE, ARNOLPHE.

(*Horace et Arnolphe se retirent dans un coin du théâtre, et parlent bas ensemble.*)

ENRIQUE, *à Chrysalde.*
Aussitôt qu'à mes yeux je vous ai vu paroître,
Quand on ne m'eût rien dit, j'aurois su vous connoître.
J'ai reconnu les traits de cette aimable sœur
Dont l'hymen autrefois m'avoit fait possesseur;
Et je serois heureux, si la Parque cruelle
M'eût laissé ramener cette épouse fidèle,
Pour jouir avec moi des sensibles douceurs
De revoir tous les siens après nos longs malheurs.
Mais, puisque du destin la fatale puissance
Nous prive pour jamais de sa chère présence,
Tâchons de nous résoudre, et de nous contenter
Du seul fruit amoureux qui m'en ait pu rester.
Il vous touche de près; et, sans votre suffrage,
J'aurois tort de vouloir disposer de ce gage.
Le choix du fils d'Oronte est glorieux de soi;

Molière avoit su attacher et plaire pendant cinq actes, par la seule confidence d'Horace au vieillard, et par de simples récits. Il sembloit qu'un sujet ainsi traité ne dût fournir qu'un acte; mais c'est le caractère du vrai génie de répandre sa fécondité sur un sujet stérile, et de varier ce qui semble uniforme.

ACTE V, SCÈNE VII.

Mais il faut que ce choix vous plaise comme à moi.

CHRYSALDE.

C'est de mon jugement avoir mauvaise estime,
Que douter si j'approuve un choix si légitime.

ARNOLPHE, *à part, à Horace.*

Oui, je veux vous servir de la bonne façon.

HORACE, *à part, à Arnolphe.*

Gardez encore un coup.

ARNOLPHE, *à Horace.*

N'ayez aucun soupçon.

(*Arnolphe quitte Horace pour aller embrasser Oronte.*)

ORONTE, *à Arnolphe.*

Ah, que cette embrassade est pleine de tendresse!

ARNOLPHE.

Que je sens à vous voir une grande alégresse!

ORONTE.

Je suis ici venu...

ARNOLPHE.

Sans m'en faire récit;
Je sais ce qui vous mène.

ORONTE.

On vous l'a déja dit?

ARNOLPHE.

Oui.

ORONTE.

Tant mieux.

ARNOLPHE.

Votre fils à cet hymen résiste,
Et son cœur prévenu n'y voit rien que de triste.
Il m'a même prié de vous en détourner.

Et moi, tout le conseil que je puis vous donner,
C'est de ne pas souffrir que ce nœud se diffère,
Et de faire valoir l'autorité de père.
Il faut avec vigueur ranger les jeunes gens,
Et nous faisons contre eux à leur être indulgents.

HORACE, *à part.*

Ah, traître !

CHRYSALDE.

Si son cœur a quelque répugnance,
Je tiens qu'on ne doit pas lui faire résistance.
Mon frère, que je crois, sera de mon avis.

ARNOLPHE.

Quoi ! se laissera-t-il gouverner par son fils ?
Est-ce que vous voulez qu'un père ait la mollesse
De ne savoir pas faire obéir la jeunesse ?
Il seroit beau, vraiment, qu'on le vît aujourd'hui
Prendre loi de qui doit la recevoir de lui !
Non, non : c'est mon intime, et sa gloire est la mienne ;
Sa parole est donnée, il faut qu'il la maintienne ;
Qu'il fasse voir ici de fermes sentiments,
Et force de son fils tous les attachements.

ORONTE.

C'est parler comme il faut ; et, dans cette alliance,
C'est moi qui vous réponds de son obéissance.

CHRYSALDE, *à Arnolphe.*

Je suis surpris, pour moi, du grand empressement
Que vous me faites voir pour cet engagement,
Et ne puis deviner quel motif vous inspire...

ARNOLPHE.

Je sais ce que je fais, et dis ce qu'il faut dire.

ORONTE.

Oui, oui, seigneur Arnolphe, il est...

CHRYSALDE.

Ce nom l'aigrit ;
C'est monsieur de La Souche : on vous l'a déja dit.

ARNOLPHE.

Il n'importe.

HORACE, *à part.*

Qu'entends-je!

ARNOLPHE, *se retournant vers Horace.*

Oui, c'est là le mystère,
Et vous pouvez juger ce que je devois faire.

HORACE, *à part.*

En quel trouble...

SCÈNE VIII.

ENRIQUE, ORONTE, CHRYSALDE, HORACE,
ARNOLPHE, GEORGETTE.

GEORGETTE.

Monsieur, si vous n'êtes auprès,
Nous aurons de la peine à retenir Agnès ;
Elle veut à tous coups s'échapper, et peut-être
Qu'elle se pourroit bien jeter par la fenêtre.

ARNOLPHE.

Faites-la-moi venir ; aussi-bien de ce pas
  (*à Horace.*)
Prétends-je l'emmener. Ne vous en fâchez pas :
Un bonheur continu rendroit l'homme superbe ;

Et chacun a son tour, comme dit le proverbe.
HORACE, *à part.*
Quels maux peuvent, ô ciel! égaler mes ennuis!
ARNOLPHE, *à Oronte.*
Pressez vite le jour de la cérémonie,
J'y prends part, et déja moi-même je m'en prie.
ORONTE.
C'est bien là mon dessein.

SCÈNE IX.

AGNÈS, ORONTE, ENRIQUE, ARNOLPHE, HORACE, CHRYSALDE, ALAIN, GEORGETTE.

ARNOLPHE, *a Agnès.*

Venez, belle, venez,
Qu'on ne sauroit tenir, et qui vous mutinez.
Voici votre galant, à qui, pour récompense,
Vous pouvez faire une humble et douce révérence.
  (*à Horace.*)
Adieu. L'événement trompe un peu vos souhaits;
Mais tous les amoureux ne sont pas satisfaits.
AGNÈS.
Me laissez-vous, Horace, emmener de la sorte?
HORACE.
Je ne sais où j'en suis tant ma douleur est forte.
ARNOLPHE.
Allons, causeuse, allons.
AGNÈS.
Je veux rester ici.

ORONTE.
Dites-nous ce que c'est que ce mystère-ci ;
Nous nous regardons tous sans le pouvoir comprendre.

ARNOLPHE.
Avec plus de loisir je pourrai vous l'apprendre.
Jusqu'au revoir.

ORONTE.
Où donc prétendez-vous aller ?
Vous ne nous parlez point comme il nous faut parler.

ARNOLPHE.
Je vous ai conseillé, malgré tout son murmure,
D'achever l'hyménée.

ORONTE.
Oui : mais pour le conclure,
Si l'on vous a dit tout, ne vous a-t-on pas dit
Que vous avez chez vous celle dont il s'agit,
La fille qu'autrefois de l'aimable Angélique,
Sous des liens secrets, eut le seigneur Enrique ?
Sur quoi votre discours étoit-il donc fondé ?

CHRYSALDE.
Je m'étonnois aussi de voir son procédé.

ARNOLPHE.
Quoi...

CHRYSALDE.
D'un hymen secret ma sœur eut une fille,
Dont on cacha le sort à toute la famille.

ORONTE.
Et qui, sous de feints noms, pour ne rien découvrir,
Par son époux aux champs fut donnée à nourrir.

CHRYSALDE.

Et, dans ce temps, le sort, lui déclarant la guerre,
L'obligea de sortir de sa natale terre.

ORONTE.

Et d'aller essuyer mille périls divers
Dans ces lieux séparés de nous par tant de mers.

CHRYSALDE.

Où ses soins ont gagné ce que dans sa patrie
Avoient pu lui ravir l'imposture et l'envie.

ORONTE.

Et, de retour en France, il a cherché d'abord
Celle à qui de sa fille il confia le sort.

CHRYSALDE.

Et cette paysanne a dit avec franchise
Qu'en vos mains, à quatre ans, elle l'avoit remise.

ORONTE.

Et qu'elle l'avoit fait, sur votre charité,
Par un accablement d'extrême pauvreté.

CHRYSALDE.

Et lui, plein de transport, et l'alégresse en l'ame,
A fait jusqu'en ces lieux conduire cette femme.

ORONTE.

Et vous allez enfin la voir venir ici,
Pour rendre aux yeux de tous ce mystère éclairci.

CHRYSALDE, *à Arnolphe.*

Je devine à peu près quel est votre supplice :
Mais le sort en cela ne vous est que propice.
Si n'être point cocu vous semble un si grand bien,
Ne vous point marier en est le vrai moyen.

ARNOLPHE, *s'en allant, tout transporté*
et ne pouvant parler.

Ouf!

SCÈNE X.

ENRIQUE, ORONTE, CHRYSALDE, AGNÈS, HORACE.

ORONTE.

D'où vient qu'il s'enfuit sans rien dire?

HORACE.

Ah, mon père!
Vous saurez pleinement ce surprenant mystère.
Le hasard en ces lieux avoit exécuté
Ce que votre sagesse avoit prémédité.
J'étois, par les doux nœuds d'une ardeur mutuelle,
Engagé de parole avecque cette belle;
Et c'est elle, en un mot, que vous venez chercher,
Et pour qui mon refus a pensé vous fâcher.

ENRIQUE.

Je n'en ai point douté d'abord que je l'ai vue,
Et mon ame depuis n'a cessé d'être émue.
Ah, ma fille! je cède à des transports si doux[1].

---

[1] Les critiques contemporains, et même ceux de nos jours, dit M. Petitot dans ses réflexions judicieuses sur *l'École des Femmes*, ont blâmé le dénoûment de cette pièce : il est vrai qu'il est inférieur à celui de *l'École des Maris*, l'un des meilleurs qui existent au théâtre. Mais avant de juger si sévèrement un des chefs-d'œuvre de Molière, il faudroit peut-être réfléchir un peu sur la nature du

CHRYSALDE.

J'en ferois de bon cœur, mon frère, autant que vous;

poëme comique, et sur ce qui le distingue du drame et de la tragédie. Dans ces deux derniers genres, l'intérêt doit dominer : il faut que de scène en scène, d'acte en acte, cet intérêt augmente, et qu'avec vraisemblance on arrive à une catastrophe qui déchire le cœur, ou calme ses agitations. L'objet de la comédie n'est pas le même : elle se borne à peindre les ridicules et les travers, à faire rire aux dépens de ceux qui en ont ; et les préparations nécessaires pour amener un dénoûment savamment combiné étoufferoient souvent le comique, et nuiroient aux développements où les mœurs sont retracées. C'est pourquoi Molière n'a généralement admis que des intrigues très simples, et s'est peu inquiété de ses dénoûments, quand il a eu la certitude de remplir son véritable objet. Le dénoûment de *l'École des Maris* étoit indiqué par la fable, au lieu que celui de *l'École des Femmes* auroit eu besoin, pour être mieux amené, de plusieurs préparations qui, jetées dans diverses parties de l'ouvrage, en auroient retardé la marche, et auroient affoibli le comique des scènes charmantes d'Horace et d'Arnolphe.

Boileau adressa à Molière les stances suivantes au sujet de l'École des Femmes :

> En vain mille jaloux esprits,
> Molière, osent avec mépris
> Censurer ton plus bel ouvrage :
> Sa charmante naïveté
> S'en va pour jamais, d'âge en âge,
> Divertir la postérité.

> Que tu ris agréablement !
> Que tu badines savamment !
> Celui qui sut vaincre Numance,
> Qui mit Carthage sous sa loi,
> Jadis, sous le nom de Térence,
> Sut-il mieux badiner que toi ?

> Ta muse avec utilité
> Dit plaisamment la vérité ;

ACTE V, SCÈNE X.

Mais ces lieux et cela ne s'accommodent guères.
Allons dans la maison débrouiller ces mystères,
Payer à notre ami ses soins officieux,
Et rendre grace au ciel qui fait tout pour le mieux.

    Chacun profite à ton école :
    Tout en est beau, tout en est bon ;
    Et ta plus burlesque parole
    Vaut souvent un docte sermon.

    Laisse gronder tes envieux ;
    Ils ont beau crier en tous lieux
    Qu'en vain tu charmes le vulgaire,
    Que tes vers n'ont rien de plaisant :
    Si tu savois un peu moins plaire,
    Tu ne leur déplairois pas tant.

FIN DE L'ÉCOLE DES FEMMES.

LA CRITIQUE

DE

L'ÉCOLE DES FEMMES,

COMÉDIE EN UN ACTE

ET EN PROSE,

Représentée à Paris, sur le théâtre du Palais-Royal,
le 1er juin 1663.

A LA REINE MÈRE[1].

MADAME,

Je sais bien que Votre Majesté n'a que faire de toutes nos dédicaces, que ces prétendus devoirs, dont on lui dit élégamment qu'on s'acquitte envers elle, sont des hommages, à dire vrai, dont elle nous dispenseroit très volontiers : mais je ne laisse pas d'avoir l'audace de lui dédier la *Critique de l'École des femmes,* et je n'ai pu refuser cette petite occasion de pouvoir témoigner ma joie à Votre Majesté sur cette heureuse convalescence qui redonne à nos vœux la plus grande et la meilleure princesse du monde, et nous promet en elle de longues années d'une santé vigoureuse. Comme chacun regarde les choses du côté de ce qui le touche, je me réjouis, dans cette alégresse générale, de pouvoir encore obtenir l'honneur de divertir Votre Majesté; elle, Madame, qui prouve si bien que la véritable dévotion n'est point con-

[1] Anne d'Autriche, mère de Louis XIV.

traire aux honnêtes divertissements; qui, de ses hautes pensées et de ses importantes occupations, descend si humainement dans le plaisir de nos spectacles, et ne dédaigne pas de rire de cette même bouche dont elle prie si bien Dieu : je flatte, dis-je, mon esprit de l'espérance de cette gloire; j'en attends le moment avec toutes les impatiences du monde; et, quand je jouirai de ce bonheur, ce sera la plus grande joie que puisse recevoir,

MADAME,

DE VOTRE MAJESTÉ,

Le très humble, très obéissant et très fidèle serviteur,
J.-B. P. MOLIÈRE.

PERSONNAGES.

URANIE[1].
ÉLISE[2].
CLIMÈNE[3].
LE MARQUIS[4].
DORANTE ou LE CHEVALIER[5].
LYSIDAS, poëte [6].
GALOPIN, laquais.

ACTEURS.

[1] Mademoiselle DE BRIE. — [2] Armande BÉJART, femme de Molière. — [3] Mademoiselle DUPARC. — [4] LA GRANGE. — [5] BRÉCOURT. — [6] DU CROISY.

La scène est à Paris, dans la maison d'Uranie.

LA CRITIQUE

DE

L'ÉCOLE DES FEMMES[1].

SCÈNE I.

URANIE, ÉLISE.

URANIE.

Quoi! cousine, personne ne t'est venu rendre visite?

ÉLISE.

Personne du monde.

URANIE.

Vraiment, voilà qui m'étonne, que nous ayons été seules l'une et l'autre tout aujourd'hui.

ÉLISE.

Cela m'étonne aussi, car ce n'est guère notre coutume; et votre maison, dieu merci, est le refuge ordinaire de tous les fainéants de la cour.

URANIE.

L'après-dînée, à dire vrai, m'a semblé fort longue.

---

[1] *La Critique de l'École des Femmes* est la première comédie qui n'ait eu pour objet que la défense d'une autre pièce.

ÉLISE.
Et moi je l'ai trouvée fort courte.

URANIE.
C'est que les beaux esprits, cousine, aiment la solitude.

ÉLISE.
Ah! très humble servante au bel esprit; vous savez que ce n'est pas là que je vise.

URANIE.
Pour moi, j'aime la compagnie, je l'avoue.

ÉLISE.
Je l'aime aussi, mais je l'aime choisie; et la quantité de sottes visites qu'il vous faut essuyer parmi les autres est cause bien souvent que je prends plaisir d'être seule.

URANIE.
La délicatesse est trop grande, de ne pouvoir souffrir que des gens triés.

ÉLISE.
Et la complaisance est trop générale, de souffrir indifféremment toutes sortes de personnes.

URANIE.
Je goûte ceux qui sont raisonnables, et me divertis des extravagants.

ÉLISE.
Ma foi, les extravagants ne vont guère loin sans vous ennuyer, et la plupart de ces gens-là ne sont plus plaisants dès la seconde visite. Mais, à propos d'extravagants, ne voulez-vous pas me défaire de votre marquis incommode? Pensez-vous me le laisser

toujours sur les bras, et que je puisse durer à ses turlupinades¹ perpétuelles ?

URANIE.

Ce langage est à la mode, et l'on le tourne en plaisanterie à la cour.

ÉLISE.

Tant pis pour ceux qui le font, et qui se tuent tout le jour à parler ce jargon obscur. La belle chose, de faire entrer, aux conversations du Louvre, de vieilles équivoques ramassées parmi les boues des halles et de la place Maubert! La jolie façon de plaisanter pour des courtisans! et qu'un homme montre d'esprit lorsqu'il vient vous dire : Madame, vous êtes dans la place Royale, et tout le monde vous voit de trois lieues de Paris; car chacun vous voit de bon œil ! à cause que Bonneuil est un village à trois lieues d'ici. Cela n'est-il pas bien galant et bien spirituel ? et ceux qui trouvent ces belles rencontres n'ont-ils pas lieu de s'en glorifier ?

URANIE.

On ne dit pas cela aussi comme une chose spirituelle; et la plupart de ceux qui affectent ce langage savent bien eux-mêmes qu'il est ridicule.

---

¹ *Turlupinades*, mauvaises plaisanteries. Elles ont pris ce nom d'un célèbre farceur de l'hôtel de Bourgogne, qui s'appeloit *Belleville* pour le haut comique, et *Turlupin* pour la farce. Il est étonnant que ce mauvais goût, toujours décrié, soit encore aujourd'hui le fléau des sociétés. Si *la Critique de l'École des Femmes* se rejouoit quelquefois, elle feroit rougir nos illustres faiseurs de pointes.

Le véritable nom de *Turlupin* étoit Legrand (Henri).

ÉLISE.

Tant pis encore de prendre peine à dire des sottises, et d'être mauvais plaisants de dessein formé. Je les en tiens moins excusables; et si j'en étois juge, je sais bien à quoi je condamnerois tous ces messieurs les turlupins.

URANIE.

Laissons cette matière, qui t'échauffe un peu trop, et disons que Dorante vient bien tard, à mon avis, pour le souper que nous devons faire ensemble.

ÉLISE.

Peut-être l'a-t-il oublié, et que...

SCÈNE II.

URANIE, ÉLISE, GALOPIN.

GALOPIN.

Voilà Climène, madame, qui vient ici pour vous voir.

URANIE.

Hé, mon dieu, quelle visite!

ÉLISE.

Vous vous plaigniez d'être seule; aussi le ciel vous en punit.

URANIE.

Vite, qu'on aille dire que je n'y suis pas.

GALOPIN.

On a déja dit que vous y étiez.

URANIE.

Et qui est le sot qui l'a dit?

GALOPIN.

Moi, madame.

URANIE.

Diantre soit le petit vilain! Je vous apprendrai bien à faire vos réponses de vous-même.

GALOPIN.

Je vais lui dire, madame, que vous voulez être sortie.

URANIE.

Arrêtez, animal, et la laissez monter, puisque la sottise est faite.

GALOPIN.

Elle parle encore à un homme dans la rue.

URANIE.

Ah, cousine! que cette visite m'embarrasse à l'heure qu'il est!

ÉLISE.

Il est vrai que la dame est un peu embarrassante de son naturel : j'ai toujours eu pour elle une furieuse aversion; et, n'en déplaise à sa qualité, c'est la plus sotte bête qui se soit jamais mêlée de raisonner.

URANIE.

L'épithète est un peu forte.

ÉLISE.

Allez, allez, elle mérite bien cela, et quelque chose de plus si on lui faisoit justice. Est-ce qu'il y a une personne qui soit plus véritablement qu'elle ce qu'on appelle précieuse, à prendre le mot dans sa plus mauvaise signification?

URANIE.

Elle se défend bien de ce nom pourtant.

ÉLISE.

Il est vrai, elle se défend du nom, mais non pas de la chose : car enfin elle l'est depuis les pieds jusqu'à la tête, et la plus grande façonnière du monde. Il semble que tout son corps soit démonté, et que les mouvements de ses hanches, de ses épaules et de sa tête n'aillent que par ressorts. Elle affecte toujours un ton de voix languissant et niais, fait la moue pour montrer une petite bouche, et roule les yeux pour les faire paroître grands.

URANIE.

Doucement donc. Si elle venoit à entendre...

ÉLISE.

Point, point; elle ne monte pas encore. Je me souviens toujours du soir qu'elle eut envie de voir Damon, sur la réputation qu'on lui donne et les choses que le public a vues de lui. Vous connoissez l'homme et sa naturelle paresse à soutenir la conversation. Elle l'avoit invité à souper comme bel esprit, et jamais il ne parut si sot, parmi une demi-douzaine de gens à qui elle avoit fait fête de lui, et qui le regardoient avec de grands yeux, comme une personne qui ne devoit pas être faite comme les autres. Ils pensoient tous qu'il étoit là pour défrayer la compagnie de bons mots; que chaque parole qui sortoit de sa bouche devoit être extraordinaire; qu'il devoit faire des impromptus sur tout ce qu'on disoit, et ne demander à boire qu'avec une pointe. Mais il les trompa fort par son silence; et la dame fut aussi mal satisfaite de lui que je le fus d'elle[1].

URANIE.

Tais-toi. Je vais la recevoir à la porte de la chambre.

ÉLISE.

Encore un mot. Je voudrois bien la voir mariée avec le marquis dont nous avons parlé : le bel assemblage que ce seroit d'une précieuse et d'un turlupin!

URANIE.

Veux-tu te taire? La voici.

SCÈNE III.

CLIMÈNE, URANIE, ÉLISE, GALOPIN.

URANIE.

Vraiment, c'est bien tard que...

CLIMÈNE.

Hé! de grace, ma chère, faites-moi vite donner un siége.

URANIE, *à Galopin.*

Un fauteuil promptement.

---

[1] Il y a grande apparence que Molière révèle ici ce qui lui étoit arrivé dans une maison où l'on s'étoit rassemblé pour le voir, et où il trompa l'espérance des gens qui croyoient qu'il parleroit beaucoup, et qu'il *ne demanderoit à boire qu'avec une pointe,* comme il le dit.

CLIMÈNE.

Ah, mon Dieu!

URANIE.

Qu'est-ce donc?

CLIMÈNE.

Je n'en puis plus.

URANIE.

Qu'avez-vous?

CLIMÈNE.

Le cœur me manque.

URANIE.

Sont-ce vapeurs qui vous ont pris?

CLIMÈNE.

Non.

URANIE.

Voulez-vous que l'on vous délace?

CLIMÈNE.

Mon dieu non. Ah!

URANIE.

Quel est donc votre mal? et depuis quand vous a-t-il pris?

CLIMÈNE.

Il y a plus de trois heures, et je l'ai apporté du Palais-Royal.

URANIE.

Comment?

CLIMÈNE.

Je viens de voir, pour mes péchés, cette méchante rapsodie de *l'École des femmes*. Je suis encore en défaillance du mal de cœur que cela m'a donné, et je pense que je n'en reviendrai de plus de quinze jours.

ÉLISE.

Voyez un peu comme les maladies arrivent sans qu'on y songe!

URANIE.

Je ne sais pas de quel tempérament nous sommes, ma cousine et moi; mais nous fûmes avant-hier à la même pièce, et nous en revînmes toutes deux saines et gaillardes.

CLIMÈNE.

Quoi, vous l'avez vue?

URANIE.

Oui; et écoutée d'un bout à l'autre.

CLIMÈNE.

Et vous n'en avez pas été jusques aux convulsions, ma chère?

URANIE.

Je ne suis pas si délicate, dieu merci; et je trouve, pour moi, que cette comédie seroit plutôt capable de guérir les gens que de les rendre malades.

CLIMÈNE.

Ah, mon dieu! que dites-vous là? Cette proposition peut-elle être avancée par une personne qui ait du revenu en sens commun? Peut-on impunément, comme vous faites, rompre en visière à la raison? Et, dans le vrai de la chose, est-il un esprit si affamé de la plaisanterie, qu'il puisse tâter des fadaises dont cette comédie est assaisonnée? Pour moi, je vous avoue que je n'ai pas trouvé le moindre grain de sel dans tout cela. Les *enfants par l'oreille* m'ont paru d'un goût détestable, la *tarte à la crème* m'a affadi le cœur, et j'ai pensé vomir au *potage*.

ÉLISE.

Mon dieu! que tout cela est dit élégamment! J'aurois cru que cette pièce étoit bonne : mais madame a une éloquence si persuasive, elle tourne les choses d'une manière si agréable, qu'il faut être de son sentiment, malgré qu'on en ait.

URANIE.

Pour moi, je n'ai pas tant de complaisance; et, pour dire ma pensée, je tiens cette comédie une des plus plaisantes que l'auteur ait produites.

CLIMÈNE.

Ah! vous me faites pitié de parler ainsi; et je ne saurois vous souffrir cette obscurité de discernement. Peut-on, ayant de la vertu, trouver de l'agrément dans une pièce qui tient sans cesse la pudeur en alarme, et salit à tout moment l'imagination?

ÉLISE.

Les jolies façons de parler que voilà! Que vous êtes, madame, une rude joueuse en critique, et que je plains le pauvre Molière de vous avoir pour ennemie!

CLIMÈNE.

Croyez-moi, ma chère : corrigez de bonne foi votre jugement; et, pour votre honneur, n'allez point dire par le monde que cette comédie vous ait plu.

URANIE.

Moi, je ne sais pas ce que vous y avez trouvé qui blesse la pudeur.

CLIMÈNE.

Hélas! tout; et je mets en fait qu'une honnête femme ne la sauroit voir sans confusion, tant j'y ai découvert d'ordures et de saletés.

URANIE.

Il faut donc que pour les ordures vous ayez des lumières que les autres n'ont pas; car, pour moi, je n'y en ai point vu.

CLIMÈNE.

C'est que vous ne voulez pas y en avoir vu, assurément; car enfin toutes ces ordures, dieu merci, y sont à visage découvert. Elles n'ont pas la moindre enveloppe qui les couvre, et les yeux les plus hardis sont effrayés de leur nudité.

ÉLISE.

Ah!

CLIMÈNE.

Hai, hai, hai.

URANIE.

Mais encore, s'il vous plaît, marquez-moi une de ces ordures que vous dites.

CLIMÈNE.

Hélas! est-il nécessaire de vous les marquer?

URANIE.

Oui. Je vous demande seulement un endroit qui vous ait fort choquée.

CLIMÈNE.

En faut-il d'autres que la scène de cette Agnès, lorsqu'elle dit ce qu'on lui a pris?

URANIE.

Et que trouvez-vous là de sale?

CLIMÈNE.

Ah!

URANIE.

De grace!

CLIMÈNE.

Fi!

URANIE.

Mais encore?

CLIMÈNE.

Je n'ai rien à vous dire.

URANIE.

Pour moi, je n'y entends point de mal.

CLIMÈNE.

Tant pis pour vous.

URANIE.

Tant mieux plutôt, ce me semble : je regarde les choses du côté qu'on me les montre, et ne les tourne point pour y chercher ce qu'il ne faut pas voir.

CLIMÈNE.

L'honnêteté d'une femme...

URANIE.

L'honnêteté d'une femme n'est pas dans les grimaces. Il sied mal de vouloir être plus sage que celles qui sont sages. L'affectation en cette matière est pire qu'en toute autre; et je ne vois rien de si ridicule que cette délicatesse d'honneur qui prend tout en mauvaise part, donne un sens criminel aux plus innocentes paroles, et s'offense de l'ombre des choses.

Croyez-moi, celles qui font tant de façons n'en sont pas estimées plus femmes de bien ; au contraire, leur sévérité mystérieuse et leurs grimaces affectées irritent la censure de tout le monde contre les actions de leur vie. On est ravi de découvrir ce qu'il peut y avoir à redire : et, pour tomber dans l'exemple, il y avoit l'autre jour des femmes à cette comédie, vis-à-vis de la loge où nous étions, qui, par les mines qu'elles affectèrent durant toute la pièce, leurs détournements de tête, et leurs cachements de visage, firent dire de tous côtés cent sottises de leur conduite, que l'on n'auroit pas dites sans cela : et quelqu'un même des laquais cria tout haut qu'elles étoient plus chastes des oreilles que de tout le reste du corps.

CLIMÈNE.

Enfin il faut être aveugle dans cette pièce, et ne pas faire semblant d'y voir les choses.

URANIE.

Il ne faut pas y vouloir voir ce qui n'y est pas.

CLIMÈNE.

Ah! je soutiens, encore un coup, que les saletés y crèvent les yeux.

URANIE.

Et moi, je ne demeure pas d'accord de cela.

CLIMÈNE.

Quoi ! la pudeur n'est pas visiblement blessée par ce que dit Agnès dans l'endroit dont nous parlons ?

URANIE.

Non, vraiment. Elle ne dit pas un mot qui de soi

ne soit fort honnête; et, si vous voulez entendre dessous quelque autre chose, c'est vous qui faites l'ordure, et non pas elle, puisqu'elle parle seulement d'un ruban qu'on lui a pris.

CLIMÈNE.

Ah! ruban tant qu'il vous plaira; mais ce *le* où elle s'arrête n'est pas mis pour des prunes. Il vient sur ce *le* d'étranges pensées : ce *le* scandalise furieusement; et, quoi que vous puissiez dire, vous ne sauriez défendre l'insolence de ce *le*.

ÉLISE.

Il est vrai, ma cousine, je suis pour madame contre ce *le*. Ce *le* est insolent au dernier point, et vous avez tort de défendre ce *le*.

CLIMÈNE.

Il a une obscénité qui n'est pas supportable.

ÉLISE.

Comment dites-vous ce mot-là, madame?

CLIMÈNE.

Obscénité, madame.

ÉLISE.

Ah, mon Dieu! obscénité. Je ne sais ce que ce mot veut dire; mais je le trouve le plus joli du monde [1].

CLIMÈNE.

Enfin vous voyez comme votre sang prend mon parti.

---

[1] Le mot *obscénité*, sur lequel Élise se récrie dans cette scène, étoit nouveau sans doute, et de la création des précieuses. Molière ne prévoyoit pas qu'il feroit une si heureuse fortune.

URANIE.

Hé, mon dieu! c'est une causeuse qui ne dit pas ce qu'elle pense. Ne vous y fiez pas beaucoup, si vous m'en voulez croire.

ÉLISE.

Ah! que vous êtes méchante de me vouloir rendre suspecte à madame! Voyez un peu où j'en serois, si elle alloit croire ce que vous dites! Serois-je si malheureuse, madame, que vous eussiez de moi cette pensée?

CLIMÈNE.

Non, non, je ne m'arrête pas à ces paroles, et je vous crois plus sincère qu'elle ne dit.

ÉLISE.

Ah! que vous avez bien raison, madame, et que vous me rendrez justice quand vous croirez que je vous trouve la plus engageante personne du monde, que j'entre dans tous vos sentiments, et suis charmée de toutes les expressions qui sortent de votre bouche!

CLIMÈNE.

Hélas! je parle sans affectation.

ÉLISE.

On le voit bien, madame, et que tout est naturel en vous. Vos paroles, le ton de votre voix, vos regards, vos pas, votre action et votre ajustement, ont je ne sais quel air de qualité qui enchante les gens. Je vous étudie des yeux et des oreilles; et je suis si remplie de vous, que je tâche d'être votre singe, et de vous contrefaire en tout.

CLIMÈNE.

Vous vous moquez de moi, madame.

ÉLISE.

Pardonnez-moi, madame. Qui voudroit se moquer de vous?

CLIMÈNE.

Je ne suis pas un bon modèle, madame.

ÉLISE.

Oh, que si, madame!

CLIMÈNE.

Vous me flattez, madame.

ÉLISE.

Point du tout, madame.

CLIMÈNE.

Épargnez-moi, s'il vous plaît, madame.

ÉLISE.

Je vous épargne aussi, madame; et je ne dis pas la moitié de ce que je pense, madame.

CLIMÈNE.

Ah, mon dieu! brisons là, de grace. Vous me jetteriez dans une confusion épouvantable. (*à Uranie.*) Enfin nous voilà deux contre vous; et l'opiniâtreté sied si mal aux personnes spirituelles...

SCÈNE IV.

LE MARQUIS, CLIMÈNE, URANIE, ÉLISE, GALOPIN.

GALOPIN, *à la porte de la chambre.*
Arrêtez, s'il vous plaît, monsieur.

LE MARQUIS.

Tu ne me connois pas, sans doute?

GALOPIN.

Si fait, je vous connois; mais vous n'entrerez pas.

LE MARQUIS.

Ah, que de bruit, petit laquais!

GALOPIN.

Cela n'est pas bien de vouloir entrer malgré les gens.

LE MARQUIS.

Je veux voir ta maîtresse.

GALOPIN.

Elle n'y est pas, vous dis-je.

LE MARQUIS.

La voilà dans sa chambre.

GALOPIN.

Il est vrai, la voilà; mais elle n'y est pas.

URANIE.

Qu'est-ce donc qu'il y a là?

LE MARQUIS.

C'est votre laquais, madame, qui fait le sot.

GALOPIN.

Je lui dis que vous n'y êtes pas, madame, et il ne veut pas laisser d'entrer.

URANIE.

Et pourquoi dire à monsieur que je n'y suis pas?

GALOPIN.

Vous me grondâtes l'autre jour de lui avoir dit que vous y étiez.

URANIE.

Voyez cet insolent! Je vous prie, monsieur, de ne pas croire ce qu'il dit. C'est un petit écervelé qui vous a pris pour un autre.

LE MARQUIS.

Je l'ai bien vu, madame; et, sans votre respect, je lui aurois appris à connoître les gens de qualité.

ÉLISE.

Ma cousine vous est fort obligée de cette déférence.

URANIE, *à Galopin.*

Un siége donc, impertinent.

GALOPIN.

N'en voilà-t-il pas un?

URANIE.

Approchez-le.

(*Galopin pousse le siége rudement, et sort.*)

SCÈNE V.

LE MARQUIS, CLIMÈNE, URANIE, ÉLISE.

LE MARQUIS.

Votre petit laquais, madame, a du mépris pour ma personne.

ÉLISE.

Il auroit tort, sans doute.

LE MARQUIS.

C'est peut-être que je paie l'intérêt de ma mauvaise mine : (*il rit.*) hai, hai, hai.

ÉLISE.

L'âge le rendra plus éclairé en honnêtes gens.

LE MARQUIS.

Sur quoi en étiez-vous, mesdames, lorsque je vous ai interrompues?

URANIE.

Sur la comédie de l'École des femmes.

LE MARQUIS.

Je ne fais que d'en sortir.

CLIMÈNE.

Hé bien, monsieur, comment la trouvez-vous, s'il vous plaît?

LE MARQUIS.

Tout-à-fait impertinente.

CLIMÈNE.

Ah, que j'en suis ravie!

LE MARQUIS.

C'est la plus méchante chose du monde. Comment diable! à peine ai-je pu trouver place. J'ai pensé être étouffé à la porte, et jamais on ne m'a tant marché sur les pieds. Voyez comme mes canons et mes rubans en sont ajustés, de grace.

ÉLISE.

Il est vrai que cela crie vengeance contre l'École des femmes, et que vous la condamnez avec justice.

LE MARQUIS.

Il ne s'est jamais fait, je pense, une si méchante comédie.

URANIE.

Ah, voici Dorante, que nous attendions!

SCÈNE VI.

DORANTE, CLIMÈNE, URANIE, ÉLISE, LE MARQUIS.

DORANTE.

Ne bougez, de grace, et n'interrompez point votre discours. Vous êtes là sur une matière qui, depuis quatre jours, fait presque l'entretien de toutes les maisons de Paris, et jamais on n'a rien vu de si plaisant que la diversité des jugements qui se font là dessus; car enfin j'ai ouï condamner cette comédie à certaines gens par les mêmes choses que j'ai vu d'autres estimer le plus.

URANIE.

Voilà monsieur le marquis qui en dit force mal.

LE MARQUIS.

Il est vrai. Je la trouve détestable, morbleu! détestable, du dernier détestable, ce qu'on appelle détestable.

DORANTE.

Et moi, mon cher marquis, je trouve le jugement détestable.

LE MARQUIS.

Quoi! chevalier, est-ce que tu prétends soutenir cette pièce?

DORANTE.

Oui, je prétends la soutenir.

LE MARQUIS.

Parbleu! je la garantis détestable.

DORANTE.

La caution n'est pas bourgeoise[1]. Mais, marquis, par quelle raison, de grace, cette comédie est-elle ce que tu dis?

LE MARQUIS.

Pourquoi elle est détestable?

DORANTE.

Oui.

LE MARQUIS.

Elle est détestable, parce qu'elle est détestable.

DORANTE.

Après cela il n'y a plus rien à dire; voilà son procès fait. Mais encore, instruis-nous, et nous dis les défauts qui y sont.

LE MARQUIS.

Que sais-je, moi? Je ne me suis pas seulement donné la peine de l'écouter. Mais enfin je sais bien que je n'ai jamais rien vu de si méchant, dieu me damne; et Dorilas, contre qui j'étois, a été de mon avis.

DORANTE.

L'autorité est belle, et te voilà bien appuyé!

LE MARQUIS.

Il ne faut que voir les continuels éclats de rire que le parterre y fait. Je ne veux point d'autre chose pour témoigner qu'elle ne vaut rien.

---

[1] *La caution n'est pas bourgeoise,* façon de parler empruntée de la science du droit. Elle veut dire que la caution n'est ni valable ni sûre.

DORANTE.

Tu es donc, marquis, de ces messieurs du bel air qui ne veulent pas que le parterre ait du sens commun, et qui seroient fâchés d'avoir ri avec lui, fût-ce de la meilleure chose du monde? Je vis, l'autre jour, sur le théâtre, un de nos amis qui se rendit ridicule par là. Il écouta toute la pièce avec un sérieux le plus sombre du monde; et tout ce qui égayoit les autres ridoit son front. A tous les éclats de risée, il haussoit les épaules, et regardoit le parterre en pitié; et quelquefois aussi, le regardant avec dépit, il lui disoit tout haut: *Ris donc, parterre, ris donc.* Ce fut une seconde comédie que le chagrin de notre ami; il la donna en galant homme à toute l'assemblée, et chacun demeura d'accord qu'on ne pouvoit pas mieux jouer qu'il fit. Apprends, marquis, je te prie, et les autres aussi, que le bon sens n'a point de place déterminée à la Comédie; que la différence du demi-louis d'or[1] et de la pièce de quinze sous[2] ne fait rien du tout au bon goût; que, debout ou assis, on peut donner un mauvais jugement; et qu'enfin, à le prendre en général, je me fierois assez à l'approbation du parterre, par la raison qu'entre ceux qui le composent il

---

[1] A cette époque, le *louis* ou *lis d'or* valoit 7 livres tournois; le marc à 423 livres 10 sous 11 deniers, à 23 karats un quart du titre. Le prix des premières places d'un demi-louis étoit donc de 3 livres 10 sous.

[2] On payoit au parterre 15 sous, et 10 seulement avant le succès des *Précieuses ridicules.*

y en a plusieurs qui sont capables de juger d'une pièce selon les règles, et que les autres en jugent par la bonne façon d'en juger, qui est de se laisser prendre aux choses, et de n'avoir ni prévention aveugle, ni complaisance affectée, ni délicatesse ridicule.

LE MARQUIS.

Te voilà donc, chevalier, le défenseur du parterre! Parbleu! je m'en réjouis, et je ne manquerai pas de l'avertir que tu es de ses amis. Hai, hai...

DORANTE.

Ris tant que tu voudras. Je suis pour le bon sens, et ne saurois souffrir les ébullitions de cerveau de nos marquis de Mascarille. J'enrage de voir de ces gens qui se traduisent en ridicule malgré leur qualité; de ces gens qui décident toujours, et parlent hardiment de toutes choses sans s'y connoître; qui, dans une comédie, se récrieront aux méchants endroits, et ne branleront pas à ceux qui sont bons; qui, voyant un tableau, ou écoutant un concert de musique, blâment de même, et louent tout à contre-sens, prennent par où ils peuvent les termes de l'art qu'ils attrapent, et ne manquent jamais de les estropier et de les mettre hors de place. Hé, morbleu! messieurs, taisez-vous. Quand Dieu ne vous a pas donné la connoissance d'une chose, n'apprêtez point à rire à ceux qui vous entendent parler; et songez qu'en ne disant mot, on croira peut-être que vous êtes d'habiles gens.

LE MARQUIS.

Parbleu! chevalier, tu le prends là...

DORANTE.

Mon dieu, marquis, ce n'est pas à toi que je parle: c'est à une douzaine de messieurs qui déshonorent les gens de cour par leurs manières extravagantes, et font croire parmi le peuple que nous nous ressemblons tous. Pour moi, je m'en veux justifier le plus qu'il me sera possible; et je les dauberai tant en toutes rencontres, qu'à la fin ils se rendront sages.

LE MARQUIS.

Dis-moi un peu, chevalier, crois-tu que Lysandre ait de l'esprit?

DORANTE.

Oui, sans doute, et beaucoup.

URANIE.

C'est une chose qu'on ne peut pas nier.

LE MARQUIS.

Demandez-lui ce qu'il lui semble de l'École des femmes; vous verrez qu'il vous dira qu'elle ne lui plaît pas.

DORANTE.

Hé, mon dieu! il y en a beaucoup que le trop d'esprit gâte, qui voient mal les choses à force de lumière, et même qui seroient bien fâchés d'être de l'avis des autres, pour avoir la gloire de décider.

URANIE.

Il est vrai. Notre ami est de ces gens-là, sans doute. Il veut être le premier de son opinion, et qu'on attende par respect son jugement. Toute approbation qui marche avant la sienne est un attentat sur ses lumières, et dont il se venge hautement en prenant le contraire parti. Il veut qu'on le consulte sur toutes les affaires d'esprit; et je suis sûre que, si l'auteur lui eût montré sa comédie avant que de la faire voir au public, il l'eût trouvée la plus belle du monde.

LE MARQUIS.

Et que direz-vous de la marquise Araminte, qui la publie partout pour épouvantable, et dit qu'elle n'a pu jamais souffrir les ordures dont elle est pleine?

DORANTE.

Je dirai que cela est digne du caractère qu'elle a pris, et qu'il y a des personnes qui se rendent ridicules pour vouloir avoir trop d'honneur. Bien qu'elle ait de l'esprit, elle a suivi le mauvais exemple de celles qui, étant sur le retour de l'âge, veulent remplacer de quelque chose ce qu'elles voient qu'elles perdent, et prétendent que les grimaces d'une pruderie scrupuleuse leur tiendront lieu de jeunesse et de beauté. Celle-ci pousse l'affaire plus avant qu'aucune, et l'habileté de son scrupule découvre des saletés où jamais personne n'en avoit vu. On tient qu'il va, ce scrupule, jusques à défigurer notre langue, et qu'il n'y a presque point de mots dont la sévérité de cette dame ne veuille retrancher ou la tête ou la queue, pour les syllabes déshonnêtes qu'elle y trouve.

URANIE.

Vous êtes bien fou, chevalier.

LE MARQUIS.

Enfin, chevalier, tu crois défendre ta comédie en faisant la satire de ceux qui la condamnent.

DORANTE.

Non pas; mais je tiens que cette dame se scandalise à tort...

ÉLISE.

Tout beau, monsieur le chevalier, il pourroit y en avoir d'autres qu'elle qui seroient dans les mêmes sentiments.

DORANTE.

Je sais bien que ce n'est pas vous, au moins, et que lorsque vous avez vu cette représentation...

ÉLISE.

Il est vrai, mais j'ai changé d'avis; et madame (*montrant Climène*) sait appuyer le sien par des raisons si convaincantes, qu'elle m'a entraînée de son côté.

DORANTE, *à Climène.*

Ah, madame! je vous demande pardon; et, si vous le voulez, je me dédirai, pour l'amour de vous, de tout ce que j'ai dit.

CLIMÈNE.

Je ne veux pas que ce soit pour l'amour de moi, mais pour l'amour de la raison : car enfin cette pièce, à le bien prendre, est tout-à-fait indéfendable, et je ne conçois pas...

URANIE.

Ah! voici l'auteur, monsieur Lysidas. Il vient tout à propos pour cette matière. Monsieur Lysidas, prenez un siége vous-même, et vous mettez là.

SCÈNE VII.

LYSIDAS, CLIMÈNE, URANIE, ÉLISE, DORANTE, LE MARQUIS.

LYSIDAS.

Madame, je viens un peu tard; mais il m'a fallu lire ma pièce chez madame la marquise dont je vous avois parlé; et les louanges qui lui ont été données m'ont retenu une heure de plus que je ne croyois.

ÉLISE.

C'est un grand charme que les louanges pour arrêter un auteur.

URANIE.

Asseyez-vous donc, monsieur Lysidas; nous lirons votre pièce après souper.

LYSIDAS.

Tous ceux qui étoient là doivent venir à sa première représentation, et m'ont promis de faire leur devoir comme il faut.

URANIE.

Je le crois. Mais encore une fois, asseyez-vous, s'il vous plaît. Nous sommes ici sur une matière que je serai bien aise que nous poussions.

LYSIDAS.

Je pense, madame, que vous retiendrez aussi une loge pour ce jour-là.

URANIE.

Nous verrons. Poursuivons, de grace, notre discours.

LYSIDAS.

Je vous donne avis, madame, qu'elles sont presque toutes retenues.

URANIE.

Voilà qui est bien. Enfin j'avois besoin de vous, lorsque vous êtes venu, et tout le monde étoit ici contre moi.

ÉLISE, *à Uranie.*

(*Montrant Dorante.*) Il s'est mis d'abord de votre côté; mais maintenant, qu'il sait que madame (*montrant Climène*) est à la tête du parti contraire, je pense que vous n'avez qu'à chercher un autre secours.

CLIMÈNE.

Non, non, je ne voudrois pas qu'il fît mal sa cour auprès de madame votre cousine, et je permets à son esprit d'être du parti de son cœur.

DORANTE.

Avec cette permission, madame, je prendrai la hardiesse de me défendre.

URANIE.

Mais, auparavant, sachons un peu les sentiments de M. Lysidas.

LYSIDAS.

Sur quoi, madame?

URANIE.

Sur le sujet de l'École des femmes.

LYSIDAS.

Ah, ah!

DORANTE.

Que vous en semble?

LYSIDAS.

Je n'ai rien à dire là dessus; et vous savez qu'entre nous autres auteurs, nous devons parler des ouvrages les uns des autres avec beaucoup de circonspection.

DORANTE.

Mais encore, entre nous, que pensez-vous de cette comédie?

LYSIDAS.

Moi, monsieur?

URANIE.

De bonne foi, dites-nous votre avis.

LYSIDAS.

Je la trouve fort belle.

DORANTE.

Assurément?

LYSIDAS.

Assurément. Pourquoi non? n'est-elle pas en effet la plus belle du monde?

DORANTE.

Hon, hon, vous êtes un méchant diable, monsieur Lysidas; vous ne dites pas ce que vous pensez.

LYSIDAS.

Pardonnez-moi.

DORANTE.

Mon dieu! je vous connois, ne dissimulons point.

LYSIDAS.

Moi, monsieur?

DORANTE.

Je vois bien que le bien que vous dites de cette pièce

n'est que par honnêteté, et que, dans le fond du cœur, vous êtes de l'avis de beaucoup de gens qui la trouvent mauvaise.

LYSIDAS.

Hai, hai, hai.

DORANTE.

Avouez, ma foi, que c'est une méchante chose que cette comédie.

LYSIDAS.

Il est vrai qu'elle n'est pas approuvée par les connoisseurs.

LE MARQUIS.

Ma foi, chevalier, tu en tiens; et te voilà payé de ta raillerie. Ha, ha, ha, ha, ha!

DORANTE.

Pousse, mon cher marquis, pousse.

LE MARQUIS.

Tu vois que nous avons les savants de notre côté.

DORANTE.

Il est vrai. Le jugement de monsieur Lysidas est quelque chose de considérable; mais monsieur Lysidas veut bien que je ne me rende pas pour cela; et puisque j'ai bien l'audace de me défendre contre les sentiments de madame (*montrant Climène*), il ne trouvera pas mauvais que je combatte les siens.

ÉLISE.

Quoi! vous voyez contre vous, madame, monsieur le marquis et monsieur Lysidas, et vous osez résister encore? Fi! que cela est de mauvaise grace!

DES FEMMES, SCÈNE VII.

CLIMÈNE.

Voilà qui me confond, pour moi, que des personnes raisonnables se puissent mettre en tête de donner protection aux sottises de cette pièce.

LE MARQUIS.

Dieu me damne! madame, elle est misérable depuis le commencement jusqu'à la fin.

DORANTE.

Cela est bientôt dit, marquis. Il n'est rien plus aisé que de trancher ainsi; je ne vois aucune chose qui puisse être à couvert de la souveraineté de tes décisions.

LE MARQUIS.

Parbleu! tous les autres comédiens qui étoient là pour la voir en ont dit tous les maux du monde.

DORANTE.

Ah! je ne dis plus mot; tu as raison, marquis, puisque les autres comédiens en disent du mal, il faut les en croire assurément : ce sont tous gens éclairés et qui parlent sans intérêt. Il n'y a plus rien à dire, je me rends.

CLIMÈNE.

Rendez-vous, ou ne vous rendez pas, je sais fort bien que vous ne me persuaderez point de souffrir les immodesties de cette pièce, non plus que les satires désobligeantes qu'on y voit contre les femmes.

URANIE.

Pour moi, je me garderai bien de m'en offenser, et de prendre rien sur mon compte de tout ce qui s'y dit. Ces sortes de satires tombent directement sur les mœurs et ne frappent les personnes que par réflexion. N'allons point nous appliquer à nous-mêmes les traits d'une censure générale, et profitons de la leçon, si nous pouvons, sans faire semblant qu'on parle à nous. Toutes les peintures ridicules qu'on expose sur les théâtres doivent être regardées sans chagrin de tout le monde. Ce sont miroirs publics où il ne faut jamais témoigner qu'on se voie; et c'est se taxer hautement d'un défaut, que se scandaliser qu'on le reprenne.

CLIMÈNE.

Pour moi, je ne parle pas de ces choses par la part que j'y puisse avoir, et je pense que je vis d'un air dans le monde à ne pas craindre d'être cherchée dans les peintures qu'on fait là des femmes qui se gouvernent mal.

ÉLISE.

Assurément, madame, on ne vous y cherchera point. Votre conduite est assez connue, et ce sont de ces sortes de choses qui ne sont contestées par personne.

URANIE, *à Climène.*

Aussi, madame, n'ai-je rien dit qui aille à vous; et mes paroles, comme les satires de la comédie, demeurent dans la thèse générale.

CLIMÈNE.

Je n'en doute pas, madame. Mais enfin passons sur ce chapitre. Je ne sais pas de quelle façon vous recevez les injures qu'on dit à notre sexe dans un certain endroit de la pièce; et pour moi, je vous avoue que je suis dans une colère épouvantable de voir que cet auteur impertinent nous appelle des *animaux.*

URANIE.

Ne voyez-vous pas que c'est un ridicule qu'il fait parler?

DORANTE.

Et puis, madame, ne savez-vous pas que les injures des amants n'offensent jamais; qu'il est des amours emportés aussi bien que des doucereux; et qu'en de pareilles occasions les paroles les plus étranges, et quelque chose de pis encore, se prennent bien souvent pour des marques d'affection par celles mêmes qui les reçoivent?

ÉLISE.

Dites tout ce que vous voudrez, je ne saurois digérer cela, non plus que *le potage* et la *tarte à la crème* dont madame a parlé tantôt.

LE MARQUIS.

Ah! ma foi, oui, *tarte à la crème!* Voilà ce que j'avois remarqué tantôt; *tarte à la crème!* Que je vous suis obligé, madame, de m'avoir fait souvenir de *tarte à la crème!* Y a-t-il assez de pommes en Normandie[1] pour *tarte à la crème? Tarte à la crème!* morbleu, *tarte à la crème!*

DORANTE.

Hé bien! que veux-tu dire? *tarte à la crème!*

LE MARQUIS.

Parbleu! *tarte à la crème*, chevalier.

---

[1] Autrefois on jetoit des pommes aux acteurs lorsqu'on étoit mécontent de leur jeu ou de la pièce. On connoît l'épigramme de Racine sur *l'origine des sifflets* :

Quant à Pradon, si j'ai bonne mémoire,
Pommes sur lui volèrent largement.

24.

DORANTE.

Mais encore?

LE MARQUIS.

Tarte à la crème!

DORANTE.

Dis-nous un peu tes raisons.

LE MARQUIS.

Tarte à la crème!

URANIE.

Mais il faut expliquer sa pensée, ce me semble.

LE MARQUIS.

Tarte à la crème, madame!

URANIE.

Que trouvez-vous là à redire?

LE MARQUIS.

Moi? rien. *Tarte à la crème!*

URANIE.

Ah! je le quitte.

ÉLISE.

Monsieur le marquis s'y prend bien, et vous bourre de la belle manière. Mais je voudrois bien que monsieur Lysidas voulût les achever, et leur donner quelques petits coups de sa façon.

LYSIDAS.

Ce n'est pas ma coutume de rien blâmer, et je suis assez indulgent pour les ouvrages des autres. Mais enfin, sans choquer l'amitié que monsieur le chevalier témoigne pour l'auteur, on m'avouera que ces sortes de comédies ne sont pas proprement des comédies, et qu'il y a une grande différence de toutes ces bagatelles à la beauté des pièces sérieuses. Cependant tout le monde donne là dedans aujourd'hui; on ne court plus qu'à cela; et l'on voit une solitude effroyable aux grands ouvrages, lorsque des sottises ont tout Paris. Je vous avoue que le cœur m'en saigne quelquefois, et cela est honteux pour la France.

CLIMÈNE.

Il est vrai que le goût des gens est étrangement gâté là dessus, et que le siècle s'encanaille furieusement.

ÉLISE.

Celui-là est joli encore, *s'encanaille!* Est-ce vous qui l'avez inventé, madame?

CLIMÈNE.

Hé?

ÉLISE.

Je m'en suis bien doutée.

DORANTE.

Vous croyez donc, monsieur Lysidas, que tout l'esprit et toute la beauté sont dans les poëmes sérieux, et que les pièces comiques sont des niaiseries qui ne méritent aucune louange?

URANIE.

Ce n'est pas mon sentiment, pour moi. La tragédie, sans doute, est quelque chose de beau, quand elle est bien touchée; mais la comédie a ses charmes, et je tiens que l'une n'est pas moins difficile que l'autre.

DORANTE.

Assurément, madame; et quand, pour la difficulté, vous mettriez un peu plus du côté de la comédie, peut-être que vous ne vous abuseriez pas; car enfin je trouve qu'il est bien plus aisé de se guinder sur de grands sentiments, de braver en vers la fortune, accuser les destins, et dire des injures aux dieux, que d'entrer comme il faut dans le ridicule des hommes, et de rendre agréablement sur le théâtre les défauts de tout le monde. Lorsque vous peignez des héros, vous faites ce que vous voulez; ce sont des portraits à plaisir, où l'on ne cherche point de ressemblance, et vous n'avez qu'à suivre les traits d'une imagination qui se donne l'essor, et qui souvent laisse le vrai pour attraper le merveilleux. Mais lorsque vous peignez les hommes, il faut peindre d'après nature : on veut que ces portraits ressemblent; et vous n'avez rien fait, si vous n'y faites reconnoître les gens de votre siècle. En un mot, dans les pièces sérieuses, il suffit, pour n'être point blâmé, de dire des choses qui soient de bon sens et bien écrites; mais ce n'est pas assez dans les autres : il y faut plaisanter; et c'est une étrange entreprise que celle de faire rire les honnêtes gens.

CLIMÈNE.

Je crois être du nombre des honnêtes gens; et cependant je n'ai pas trouvé le mot pour rire dans tout ce que j'ai vu.

LE MARQUIS.

Ma foi, ni moi non plus.

DORANTE.

Pour toi, marquis, je ne m'en étonne pas : c'est que tu n'y a pas trouvé de turlupinades.

LYSIDAS.

Ma foi, monsieur, ce qu'on y rencontre ne vaut

guère mieux; et toutes les plaisanteries y sont assez froides, à mon avis.

DORANTE.

La cour n'a pas trouvé cela...

LYSIDAS.

Ah, monsieur, la cour!

DORANTE.

Achevez, monsieur Lysidas. Je vois bien que vous voulez dire que la cour ne se connoît pas à ces choses; et c'est le refuge ordinaire de vous autres messieurs les auteurs, dans le mauvais succès de vos ouvrages, que d'accuser l'injustice du siècle, et le peu de lumières des courtisans. Sachez, s'il vous plaît, monsieur Lysidas, que les courtisans ont d'aussi bons yeux que d'autres; qu'on peut être habile avec un point de Venise et des plumes, aussi bien qu'avec une perruque courte et un petit rabat uni; que la grande épreuve de toutes vos comédies, c'est le jugement de la cour; que c'est son goût qu'il faut étudier pour trouver l'art de réussir; qu'il n'y a point de lieu où les décisions soient si justes; et, sans mettre en ligne de compte tous les gens savants qui y sont, que, du simple bon sens naturel et du commerce de tout le beau monde, on s'y fait une manière d'esprit qui, sans comparaison, juge plus finement des choses que tout le savoir enrouillé des pédants.

URANIE.

Il est vrai que, pour peu qu'on y demeure, il vous passe là tous les jours assez de choses devant les yeux pour acquérir quelque habitude de les connoître, et surtout pour ce qui est de la bonne et mauvaise plaisanterie.

DORANTE.

La cour a quelques ridicules, j'en demeure d'accord; et je suis, comme on le voit, le premier à les fronder : mais, ma foi, il y en a un grand nombre parmi les beaux esprits de profession ; et, si l'on joue quelques marquis, je trouve qu'il y a bien plus de quoi jouer les auteurs, et que ce seroit une chose plaisante à mettre sur le théâtre que leurs grimaces savantes et leurs raffinemens ridicules, leur vicieuse coutume d'assassiner les gens de leurs ouvrages, leur friandise de louanges, leurs ménagements de pensées, leur trafic de réputation, et leurs ligues offensives et défensives, aussi bien que leurs guerres d'esprit et leurs combats de prose et de vers.

LYSIDAS.

Molière est bien heureux, monsieur, d'avoir un protecteur aussi chaud que vous. Mais enfin, pour venir au fait, il est question de savoir si sa pièce est bonne ; et je m'offre d'y montrer partout cent défauts visibles.

URANIE.

C'est une étrange chose de vous autres, messieurs les poëtes, que vous condamniez toujours les pièces où tout le monde court, et ne disiez jamais du bien que de celles où personne ne va. Vous montrez pour les unes une haine invincible, et pour les autres une tendresse qui n'est pas concevable.

DORANTE.

C'est qu'il est généreux de se ranger du côté des affligés.

URANIE.

Mais, de grace, monsieur Lysidas, faites-nous voir ces défauts dont je ne me suis point aperçue.

LYSIDAS.

Ceux qui possèdent Aristote et Horace voient d'abord, madame, que cette comédie pèche contre toutes les règles de l'art.

URANIE.

Je vous avoue que je n'ai aucune habitude avec ces messieurs-là, et que je ne sais point les règles de l'art.

DORANTE.

Vous êtes de plaisantes gens, avec vos règles dont vous embarrassez les ignorants et nous étourdissez tous les jours. Il semble, à vous ouïr parler, que ces règles de l'art soient les plus grands mystères du monde; et cependant ce ne sont que quelques observations aisées que le bon sens a faites sur ce qui peut ôter le plaisir que l'on prend à ces sortes de poëmes; et le même bon sens qui a fait autrefois ces observations les fait fort aisément tous les jours, sans le secours d'Horace et d'Aristote. Je voudrois bien savoir si la grande règle de toutes les règles n'est pas de plaire; et si une pièce de théâtre qui a attrapé son but n'a pas suivi un bon chemin. Veut-on que tout un public s'abuse sur ces sortes de choses, et que chacun n'y soit pas juge du plaisir qu'il y prend?

URANIE.

J'ai remarqué une chose de ces messieurs-là; c'est que ceux qui parlent le plus de règles, et qui les savent mieux que les autres, font des comédies que personne ne trouve belles.

DORANTE.

Et c'est ce qui marque, madame, comme on doit s'arrêter peu à leurs disputes embarrassées. Car enfin, si les pièces qui sont selon les règles ne plaisent pas, et que celles qui plaisent ne soient pas selon les règles, il faudroit, de nécessité, que les règles eussent été mal faites. Moquons-nous donc de cette chicane où ils veulent assujétir le goût du public, et ne consultons, dans une comédie, que l'effet qu'elle fait sur nous. Laissons-nous aller de bonne foi aux choses qui nous prennent par les entrailles, et ne cherchons point de raisonnements pour nous empêcher d'avoir du plaisir.

URANIE.

Pour moi, quand je vois une comédie, je regarde seulement si les choses me touchent; et, lorsque je m'y suis bien divertie, je ne vais point demander si j'ai eu tort, et si les règles d'Aristote me défendoient de rire.

DORANTE.

C'est justement comme un homme qui auroit trouvé une sauce excellente, et qui voudroit examiner si elle est bonne sur les préceptes du *Cuisinier françois*[1].

URANIE.

Il est vrai; et j'admire les raffinements de certaines

---

[1] *Le Cuisinier françois*, de La Varenne, parut pour la première fois en 1653.

gens sur des choses que nous devons sentir nous-mêmes.

DORANTE.

Vous avez raison, madame, de les trouver étranges, tous ces raffinements mystérieux. Car enfin, s'ils ont lieu, nous voilà réduits à ne nous plus croire; nos propres sens seront esclaves en toutes choses; et, jusques au manger et au boire, nous n'oserons plus trouver rien de bon sans le congé de messieurs les experts.

LYSIDAS.

Enfin, monsieur, toute votre raison, c'est que l'École des femmes a plu; et vous ne vous souciez point qu'elle ne soit pas dans les règles, pourvu...

DORANTE.

Tout beau, monsieur Lysidas; je ne vous accorde pas cela: Je dis bien que le grand art est de plaire, et que, cette comédie ayant plu à ceux pour qui elle est faite, je trouve que c'est assez pour elle, et qu'elle doit peu se soucier du reste. Mais, avec cela, je soutiens qu'elle ne pèche contre aucune des règles dont vous parlez : je les ai lues, dieu merci, autant qu'un autre; et je ferois voir aisément que peut-être n'avons-nous point de pièce au théâtre plus régulière que celle-là.

ÉLISE.

Courage, monsieur Lysidas! nous sommes perdus si vous reculez.

LYSIDAS.

Quoi, monsieur! la protase, l'épitase, et la péripétie...

DORANTE.

Ah, monsieur Lysidas! vous nous assommez avec vos grands mots. Ne paroissez point si savant, de grace; humanisez votre discours, et parlez pour être entendu. Pensez-vous qu'un nom grec donne plus de poids à vos raisons? Et ne trouveriez-vous pas qu'il fût aussi beau de dire : l'exposition du sujet, que la protase; le nœud, que l'épitase; et le dénoûment, que la péripétie?

LYSIDAS.

Ce sont termes de l'art dont il est permis de se servir. Mais, puisque ces mots blessent vos oreilles, je m'expliquerai d'une autre façon, et je vous prie de répondre positivement à trois ou quatre choses que je vais dire. Peut-on souffrir une pièce qui pèche contre le nom propre des pièces de théâtre? car enfin le nom de poëme dramatique vient d'un mot grec qui signifie agir, pour montrer que la nature de ce poëme consiste dans l'action; et, dans cette comédie-ci, il ne se passe point d'actions, et tout consiste en des récits que vient faire ou Agnès ou Horace.

LE MARQUIS.

Ah, ah, chevalier!

CLIMÈNE.

Voilà qui est spirituellement remarqué, et c'est prendre le fin des choses.

LYSIDAS.

Est-il rien de si peu spirituel, ou, pour mieux dire, rien de si bas, que quelques mots où tout le monde rit, et surtout celui des *enfants par l'oreille*.

CLIMÈNE.

Fort bien.

ÉLISE.

Ah!

LYSIDAS.

La scène du valet et de la servante, au dedans de la maison, n'est-elle pas d'une longueur ennuyeuse, et tout-à-fait impertinente?

LE MARQUIS.

Cela est vrai.

CLIMÈNE.

Assurément.

ÉLISE.

Il a raison.

LYSIDAS.

Arnolphe ne donne-t-il pas trop librement son argent à Horace? Et, puisque c'est le personnage ridicule de la pièce, falloit-il lui faire faire l'action d'un honnête homme?

LE MARQUIS.

Bon. La remarque est encore bonne.

CLIMÈNE.

Admirable.

ÉLISE.

Merveilleuse.

LYSIDAS.

Le sermon et les maximes ne sont-ils pas des choses ridicules, et qui choquent même le respect que l'on doit à nos mystères?

LE MARQUIS.

C'est bien dit.

CLIMÈNE.

Voilà parler comme il faut.

ÉLISE.

Il ne se peut rien de mieux.

LYSIDAS.

Et ce monsieur de La Souche, enfin, qu'on nous fait un homme d'esprit, et qui paroît si sérieux en tant d'endroits, ne descend-il point dans quelque chose de trop comique et de trop outré au cinquième acte, lorsqu'il explique à Agnès la violence de son amour, avec ces roulements d'yeux extravagants, ces soupirs ridicules, et ces larmes niaises qui font rire tout le monde ?

LE MARQUIS.

Morbleu! merveille!

CLIMÈNE.

Miracle!

ELISE.

Vivat! monsieur Lysidas.

LYSIDAS.

Je laisse cent mille autres choses, de peur d'être ennuyeux.

LE MARQUIS.

Parbleu, chevalier, te voilà mal ajusté.

DORANTE.

Il faut voir.

LE MARQUIS.

Tu as trouvé ton homme, ma foi.

DORANTE.

Peut-être.

LE MARQUIS.

Réponds, réponds, réponds, réponds.

DORANTE.

Volontiers. Il...

LE MARQUIS

Réponds donc, je te prie.

DORANTE.

Laisse-moi donc faire. Si...

LE MARQUIS.

Parbleu! je te défie de répondre.

DORANTE.

Oui, si tu parles toujours.

CLIMÈNE.

De grace, écoutons ses raisons.

DORANTE.

Premièrement, il n'est pas vrai de dire que toute la pièce n'est qu'en récits. On y voit beaucoup d'actions qui se passent sur la scène : et les récits eux-mêmes y sont des actions, suivant la constitution du sujet; d'autant qu'ils sont faits innocemment, ces récits, à la personne intéressée, qui, par là, entre à tous coups dans une confusion à réjouir les spectateurs, et prend, à chaque nouvelle, toutes les mesures qu'il peut pour se parer du malheur qu'il craint.

URANIE.

Pour moi je trouve que la beauté du sujet de l'École des femmes consiste dans cette confidence perpétuelle; et ce qui me paroît assez plaisant, c'est qu'un homme qui a de l'esprit, et qui est averti de tout par une innocente qui est sa maîtresse, et par un étourdi qui est son rival, ne puisse avec cela éviter ce qui lui arrive.

LE MARQUIS.

Bagatelle, bagatelle.

CLIMÈNE.

Foible réponse.

ÉLISE.

Mauvaises raisons.

DORANTE.

Pour ce qui est des *enfants par l'oreille,* ils ne sont plaisants que par réflexion à Arnolphe; et l'auteur n'a pas mis cela pour être de soi un bon mot, mais seulement pour une chose qui caractérise l'homme, et peint d'autant mieux son extravagance, puisqu'il rapporte une sottise triviale, qu'a dite Agnès comme la chose la plus belle du monde, et qui lui donne une joie inconcevable.

LE MARQUIS.

C'est mal répondre.

CLIMÈNE.

Cela ne satisfait point.

ÉLISE.

C'est ne rien dire.

DORANTE.

Quant à l'argent qu'il donne librement, outre que la lettre de son meilleur ami lui est une caution suffisante, il n'est pas incompatible qu'une personne soit ridicule en de certaines choses, et honnête homme en d'autres. Et, pour la scène d'Alain et de Georgette dans le logis, que quelques uns ont trouvée longue et froide, il est certain qu'elle n'est pas sans raison ; et de même qu'Arnolphe se trouve attrapé pendant son voyage, par la pure innocence de sa maîtresse, il demeure au retour long-temps à sa porte par l'innocence des valets, afin qu'il soit partout puni par les choses qu'il a cru faire la sûreté de ses précautions.

LE MARQUIS.

Voilà des raisons qui ne valent rien.

CLIMÈNE.

Tout cela ne fait que blanchir.

ÉLISE.

Cela fait pitié.

DORANTE.

Pour le discours moral, que vous appelez un sermon, il est certain que de vrais dévots qui l'ont ouï n'ont pas trouvé qu'il choquât ce que vous dites; et sans doute que ces paroles d'*enfer* et de *chaudières bouillantes* sont assez justifiées par l'extravagance d'Arnolphe et par l'innocence de celle à qui il parle. Et quant au transport amoureux du cinquième acte, qu'on accuse d'être trop outré et trop comique, je voudrois bien savoir si ce n'est pas faire la satire des amants, et si les honnêtes gens même, et les plus sérieux, en de pareilles occasions, ne font pas des choses...

LE MARQUIS.

Ma foi, chevalier, tu ferois mieux de te taire.

DORANTE.

Fort bien. Mais enfin, si nous nous regardions nous-mêmes, quand nous sommes bien amoureux..

LE MARQUIS.

Je ne veux pas seulement t'écouter.

DORANTE.

Écoute-moi si tu veux. Est-ce que dans la violence de la passion...

LE MARQUIS.

La, la, la, la, lare, la, la, la, la, la, la.
(*Il chante.*)

DORANTE.

Quoi...

LE MARQUIS.

La, la, la, la, lare, la, la, la, la, la, la.

DORANTE.

Je ne sais pas si...

LE MARQUIS.

La, la, la, la, lare, la, la, la, la, la, la.

URANIE.

Il me semble que...

LE MARQUIS.

La, la, la, lare, la, la, la, la, la, la, la, la, la.

URANIE.

Il se passe des choses assez plaisantes dans notre dispute. Je trouve qu'on en pourroit bien faire une petite comédie, et que cela ne seroit pas trop mal à la queue de l'École des femmes.

DORANTE.

Vous avez raison.

LE MARQUIS.

Parbleu! chevalier, tu jouerois là dedans un rôle qui ne te seroit pas avantageux.

DORANTE.

Il est vrai, marquis.

CLIMÈNE.

Pour moi, je souhaiterois que cela se fît, pourvu qu'on traitât l'affaire comme elle s'est passée.

ÉLISE.

Et moi, je fournirois de bon cœur mon personnage.

LYSIDAS.

Je ne refuserois pas le mien, que je pense.

URANIE.

Puisque chacun en seroit content, chevalier, faites un mémoire de tout, et le donnez à Molière, que vous connoissez, pour le mettre en comédie.

CLIMÈNE.

Il n'auroit garde, sans doute, et ce ne seroit pas des vers à sa louange.

URANIE.

Point, point : je connois son humeur; il ne se soucie pas qu'on fronde ses pièces, pourvu qu'il y vienne du monde.

DORANTE.

Oui. Mais quel dénoûment pourroit-il trouver à ceci? car il ne sauroit y avoir ni mariage ni reconnoissance, et je ne sais point par où l'on pourroit faire finir la dispute.

URANIE.

Il faudroit rêver à quelque incident pour cela.

SCÈNE VIII.

CLIMÈNE, URANIE, ÉLISE, DORANTE, LE MARQUIS, LYSIDAS, GALOPIN.

GALOPIN.

Madame, on a servi sur table.

DORANTE.

Ah! voilà justement ce qu'il faut pour le dénoûment que nous cherchions, et l'on ne peut rien trouver de plus naturel. On disputera fort et ferme de part et d'autre, comme nous avons fait, sans que personne se rende; un petit laquais viendra dire qu'on a servi, on se lèvera, et chacun ira souper.

URANIE.

La comédie ne peut pas mieux finir, et nous ferons bien d'en demeurer là.

FIN DE LA CRITIQUE DE L'ÉCOLE DES FEMMES.

L'IMPROMPTU

DE

VERSAILLES,

COMÉDIE EN UN ACTE ET EN PROSE,

Représentée à Versailles le 14 octobre 1663, et à Paris, sur le théâtre du Palais-Royal, le 4 novembre de la même année.

REMERCIEMENT

AU ROI,

FAIT PAR MOLIÈRE, EN L'ANNÉE 1663, APRÈS AVOIR ÉTÉ HONORÉ
D'UNE PENSION PAR SA MAJESTÉ

Votre paresse enfin me scandalise;
 Ma muse, obéissez-moi :
 Il faut ce matin, sans remise,
  Aller au lever du Roi :
   Vous savez bien pourquoi;
  Et ce vous est une honte
 De n'avoir pas été plus prompte
A le remercier de ses fameux bienfaits.
 Mais il vaut mieux tard que jamais :
  Faites donc votre compte
D'aller au Louvre accomplir mes souhaits.
Gardez-vous bien d'être en muse bâtie;
Un air de muse est choquant dans ces lieux :
On y veut des objets à réjouir les yeux :
 Vous en devez être avertie;
 Et vous ferez votre cour beaucoup mieux
Lorsqu'en marquis vous serez travestie.
Vous savez ce qu'il faut pour paroître marquis :
 N'oubliez rien de l'air, ni des habits;
Arborez un chapeau chargé de trente plumes
  Sur une perruque de prix;

Que le rabat soit des plus grands volumes,
 Et le pourpoint des plus petits;
  Mais surtout je vous recommande
Le manteau d'un ruban sur le dos retroussé,
  La galanterie en est grande;
Et parmi les marquis de la plus haute bande
  C'est pour être placé.
   Avec vos brillantes hardes
   Et votre ajustement,
Faites tout le trajet de la salle des Gardes;
  Et, vous peignant galamment,
Portez de tous côtés vos regards brusquement;
  Et ceux que vous pourrez connoître,
   Ne manquez pas, d'un haut ton,
   De les saluer par leur nom,
  De quelque rang qu'ils puissent être.
  Cette familiarité
Donne, à quiconque en use, un air de qualité.
   Grattez du peigne à la porte
    De la chambre du Roi;
   Ou si, comme je prévoi,
   La presse s'y trouve forte,
  Montrez de loin votre chapeau,
   Ou montez sur quelque chose
  Pour faire voir votre museau;
   Et criez, sans aucune pause,
   D'un ton rien moins que naturel:
 Monsieur l'huissier, pour le marquis un tel.
Jetez-vous dans la foule, et tranchez du notable;
Coudoyez un chacun, point du tout de quartier,

Pressez, poussez, faites le diable
   Pour vous mettre le premier;
      Et quand même l'huissier,
   A vos désirs inexorable,
Vous trouveroit en face un marquis repoussable,
      Ne démordez point pour cela,
         Tenez toujours ferme là :
A déboucher la porte il iroit trop du vôtre;
   Faites qu'aucun n'y puisse pénétrer,
Et qu'on soit obligé de vous laisser entrer
      Pour faire entrer quelque autre.
Quand vous serez entré, ne vous relâchez pas;
Pour assiéger la chaise[1] il faut d'autres combats :
      Tâchez d'en être des plus proches,
   En y gagnant le terrain pas à pas :
Et, si des assiégeants le prévenant amas
      En bouche toutes les approches,
      Prenez le parti doucement
      D'attendre le prince au passage.
      Il connoîtra votre visage
      Malgré votre déguisement;
      Et lors, sans tarder davantage,
      Faites-lui votre compliment.
      Vous pourriez aisément l'étendre,
Et parler des transports qu'en vous font éclater
Les surprenans bienfaits que, sans les mériter,
Sa libérale main sur vous daigne répandre,
Et des nouveaux efforts où s'en va vous porter

[1] La chaise à porteurs dans laquelle le roi sortoit habituellement.

L'excès de cet honneur où vous n'osiez prétendre :
    Lui dire comme vos désirs
Sont, après ses bontés qui n'ont point de pareilles,
D'employer à sa gloire ainsi qu'à ses plaisirs
    Tout votre art et toutes vos veilles,
    Et là dessus lui promettre merveilles.
    Sur ce chapitre on n'est jamais à sec :
    Les muses sont de grandes prometteuses ;
    Et, comme vos sœurs les causeuses,
Vous ne manquerez pas, sans doute, par le bec.
    Mais les grands princes n'aiment guères
    Que les compliments qui sont courts ;
Et le nôtre surtout a bien d'autres affaires
    Que d'écouter tous vos discours.
La louange et l'encens n'est pas ce qui le touche :
    Dès que vous ouvrirez la bouche
Pour lui parler de grace et de bienfait,
Il comprendra d'abord ce que vous voulez dire ;
    Et, se mettant doucement à sourire
D'un air qui sur les cœurs fait un charmant effet,
    Il passera comme un trait,
    Et cela vous doit suffire.
    Voilà votre compliment fait [1].

---

[1] On remarque, dans ce remerciement, que Molière, dominé par son génie, ne pouvoit écrire la moindre bagatelle sans l'animer par le piquant de la comédie, par la peinture des ridicules à la mode : on y voit encore que si son cœur étoit sensible aux bienfaits de son roi, il ne l'étoit pas moins à l'injustice des critiques ; et ceux-ci vont en avoir de nouvelles preuves. Ses amis prévoyoient depuis long-temps qu'il perdroit enfin patience. « Le mépris des sots, di-« soit-il souvent, est une pilule qu'on peut bien avaler, mais qu'on ne « peut mâcher sans faire la grimace. »

PERSONNAGES.

MOLIÈRE, marquis ridicule.
BRÉCOURT, homme de qualité.
LA GRANGE, marquis ridicule.
DU CROISY, poëte.
LA THORILLIÈRE, marquis fâcheux.
BÉJART, homme qui fait le nécessaire.
Mademoiselle DU PARC, marquise façonnière.
Mademoiselle BÉJART, prude.
Mademoiselle DE BRIE, sage coquette.
Mademoiselle MOLIÈRE, satirique spirituelle.
Mademoiselle DU CROISY, peste doucereuse.
Mademoiselle HERVÉ, servante précieuse.
QUATRE NÉCESSAIRES.

La scène est à Versailles, dans la salle de la Comédie.

L'IMPROMPTU
DE
VERSAILLES.

SCÈNE I.

MOLIÈRE, BRÉCOURT, LA GRANGE, DU CROISY; MESDEMOISELLES DU PARC, BÉJART, DE BRIE, MOLIÈRE, DU CROISY, HERVÉ.

MOLIÈRE, *seul, parlant à ses camarades qui sont derrière le théâtre.*

Allons donc, messieurs et mesdames, vous moquez-vous avec votre longueur? et ne voulez-vous pas tous venir ici? La peste soit des gens! Holà, ho! monsieur de Brécourt!

BRÉCOURT, *derrière le théâtre.*

Quoi?

MOLIÈRE.

Monsieur de La Grange!

LA GRANGE, *derrière le théâtre.*

Qu'est-ce?

MOLIÈRE.

Monsieur du Croisy!

DU CROISY, *derrière le théâtre.*

Plaît-il?

MOLIÈRE.

Mademoiselle du Parc!

MADEMOISELLE DU PARC, *derrière le théâtre.*
Hé bien?

MOLIÈRE.

Mademoiselle Béjart!

MADEMOISELLE BÉJART, *derrière le théâtre.*
Qu'y a-t-il?

MOLIÈRE.

Mademoiselle de Brie!

MADEMOISELLE DE BRIE, *derrière le théâtre.*
Que veut-on?

MOLIÈRE.

Mademoiselle du Croisy!

MADEMOISELLE DU CROISY, *derrière le théâtre.*
Qu'est-ce que c'est?

MOLIÈRE.

Mademoiselle Hervé!

MADEMOISELLE HERVÉ, *derrière le théâtre.*
On y va.

MOLIÈRE.

Je crois que je deviendrai fou avec tous ces gens-ci. Hé!

(*Brécourt, La Grange, du Croisy entrent.*)
Têtebleu! messieurs, me voulez-vous faire enrager aujourd'hui?

BRÉCOURT.

Que voulez-vous qu'on fasse? Nous ne savons pas nos rôles; et c'est nous faire enrager vous-même que de nous obliger à jouer de la sorte.

SCÈNE I.

MOLIÈRE.

Ah, les étranges animaux à conduire que des comédiens !

(*Mesdemoiselles Béjart, du Parc, de Brie, Molière, du Croisy et Hervé arrivent.*)

MADEMOISELLE BÉJART.

Hé bien, nous voilà. Que prétendez-vous faire ?

MADEMOISELLE DU PARC.

Quelle est votre pensée ?

MADEMOISELLE DE BRIE.

De quoi est-il question ?

MOLIÈRE.

De grace, mettons-nous ici; et puisque nous voilà tous habillés, et que le roi ne doit venir de deux heures, employons ce temps à répéter notre affaire, et voir la manière dont il faut jouer les choses.

LA GRANGE.

Le moyen de jouer ce qu'on ne sait pas !

MADEMOISELLE DU PARC.

Pour moi, je vous déclare que je ne me souviens pas d'un mot de mon personnage.

MADEMOISELLE DE BRIE.

Je sais bien qu'il me faudra souffler le mien d'un bout à l'autre.

MADEMOISELLE BÉJART.

Et moi, je me prépare fort à tenir mon rôle à la main.

MADEMOISELLE MOLIÈRE.

Et moi aussi.

MADEMOISELLE HERVÉ.

Pour moi, je n'ai pas grand'chose à dire.

MADEMOISELLE DU CROISY.

Ni moi non plus; mais, avec cela, je ne répondrois pas de ne point manquer.

DU CROISY.

J'en voudrois être quitte pour dix pistoles.

BRÉCOURT.

Et moi, pour vingt bons coups de fouet, je vous assure.

MOLIÈRE.

Vous voilà tous bien malades d'avoir un méchant rôle à jouer! Et que feriez-vous donc si vous étiez en ma place?

MADEMOISELLE BÉJART.

Qui, vous? Vous n'êtes pas à plaindre; car, ayant fait la pièce, vous n'avez pas peur d'y manquer.

MOLIÈRE.

Et n'ai-je à craindre que le manquement de mémoire? ne comptez-vous pour rien l'inquiétude d'un succès qui ne regarde que moi seul? et pensez-vous que ce soit une petite affaire que d'exposer quelque chose de comique devant une assemblée comme celle-ci, que d'entreprendre de faire rire des personnes qui nous impriment le respect, et ne rient que quand elles veulent? Est-il auteur qui ne doive trembler lorsqu'il en vient à cette épreuve? Et n'est-ce pas à moi de dire que je voudrois en être quitte pour toutes les choses du monde?

SCÈNE I.

MADEMOISELLE BÉJART.

Si cela vous faisoit trembler, vous prendriez mieux vos précautions, et n'auriez pas entrepris en huit jours ce que vous avez fait.

MOLIÈRE.

Le moyen de m'en défendre quand un roi me l'a commandé !

MADEMOISELLE BÉJART.

Le moyen? Une respectueuse excuse, fondée sur l'impossibilité de la chose dans le peu de temps qu'on vous donne; et tout autre à votre place ménageroit mieux sa réputation, et se seroit bien gardé de se commettre comme vous faites. Où en serez-vous, je vous prie, si l'affaire réussit mal? et quel avantage pensez-vous qu'en prendront tous vos ennemis?

MADEMOISELLE DE BRIE.

En effet, il falloit s'excuser avec respect envers le roi, ou demander du temps davantage.

MOLIÈRE.

Mon dieu! mademoiselle, les rois n'aiment rien tant qu'une prompte obéissance, et ne se plaisent point du tout à trouver des obstacles. Les choses ne sont bonnes que dans le temps qu'ils les souhaitent; et leur en vouloir reculer le divertissement est en ôter pour eux toute la grace. Ils veulent des plaisirs qui ne se fassent point attendre, et les moins préparés leur sont toujours les plus agréables. Nous ne devons jamais nous regarder dans ce qu'ils désirent de nous; nous ne sommes que pour leur plaire; et lorsqu'ils nous ordonnent quelque chose, c'est à nous à profiter vite de l'envie où ils sont. Il vaut mieux s'acquitter mal de ce qu'ils nous demandent que de ne s'en acquitter pas assez tôt; et si l'on a la honte de n'avoir pas bien réussi, on a toujours la gloire d'avoir obéi vite à leurs commandements. Mais songeons à répéter, s'il vous plaît.

MADEMOISELLE BÉJART.

Comment prétendez-vous que nous fassions, si nous ne savons pas nos rôles?

MOLIÈRE.

Vous les saurez, vous dis-je; et quand même vous ne les sauriez pas tout-à-fait, pouvez-vous pas y suppléer de votre esprit, puisque c'est de la prose, et que vous savez votre sujet?

MADEMOISELLE BÉJART.

Je suis votre servante : la prose est pis encore que les vers.

MADEMOISELLE MOLIÈRE.

Voulez-vous que je vous dise? vous deviez faire une comédie où vous auriez joué tout seul.

MOLIÈRE.

Taisez-vous, ma femme, vous êtes une bête.

MADEMOISELLE MOLIÈRE.

Grand merci! monsieur mon mari. Voilà ce que c'est! le mariage change bien les gens; et vous ne m'auriez pas dit cela il y a dix-huit mois.

MOLIÈRE.

Taisez-vous, je vous prie.

MADEMOISELLE MOLIÈRE.

C'est une chose étrange, qu'une petite cérémonie

soit capable de nous ôter toutes nos belles qualités, et qu'un mari et un galant regardent la même personne avec des yeux si différents !

MOLIÈRE.

Que de discours !

MADEMOISELLE MOLIÈRE.

Ma foi, si je faisois une comédie, je la ferois sur ce sujet. Je justifierois les femmes de bien des choses dont on les accuse; et je ferois craindre aux maris la différence qu'il y a de leurs manières brusques aux civilités des galants.

MOLIÈRE.

Ah! laissons cela. Il n'est pas question de causer maintenant; nous avons autre chose à faire.

MADEMOISELLE BÉJART.

Mais, puisqu'on vous a commandé de travailler sur le sujet de la critique qu'on a faite contre vous, que n'avez-vous fait cette Comédie des comédiens dont vous nous avez parlé il y a long-temps[1]? C'étoit une affaire toute trouvée, et qui venoit fort bien à la chose; et d'autant mieux qu'ayant entrepris de vous peindre ils vous ouvroient l'occasion de les peindre aussi, et que cela auroit pu s'appeler leur portrait, à bien plus juste titre que tout ce qu'ils ont fait ne

---

[1] Il paroît, dans cette première scène, que Molière avoit eu le projet de faire une *Comédie des Comédiens*; le canevas qu'il en présente, sur la réquisition de ses camarades, annonce que ce ne devoit être qu'une parodie des faux talents qu'on applaudissoit à l'hôtel de Bourgogne.

peut être appelé le vôtre [1] : car vouloir contrefaire un comédien dans un rôle comique, ce n'est pas le peindre lui-même, c'est peindre d'après lui les personnages qu'il représente, et se servir des mêmes traits et des mêmes couleurs qu'il est obligé d'employer aux différents tableaux des caractères ridicules qu'il imite d'après nature; mais contrefaire un comédien dans des rôles sérieux, c'est le peindre par des défauts qui sont entièrement de lui, puisque ces sortes de personnages ne veulent ni les gestes ni les tons de voix ridicules dans lesquels on le reconnoît.

MOLIÈRE.

Il est vrai : mais j'ai mes raisons pour ne le pas faire; et je n'ai pas cru, entre nous, que la chose en valût la peine. Et puis il falloit plus de temps pour exécuter cette idée. Comme leurs jours de comédie sont les mêmes que les nôtres, à peine ai-je été les voir que trois ou quatre fois depuis que nous sommes à Paris : je n'ai attrapé de leur manière de réciter que ce qui m'a d'abord sauté aux yeux; et j'aurois eu besoin de les étudier davantage pour faire des portraits bien ressemblants.

MADEMOISELLE DU PARC.

Pour moi, j'en ai reconnu quelques uns dans votre bouche.

MADEMOISELLE DE BRIE.

Je n'ai jamais ouï parler de cela.

---

[1] Le portrait de Molière dont parle ici mademoiselle Béjart se trouvoit dans la comédie du *Portrait du peintre*, par Boursault.

SCÈNE I.

MOLIÈRE.

C'est une idée qui m'avoit passé une fois par la tête, et que j'ai laissée là comme une bagatelle, une badinerie qui peut-être n'auroit pas fait rire.

MADEMOISELLE DE BRIE.

Dites-la-moi un peu, puisque vous l'avez dite aux autres.

MOLIÈRE.

Nous n'avons pas le temps maintenant.

MADEMOISELLE DE BRIE.

Seulement deux mots.

MOLIÈRE.

J'avois songé une comédie où il y auroit eu un poëte, que j'aurois représenté moi-même, qui seroit venu pour offrir une pièce à une troupe de comédiens nouvellement arrivés de la campagne. Avez-vous, auroit-il dit, des acteurs et des actrices qui soient capables de bien faire valoir un ouvrage? car ma pièce est une pièce... Hé, monsieur! auroient répondu les comédiens, nous avons des hommes et des femmes qui ont été trouvés raisonnables partout où nous avons passé. — Et qui fait les rois parmi vous? — Voilà un acteur qui s'en démêle parfois. — Qui? ce jeune homme bien fait! Vous moquez-vous? Il faut un roi qui soit gros et gras comme quatre; un roi, morbleu! qui soit entripaillé [1] comme il faut; un roi d'une vaste circonférence, et qui puisse remplir un trône de la belle manière [2]. La belle chose qu'un

---

[1] *Entripaillé* est un mot de la création de Molière.
[2] Molière fait ici allusion à l'énorme corpulence de Montfleury.

roi d'une taille galante! Voilà déja un grand défaut. Mais que je l'entende un peu réciter une douzaine de vers. Là dessus le comédien auroit récité, par exemple, quelques vers de *Nicomède :*

> Te le dirai-je, Araspe ? il m'a trop bien servi,
> Augmentant mon pouvoir...

le plus naturellement qu'il lui auroit été possible. Et le poëte : Comment! vous appelez cela réciter? C'est se railler; il faut dire les choses avec emphase. Écoutez-moi.

(*Il contrefait Montfleury, comédien de l'hôtel de Bourgogne.*)

> Te le dirai-je, Araspe... etc.

Voyez-vous cette posture? Remarquez bien cela. Là, appuyez comme il faut le dernier vers. Voilà ce qui attire l'approbation et fait faire le brouhaha. Mais, monsieur, auroit répondu le comédien, il me semble qu'un roi qui s'entretient tout seul avec son capitaine des gardes parle un peu plus humainement, et ne prend guère ce ton de démoniaque. — Vous ne savez ce que c'est. Allez-vous-en réciter comme vous faites, vous verrez si vous ferez faire aucun ah! Voyons un peu une scène d'amant et d'amante. Là dessus une comédienne et un comédien auroient fait une scène ensemble, qui est celle de Camille et de Curiace,

> Iras-tu, ma chère ame, et ce funeste honneur

C'est de lui que Cyrano de Bergerac disoit : « A cause que ce coquin est si gros, qu'on ne peut le bâtonner tout entier en un jour, il fait le fier. »

>Te plaît-il aux dépens de tout notre bonheur?
>Hélas! je vois trop bien... etc.

tout de même que l'autre, et le plus naturellement qu'ils auroient pu. Et le poëte aussitôt : Vous vous moquez, vous ne faites rien qui vaille; et voici comme il faut réciter cela.

(Il imite mademoiselle de Beauchâteau, comédienne de l'hôtel de Bourgogne.)

>Iras-tu, ma chère ame... etc.
>Non, je te connois mieux... etc.

Voyez-vous comme cela est naturel et passionné? Admirez ce visage riant qu'elle conserve dans les plus grandes afflictions. — Enfin voilà l'idée. Et il auroit parcouru de même tous les acteurs et toutes les actrices.

MADEMOISELLE DE BRIE.

Je trouve cette idée assez plaisante, et j'en ai reconnu là dès le premier vers. Continuez, je vous prie.

MOLIÈRE, *imitant Beauchâteau, comédien de l'hôtel de Bourgogne, dans les stances du Cid.*

>Percé jusques au fond du cœur, etc.

Et celui-ci, le reconnoîtrez-vous bien, dans Pompée de *Sertorius?*

(Il contrefait Hauteroche, comédien de l'hôtel de Bourgogne [1]*.)*

---

[1] HAUTEROCHE (Noël Le Breton de) remplissoit les rôles secondaires; il est moins connu comme acteur que comme auteur : il a laissé *le Deuil, le Cocher supposé, Crispin médecin,* et *l'Esprit follet.*

L'inimitié qui règne entre les deux partis
N'y rend pas de l'honneur, etc. ¹.

MADEMOISELLE DE BRIE.

Je le reconnois un peu, je pense.

MOLIÈRE.

Et celui-ci?
(*Imitant de Villiers, comédien de l'hôtel de Bourgogne*².)

Seigneur, Polybe est mort, etc.

MADEMOISELLE DE BRIE.

Oui, je sais qui c'est. Mais il y en a quelques uns d'entre eux, je crois, que vous auriez peine à contrefaire.

MOLIÈRE.

Mon dieu! il n'y en a point qu'on ne pût attraper par quelque endroit, si je les avois bien étudiés. Mais vous me faites perdre un temps qui nous est cher : songeons à nous, de grace, et ne nous amusons pas davantage à discourir. Vous (*à La Grange*), prenez garde à bien représenter avec moi votre rôle de marquis.

MADEMOISELLE MOLIÈRE.

Toujours des marquis!

MOLIÈRE.

Oui, toujours des marquis. Que diable voulez-vous

---

¹ *Sertorius*, acte III, scène II.

² DE VILLIERS, mauvais acteur; il fit, en réponse à *l'Impromptu de Versailles*, une misérable pièce intitulée *la Vengeance des marquis*.

³ *Œdipe* de Corneille, acte V, scène III.

qu'on prenne pour un caractère agréable de théâtre ?
Le marquis aujourd'hui est le plaisant de la comédie ;
et comme dans toutes les comédies anciennes on
voit toujours un valet bouffon qui fait rire les audi-
teurs, de même, dans toutes nos pièces de maintenant,
il faut toujours un marquis ridicule qui divertisse la
compagnie.

MADEMOISELLE BÉJART.

Il est vrai, on ne s'en sauroit passer.

MOLIÈRE.

Pour vous, mademoiselle...

MADEMOISELLE DU PARC.

Mon dieu ! pour moi, je m'acquitterai fort mal de
mon personnage, et je ne sais pas pourquoi vous m'a-
vez donné ce rôle de façonnière.

MOLIÈRE.

Mon dieu, mademoiselle ! voilà comme vous disiez
lorsque l'on vous donna celui de la Critique de l'École
des femmes[1] : cependant vous vous en êtes acquittée
à merveille ; et tout le monde est demeuré d'accord
qu'on ne peut pas mieux faire que vous avez fait.
Croyez-moi, celui-ci sera de même, et vous le jouerez
mieux que vous ne pensez.

MADEMOISELLE DU PARC.

Comment cela se pourroit-il faire ? car il n'y a
point de personne au monde qui soit moins façonnière
que moi.

MOLIÈRE.

Cela est vrai ; et c'est en quoi vous faites mieux voir

[1] Le rôle de Climène, dans *la Critique de l'École des femmes*

que vous êtes excellente comédienne, de bien représenter un personnage qui est si contraire à votre humeur. Tâchez donc de bien prendre, tous, le caractère de vos rôles, et de vous figurer que vous êtes ce que vous représentez.

(*à du Croisy.*)

Vous faites le poëte, vous, et vous devez vous remplir de ce personnage, marquer cet air pédant qui se conserve parmi le commerce du beau monde, ce ton de voix sentencieux, et cette exactitude de prononciation qui appuie sur toutes les syllabes, et ne laisse échapper aucune lettre de la plus sévère orthographe.

(*à Brécourt.*)

Pour vous, vous faites un honnête homme de cour, comme vous avez déja fait dans la Critique de l'École des femmes [1]; c'est-à-dire que vous devez prendre un air posé, un ton de voix naturel, et gesticuler le moins qu'il vous sera possible.

(*à La Grange.*)

Pour vous, je n'ai rien à vous dire.

(*à mademoiselle Béjart.*)

Vous, vous représentez une de ces femmes qui, pourvu qu'elles ne fassent point l'amour, croient que tout le reste leur est permis; de ces femmes qui se retranchent toujours fièrement sur leur pruderie, regardent un chacun de haut en bas, et veulent que toutes les plus belles qualités que possèdent les

---

[1] Dans le rôle de Dorante de *la Critique.*

autres ne soient rien en comparaison d'un misérable
honneur dont personne ne se soucie. Ayez toujours
ce caractère devant les yeux pour en bien faire les
grimaces.

(*à mademoiselle de Brie.*)

Pour vous, vous faites une de ces femmes qui pensent être les plus vertueuses personnes du monde,
pourvu qu'elles sauvent les apparences; de ces femmes
qui croient que le péché n'est que dans le scandale,
qui veulent conduire doucement les affaires qu'elles
ont sur le pied d'attachement honnête, et appellent
amis ce que les autres nomment galants. Entrez bien
dans ce caractère.

(*à mademoiselle Molière.*)

Vous, vous faites le même personnage que dans la
Critique[1], et je n'ai rien à vous dire, non plus qu'à
mademoiselle du Parc.

(*à mademoiselle du Croisy.*)

Pour vous, vous représentez une de ces personnes
qui prêtent doucement des charités à tout le monde,
de ces femmes qui donnent toujours le petit coup de
langue en passant, et seroient bien fâchées d'avoir
souffert qu'on eût dit du bien du prochain. Je crois
que vous ne vous acquitterez pas mal de ce rôle.

(*à mademoiselle Hervé.*)

Et pour vous, vous êtes la soubrette de la précieuse,
qui se mêle de temps en temps dans la conversation,
et attrape, comme elle peut, tous les termes de sa

---

[1] Mademoiselle Molière avoit joué le rôle d'Élise dans *la Critique*.

maîtresse. Je vous dis tous vos caractères, afin que vous vous les imprimiez fortement dans l'esprit. Commençons maintenant à répéter; et voyons comme cela ira. Ah, voici justement un fâcheux! Il ne nous falloit plus que cela.

SCÈNE II.

LA THORILLIÈRE, MOLIÈRE, BRÉCOURT, LA GRANGE, DU CROISY; MESDEMOISELLES DU PARC, BÉJART, DE BRIE, MOLIÈRE, DU CROISY, HERVÉ.

LA THORILLIÈRE.

Bonjour, monsieur Molière.

MOLIÈRE.

Monsieur, votre serviteur. (*à part.*) La peste soit de l'homme!

LA THORILLIÈRE.

Comment vous en va?

MOLIÈRE.

Fort bien, pour vous servir. (*aux actrices.*) Mesdemoiselles ne...

LA THORILLIÈRE.

Je viens d'un lieu où j'ai dit du bien de vous...

MOLIÈRE.

Je vous suis obligé. (*à part.*) Que le diable t'emporte! (*aux actrices.*) Ayez un peu soin...

LA THORILLIÈRE.

Vous jouez une pièce nouvelle aujourd'hui?

SCÈNE II.

MOLIÈRE.

Oui, monsieur. (*aux actrices.*) N'oubliez pas...

LA THORILLIÈRE.

C'est le roi qui vous la fait faire ?

MOLIÈRE.

Oui, monsieur. (*aux acteurs.*) De grace, songez...

LA THORILLIÈRE.

Comment l'appelez-vous ?

MOLIÈRE.

Oui, monsieur.

LA THORILLIÈRE.

Je vous demande comment vous la nommez.

MOLIÈRE.

Ah! ma foi, je ne sais. (*aux actrices.*) Il faut, s'il vous plaît, que vous...

LA THORILLIÈRE.

Comment serez-vous habillés ?

MOLIÈRE.

Comme vous voyez. (*aux acteurs.*) Je vous prie...

LA THORILLIÈRE.

Quand commencerez-vous ?

MOLIÈRE.

Quand le roi sera venu. (*à part.*) Au diantre le questionneur !

LA THORILLIÈRE.

Quand croyez-vous qu'il vienne ?

MOLIÈRE.

La peste m'étouffe, monsieur, si je le sais.

LA THORILLIÈRE.

Savez-vous point...

MOLIÈRE.

Tenez, monsieur, je suis le plus ignorant homme du monde. Je ne sais rien de tout ce que vous pourrez me demander, je vous jure. (*à part.*) J'enrage! Ce bourreau vient avec un air tranquille vous faire des questions, et ne se soucie pas qu'on ait en tête d'autres affaires.

LA THORILLIÈRE.

Mesdemoiselles, votre serviteur.

MOLIÈRE.

Ah, bon! le voilà d'un autre côté.

LA THORILLIÈRE, *à mademoiselle du Croisy.*

Vous voilà belle comme un petit ange. Jouez-vous toutes deux aujourd'hui? (*en regardant mademoiselle Hervé.*)

MADEMOISELLE DU CROISY.

Oui, monsieur.

LA THORILLIÈRE.

Sans vous la comédie ne vaudroit pas grand'chose.

MOLIÈRE, *bas, aux actrices.*

Vous ne voulez pas faire en aller cet homme-là?

MADEMOISELLE DE BRIE, *à La Thorillière.*

Monsieur, nous avons ici quelque chose à répéter ensemble.

LA THORILLIÈRE.

Ah, parbleu! je ne veux pas vous empêcher; vous n'avez qu'à poursuivre.

MADEMOISELLE DE BRIE.

Mais...

SCÈNE II.

LA THORILLIÈRE.

Non, non, je serois fâché d'incommoder personne. Faites librement ce que vous avez à faire.

MADEMOISELLE DE BRIE.

Oui; mais...

LA THORILLIÈRE.

Je suis homme sans cérémonie, vous dis-je; et vous pouvez répéter ce qui vous plaira.

MOLIÈRE.

Monsieur, ces demoiselles ont peine à vous dire qu'elles souhaiteroient fort que personne ne fût ici pendant cette répétition.

LA THORILLIÈRE.

Pourquoi? il n'y a point de danger pour moi.

MOLIÈRE.

Monsieur, c'est une coutume qu'elles observent, et vous aurez plus de plaisir quand les choses vous surprendront.

LA THORILLIÈRE.

Je m'en vais donc dire que vous êtes prêts.

MOLIÈRE.

Point du tout, monsieur; ne vous hâtez pas, de grace.

SCÈNE III.

MOLIÈRE, BRÉCOURT, LA GRANGE, DU CROISY; MESDEMOISELLES DU PARC, BÉJART, DE BRIE, MOLIÈRE, DU CROISY, HERVÉ.

MOLIÈRE.

Ah! que le monde est plein d'impertinents! Or sus, commençons. Figurez-vous donc, premièrement, que la scène est dans l'antichambre du roi; car c'est un lieu où il se passe tous les jours des choses assez plaisantes. Il est aisé de faire venir là toutes les personnes qu'on veut, et on peut trouver des raisons même pour y autoriser la venue des femmes que j'introduis. La comédie s'ouvre par deux marquis qui se rencontrent.

(à La Grange.)

Souvenez-vous bien, vous, de venir, comme je vous ait dit, là, avec cet air qu'on nomme le bel air, peignant votre perruque, et grondant une petite chanson entre vos dents. La, la, la, la, la, la. Rangez-vous donc, vous autres, car il faut du terrain à deux marquis, et ils ne sont pas gens à tenir leur personne dans un petit espace.

(à La Grange.)

Allons, parlez.

LA GRANGE.

« Bonjour, marquis. »

MOLIÈRE.

Mon dieu! ce n'est point là le ton d'un marquis:

il faut le prendre un peu plus haut; et la plupart de ces messieurs affectent une manière de parler particulière pour se distinguer du commun. « Bonjour, mar-« quis. » Recommencez donc.

LA GRANGE.

« Bonjour, marquis.

MOLIÈRE.

« Ah, marquis! ton serviteur.

LA GRANGE.

« Que fais-tu là?

MOLIÈRE.

Parbleu! tu vois; j'attends que tous ces messieurs « aient débouché la porte pour présenter là mon « visage.

LA GRANGE.

« Têtebleu, quelle foule! Je n'ai garde de m'y aller « frotter, et j'aime bien mieux entrer des derniers.

MOLIÈRE.

« Il y a là vingt gens qui sont fort assurés de n'en-« trer point, et qui ne laissent pas de se presser et « d'occuper toutes les avenues de la porte.

LA GRANGE.

« Crions nos deux noms à l'huissier, afin qu'il nous « appelle.

MOLIÈRE.

« Cela est bon pour toi; mais, pour moi, je ne veux « pas être joué par Molière.

LA GRANGE.

« Je pense pourtant, marquis, que c'est toi qu'il « joue dans la Critique.

MOLIÈRE.

« Moi? Je suis ton valet; c'est toi-même en per-
« sonne.

LA GRANGE.

« Ah, ma foi! tu es bon de m'appliquer ton person-
« nage.

MOLIÈRE.

« Parbleu! je te trouve plaisant de me donner ce
« qui t'appartient.

LA GRANGE, *riant.*

« Ha, ha, ha! Cela est drôle.

MOLIÈRE, *riant.*

« Ha, ha, ha! Cela est bouffon.

LA GRANGE.

« Quoi! tu veux soutenir que ce n'est pas toi qu'on
« joue dans le marquis de la Critique?

MOLIÈRE.

« Il est vrai : c'est moi. *Détestable, morbleu! détes-*
« *table; tarte à la crème.* C'est moi, c'est moi, assu-
« rément c'est moi.

LA GRANGE.

« Oui, parbleu! c'est toi; tu n'as que faire de rail-
« ler; et, si tu veux, nous gagerons, et verrons qui a
« raison des deux.

MOLIÈRE.

« Et que veux-tu gager encore?

LA GRANGE.

« Je gage cent pistoles que c'est toi.

MOLIÈRE.

« Et moi, cent pistoles que c'est toi.

SCÈNE III.

LA GRANGE.

« Cent pistoles comptant.

MOLIÈRE.

« Comptant. Quatre-vingt-dix pistoles sur Amyn-
« tas, et dix pistoles comptant.

LA GRANGE.

« Je le veux.

MOLIÈRE.

« Cela est fait.

LA GRANGE.

« Ton argent court grand risque.

MOLIÈRE.

« Le tien est bien aventuré.

LA GRANGE.

« A qui nous en rapporter?

MOLIÈRE.

« Voici un homme qui nous jugera. (*à Brécourt.*)
« Chevalier.

BRÉCOURT.

« Quoi? »

MOLIÈRE.

Bon! voilà l'autre qui prend le ton de marquis!
Vous ai-je pas dit que vous faites un rôle où l'on doit
parler naturellement?

BRÉCOURT.

Il est vrai.

MOLIÈRE.

Allons donc. « Chevalier.

BRÉCOURT.

« Quoi?

MOLIÈRE.

« Juge-nous un peu sur une gageure que nous avons
« faite.

BRÉCOURT.

« Et quelle?

MOLIÈRE.

« Nous disputons qui est le marquis de la Critique
« de Molière : il gage que c'est moi; et moi je gage
« que c'est lui.

BRÉCOURT.

« Et moi je juge que ce n'est ni l'un ni l'autre.
« Vous êtes fous tous deux de vouloir vous appliquer
« ces sortes de choses; et voilà de quoi j'ouïs l'autre
« jour se plaindre Molière, parlant à des personnes
« qui le chargeoient de même chose que vous. Il di-
« soit que rien ne lui donnoit du déplaisir comme
« d'être accusé de regarder quelqu'un dans les por-
« traits qu'il fait; que son dessein est de peindre les
« mœurs sans vouloir toucher aux personnes, et que
« tous les personnages qu'il représente sont des per-
« sonnages en l'air, et des fantômes proprement, qu'il
« habille à sa fantaisie pour réjouir les spectateurs;
« qu'il seroit bien fâché d'y avoir jamais marqué qui
« que ce soit; et que, si quelque chose étoit capable
« de le dégoûter de faire des comédies, c'étoient les
« ressemblances qu'on y vouloit toujours trouver, et
« dont ses ennemis tâchoient malicieusement d'ap-
« puyer la pensée, pour lui rendre de mauvais offices
« auprès de certaines personnes à qui il n'a jamais
« pensé. En effet, je trouve qu'il a raison; car pour-

« quoi vouloir, je vous prie, appliquer tous ses gestes
« et toutes ses paroles, et chercher à lui faire des
« affaires en disant hautement : Il joue un tel, lorsque
« ce sont des choses qui peuvent convenir à cent per-
« sonnes ? Comme l'affaire de la comédie est de repré-
« senter en général tous les défauts des hommes, et
« principalement des hommes de notre siècle, il est
« impossible à Molière de faire aucun caractère qui
« ne rencontre quelqu'un dans le monde; et, s'il faut
« qu'on l'accuse d'avoir songé toutes les personnes où
« l'on peut trouver les défauts qu'il peint, il faut, sans
« doute, qu'il ne fasse plus de comédies.

MOLIÈRE.

« Ma foi, chevalier, tu veux justifier Molière, et
« épargner notre ami que voilà.

LA GRANGE.

« Point du tout; c'est toi qu'il épargne; et nous
« trouverons d'autres juges.

MOLIÈRE.

« Soit. Mais dis-moi, chevalier, crois-tu pas que ton
« Molière est épuisé maintenant, et qu'il ne trouvera
« plus de matière pour...

BRÉCOURT.

« Plus de matière ! Hé ! mon pauvre marquis, nous
« lui en fournirons toujours assez; et nous ne prenons
« guère le chemin de nous rendre sages, pour tout ce
« qu'il fait et tout ce qu'il dit. »

MOLIÈRE.

Attendez. Il faut marquer davantage tout cet endroit. Écoutez-le-moi dire un peu... « et qu'il ne

« trouvera plus de matière pour... — Plus de ma-
« tière ! Hé ! mon pauvre marquis, nous lui en four-
« nirons toujours assez ; et nous ne prenons guère le
« chemin de nous rendre sages, pour tout ce qu'il
« fait et tout ce qu'il dit. Crois-tu qu'il ait épuisé dans
« ses comédies tout le ridicule des hommes ? Et, sans
« sortir de la cour, n'a-t-il pas encore vingt caractères
« de gens où il n'a point touché[1] ? N'a-t-il pas, par
« exemple, ceux qui se font les plus grandes amitiés
« du monde, et qui, le dos tourné, font galanterie de
« se déchirer l'un l'autre ? N'a-t-il pas ces adulateurs
« à outrance, ces flatteurs insipides qui n'assaison-
« nent d'aucun sel les louanges qu'ils donnent, et dont
« toutes les flatteries ont une douceur fade qui fait
« mal au cœur à ceux qui les écoutent ? N'a-t-il pas
« ces lâches courtisans de la faveur, ces perfides ado-
« rateurs de la fortune qui vous encensent dans la
« prospérité, et vous accablent dans la disgrace ? N'a-
« t-il pas ceux qui sont toujours mécontents de la
« cour, ces suivants inutiles, ces incommodes assi-
« dus ; ces gens, dis-je, qui, pour services, ne peuvent
« compter que des importunités, et qui veulent qu'on
« les récompense d'avoir obsédé le prince dix ans
« durant ? N'a-t-il pas ceux qui caressent égale-
« ment tout le monde, qui promènent leurs civilités à
« droite et à gauche, et courent à tous ceux qu'ils
« voient avec les mêmes embrassades et les mêmes

---

[1] Dans la liste des caractères qu'annonce ici Molière, il ne s'en trouve qu'un qui lui ait servi de sujet de comédie.

« protestations d'amitié ? — Monsieur, votre très
« humble serviteur. Monsieur, je suis tout à votre
« service. Tenez-moi des vôtres, mon cher. Faites
« état de moi, monsieur, comme du plus chaud de
« vos amis. Monsieur, je suis ravi de vous embrasser.
« Ah, monsieur ! je ne vous voyois pas. Faites-moi la
« grace de m'employer; soyez persuadé que je suis
« entièrement à vous. Vous êtes l'homme du monde
« que je révère le plus. Il n'y a personne que j'ho-
« nore à l'égal de vous. Je vous conjure de le croire.
« Je vous supplie de n'en point douter. Serviteur.
« Très humble valet. — Va, va, marquis, Molière
« aura toujours plus de sujets qu'il n'en voudra; et
« tout ce qu'il a touché jusqu'ici n'est rien que baga-
« telle au prix de ce qui reste. » Voilà à peu près
comme cela doit être joué.

BRÉCOURT.

C'est assez.

MOLIÈRE.

Poursuivez.

BRÉCOURT.

« Voici Climène et Élise. »

MOLIÈRE, *à mesdemoiselles du Parc et Molière.*

Là dessus, vous arriverez toutes deux. (*A made-moiselle du Parc.*) Prenez bien garde, vous, à vous déhancher comme il faut et à faire bien des façons. Cela vous contraindra un peu; mais qu'y faire ? il faut parfois se faire violence.

MADEMOISELLE MOLIÈRE.

« Certes, madame, je vous ai reconnue de loin; et

« j'ai bien vu, à votre air, que ce ne pouvoit être une
« autre que vous.

MADEMOISELLE DU PARC.

« Vous voyez, je viens attendre ici la sortie d'un
« homme avec qui j'ai une affaire à démêler.

MADEMOISELLE MOLIÈRE.

« Et moi de même. »

MOLIÈRE.

Mesdames, voilà des coffres qui vous serviront de
fauteuils.

MADEMOISELLE DU PARC.

« Allons, madame, prenez place, s'il vous plaît.

MADEMOISELLE MOLIÈRE.

« Après vous, madame. »

MOLIÈRE.

Bon. Après ces petites cérémonies muettes, chacun
prendra place, parlera assis, hors les marquis, qui
tantôt se lèveront, et tantôt s'asseoiront, suivant leur
inquiétude naturelle. « Parbleu! chevalier, tu devrois
« faire prendre médecine à tes canons.

BRÉCOURT.

« Comment?

MOLIÈRE.

« Ils se portent fort mal.

BRÉCOURT.

« Serviteur à la turlupinade.

MADEMOISELLE MOLIÈRE.

« Mon dieu! madame, que je vous trouve le teint
« d'une blancheur éblouissante, et les lèvres d'une
« couleur de feu surprenant!

SCÈNE III.

MADEMOISELLE DU PARC.

« Ah ! que dites-vous là, madame ? ne me regardez
« point, je suis du dernier laid aujourd'hui.

MADEMOISELLE MOLIÈRE.

« Hé ! madame, levez un peu votre coiffe.

MADEMOISELLE DU PARC.

« Fi ! je suis épouvantable, vous dis-je, et je me fais
« peur à moi-même.

MADEMOISELLE MOLIÈRE.

« Vous êtes si belle !

MADEMOISELLE DU PARC.

« Point, point.

MADEMOISELLE MOLIÈRE.

« Montrez-vous.

MADEMOISELLE DU PARC.

« Ah ! fi donc, je vous prie !

MADEMOISELLE MOLIÈRE.

« De grace.

MADEMOISELLE DU PARC.

« Mon dieu, non !

MADEMOISELLE MOLIÈRE.

« Si fait.

MADEMOISELLE DU PARC.

« Vous nous désespérez.

MADEMOISELLE MOLIÈRE.

« Un moment.

MADEMOISELLE DU PARC.

« Hai !

MADEMOISELLE MOLIÈRE.

« Résolument vous vous montrerez. On ne peut
« point se passer de vous voir.

MADEMOISELLE DU PARC.

« Mon dieu, que vous êtes une étrange personne!
« vous voulez furieusement ce que vous voulez.

MADEMOISELLE MOLIÈRE.

« Ah, madame! vous n'avez aucun désavantage à
« paroître au grand jour, je vous jure. Les méchantes
« gens, qui assuroient que vous mettiez quelque
« chose! Vraiment! je les démentirai bien mainte-
« nant.

MADEMOISELLE DU PARC.

« Hélas! je ne sais pas seulement ce qu'on appelle
« mettre quelque chose. Mais où vont ces dames?

MADEMOISELLE DE BRIE.

« Vous voulez bien, mesdames, que nous vous
« donnions en passant la plus agréable nouvelle du
« monde. Voilà monsieur Lysidas qui vient de nous
« avertir qu'on a fait une pièce contre Molière, que
« les grands comédiens vont jouer.

MOLIÈRE.

« Il est vrai; on me l'a voulu lire. C'est un nommé
« Br... Brou... Brossaut qui l'a faite.

DU CROISY.

« Monsieur, elle est affichée sous le nom de Bour-
« sault; mais à vous dire le secret, bien des gens ont
« mis la main à cet ouvrage, et l'on en doit conce-
« voir une assez haute attente. Comme tous les au-
« teurs et tous les comédiens regardent Molière
« comme leur plus grand ennemi, nous nous sommes
« tous unis pour le desservir. Chacun de nous a donné
« un coup de pinceau à son portrait; mais nous nous

« sommes bien gardés d'y mettre nos noms : il lui au-
« roit été trop glorieux de succomber, aux yeux du
« monde, sous les efforts de tout le Parnasse ; et,
« pour rendre sa défaite plus ignominieuse, nous
« avons voulu choisir tout exprès un auteur sans ré-
« putation [1].

MADEMOISELLE DU PARC.

« Pour moi, je vous avoue que j'en ai toutes les
« joies imaginables !

MOLIÈRE.

« Et moi aussi. Par la sambleu ! le railleur sera
« raillé ; il aura sur les doigts, ma foi.

MADEMOISELLE DU PARC.

« Cela lui apprendra à vouloir satiriser tout. Com-
« ment, cet impertinent ne veut pas que les femmes
« aient de l'esprit ! Il condamne toutes nos expres-
« sions élevées, et prétend que nous parlions tou-
« jours terre à terre !

MADEMOISELLE DE BRIE.

« Le langage n'est rien : mais il censure tous nos
« attachements, quelque innocents qu'ils puissent
« être ; et, de la façon qu'il en parle, c'est être crimi-
« nelle que d'avoir du mérite.

MADEMOISELLE DU CROISY.

« Cela est insupportable. Il n'y a pas une femme

---

[1] C'est une satire cruelle et outrée, dit Voltaire : la licence de l'ancienne comédie grecque n'alloit pas plus loin. Il eût été de la bienséance et de l'honnêteté publique de supprimer la satire de Boursault et celle de Molière. Il est honteux que les hommes de génie et de talent s'exposent, par cette petite guerre, à être la risée des sots.

« qui puisse plus rien faire. Que ne laisse-t-il en re-
« pos nos maris, sans leur ouvrir les yeux, et leur
« faire prendre garde à des choses dont ils ne s'avi-
« sent pas?

MADEMOISELLE BÉJART.

« Passe pour tout cela; mais il satirise même les
« femmes de bien, et ce méchant plaisant leur donne
« le titre d'honnêtes diablesses.

MADEMOISELLE MOLIÈRE.

« C'est un impertinent. Il faut qu'il en ait tout
« le soûl.

DU CROISY.

« La représentation de cette comédie, madame,
« aura besoin d'être appuyée; et les comédiens de
« l'hôtel...

MADEMOISELLE DU PARC.

« Mon dieu! qu'ils n'appréhendent rien; je leur ga-
« rantis le succès de leur pièce, corps pour corps.

MADEMOISELLE MOLIÈRE.

« Vous avez raison, madame. Trop de gens sont
« intéressés à la trouver belle. Je vous laisse à pen-
« ser si tous ceux qui se croient satirisés par Molière
« ne prendront point l'occasion de se venger de lui
« en applaudissant à cette comédie.

BRÉCOURT, *ironiquement.*

« Sans doute; et pour moi je réponds de douze mar-
« quis, de six précieuses, de vingt coquettes, et de
« trente cocus, qui ne manqueront pas d'y battre des
« mains.

MADEMOISELLE MOLIÈRE.

« En effet, pourquoi aller offenser toutes ces per-
« sonnes-là, et particulièrement les cocus, qui sont
« les meilleures gens du monde?

MOLIÈRE.

« Par la sambleu! on m'a dit qu'on va le dauber,
« lui et toutes ses comédies, de la belle manière, et
« que les comédiens et les auteurs, depuis le cèdre
« jusqu'à l'hysope, sont diablement animés contre lui.

MADEMOISELLE MOLIÈRE.

« Cela lui sied fort bien. Pourquoi fait-il de mé-
« chantes pièces que tout Paris va voir, et où il peint
« si bien les gens, que chacun s'y connoît? Que ne
« fait-il des comédies comme celles de monsieur Ly-
« sidas[1]? Il n'auroit personne contre lui, et tous les
« auteurs en diroient du bien. Il est vrai que de sem-
« blables comédies n'ont pas ce grand concours de
« monde : mais en revanche elles sont toutes bien
« écrites; personne n'écrit contre elles, et tous ceux
« qui les voient meurent d'envie de les trouver belles.

DU CROISY.

« Il est vrai que j'ai l'avantage de ne me point faire
« d'ennemis, et que tous mes ouvrages ont l'approba-
« tion des savants.

MADEMOISELLE MOLIÈRE.

« Vous faites bien d'être content de vous : cela vaut
« mieux que tous les applaudissements du public, et

---

[1] Ceci s'adresse encore à Boursault.

« que tout l'argent qu'on sauroit gagner aux pièces de
« Molière. Que vous importe qu'il vienne du monde
« à vos comédies, pourvu qu'elles soient approuvées
« par messieurs vos confrères?

LA GRANGE.

« Mais quand jouera-t-on *le Portrait du Peintre?*

DU CROISY.

« Je ne sais : mais je me prépare fort à paroître
« des premiers sur les rangs, pour crier : Voilà qui est
« beau!

MOLIÈRE.

« Et moi de même, parbleu!

LA GRANGE.

« Et moi aussi, Dieu me sauve!

MADEMOISELLE DU PARC.

« Pour moi, j'y paierai de ma personne comme il
« faut; et je réponds d'une bravoure d'approbation
« qui mettra en déroute tous les jugements ennemis.
« C'est bien la moindre chose que nous devions faire,
« que d'épauler de nos louanges le vengeur de nos in-
« térêts.

MADEMOISELLE MOLIÈRE.

« C'est fort bien dit.

MADEMOISELLE DE BRIE.

« Et c'est ce qu'il nous faut faire toutes.

MADEMOISELLE BÉJART.

« Assurément.

MADEMOISELLE DU CROISY.

« Sans doute.

SCÈNE III.

MADEMOISELLE HERVÉ.

« Point de quartier à ce contrefaiseur de gens.

MOLIÈRE.

« Ma foi, chevalier mon ami, il faudra que ton Mo-
« lière se cache.

BRÉCOURT.

« Qui? lui? Je te promets, marquis, qu'il fait des-
« sein d'aller sur le théâtre rire, avec tous les autres,
« du portrait qu'on a fait de lui.

MOLIÈRE.

« Parbleu! ce sera donc du bout des dents qu'il y rira.

BRÉCOURT.

« Va, va, peut-être qu'il y trouvera plus de sujets
« de rire que tu ne penses. On m'a montré la pièce;
« Et, comme tout ce qu'il y a d'agréable sont effecti-
« vement les idées qui ont été prises de Molière, la
« joie que cela pourra donner n'aura pas lieu de lui
« déplaire, sans doute; car, pour l'endroit où l'on s'ef-
« force de le noircir, je suis le plus trompé du monde
« si cela est approuvé de personne. Et quant à tous
« les gens qu'ils ont tâché d'animer contre lui, sur ce
« qu'il fait, dit-on, des portraits trop ressemblants,
« outre que cela est de fort mauvaise grace, je ne vois
« rien de plus ridicule et de plus mal repris; et je
« n'avois pas cru jusqu'ici que ce fût un sujet de
« blâme pour un comédien que de peindre trop bien
« les hommes.

LA GRANGE.

« Les comédiens m'ont dit qu'ils l'attendoient sur
« la réponse, et que...

BRÉCOURT.

« Sur la réponse ? Ma foi, je le trouverois un grand
« fou s'il se mettoit en peine de répondre à leurs in-
« vectives. Tout le monde sait assez de quel motif elles
« peuvent partir ; et la meilleure réponse qu'il leur
« puisse faire, c'est une comédie qui réussisse comme
« toutes ses autres : voilà le vrai moyen de se venger
« d'eux comme il faut. Et, de l'humeur dont je les
« connois, je suis fort assuré qu'une pièce nouvelle
« qui leur enlèvera le monde les fâchera bien plus que
« toutes les satires qu'on pourroit faire de leurs per-
« sonnes.

MOLIÈRE.

« Mais, chevalier... »

MADEMOISELLE BÉJART.

Souffrez que j'interrompe pour un peu la répétition.
(*à Molière.*) Voulez-vous que je vous die? Si j'avois
été en votre place, j'aurois poussé les choses autrement. Tout le monde attend de vous une réponse
vigoureuse ; et, après la manière dont on m'a dit que
vous étiez traité dans cette comédie, vous étiez en
droit de tout dire contre les comédiens ; et vous deviez
n'en épargner aucun.

MOLIÈRE.

J'enrage de vous ouïr parler de la sorte. Et voilà
votre manie à vous autres femmes : vous voudriez que
je prisse feu d'abord contre eux, et qu'à leur exemple
j'allasse éclater promptement en invectives et en injures. Le bel honneur que j'en pourrois tirer ! et le
grand dépit que je leur ferois ! Ne se sont-ils pas

préparés de bonne volonté à ces sortes de choses? et, lorsqu'ils ont délibéré s'ils joueroient le Portrait du Peintre, sur la crainte d'une riposte, quelques uns d'entre eux n'ont-ils pas répondu : « Qu'il nous rende toutes les injures qu'il voudra, pourvu que nous gagnions de l'argent? » N'est-ce pas là la marque d'une ame fort sensible à la honte? et ne me vengerois-je pas bien d'eux en leur donnant ce qu'ils veulent bien recevoir?

MADEMOISELLE DE BRIE.

Ils se sont fort plaints toutefois de trois ou quatre mots que vous avez dits d'eux dans la Critique et dans vos Précieuses.

MOLIÈRE.

Il est vrai, ces trois ou quatre mots sont fort offensants, et ils ont grande raison de les citer. Allez, allez, ce n'est pas cela. Le plus grand mal que je leur aie fait, c'est que j'ai eu le bonheur de plaire un peu plus qu'ils n'auroient voulu; et tout leur procédé, depuis que nous sommes venus à Paris, a trop marqué ce qui les touche. Mais laissons-les faire tant qu'ils voudront; toutes leurs entreprises ne doivent pas m'inquiéter. Ils critiquent mes pièces, tant mieux; et Dieu me garde d'en faire jamais qui leur plaisent! ce seroit une mauvaise affaire pour moi.

MADEMOISELLE DE BRIE.

Il n'y a pas grand plaisir pourtant à voir déchirer ses ouvrages.

MOLIÈRE.

Et qu'est-ce que cela me fait? n'ai-je pas obtenu

de ma comédie tout ce que j'en voulois obtenir, puisqu'elle a eu le bonheur d'agréer aux augustes personnes à qui particulièrement je m'efforce de plaire? N'ai-je pas lieu d'être satisfait de sa destinée, et toutes leurs censures ne viennent-elles pas trop tard? Est-ce moi, je vous prie, que cela regarde maintenant? et lorsqu'on attaque une pièce qui a eu du succès, n'est-ce pas attaquer plutôt le jugement de ceux qui l'ont approuvée que l'art de celui qui l'a faite?

MADEMOISELLE DE BRIE.

Ma foi, j'aurois joué ce petit monsieur l'auteur qui se mêle d'écrire contre des gens qui ne songent pas à lui.

MOLIÈRE.

Vous êtes folle. Le beau sujet à divertir la cour, que monsieur Boursault! Je voudrois bien savoir de quelle façon on pourroit l'ajuster pour le rendre plaisant, et si, quand on le berneroit sur un théâtre, il seroit assez heureux pour faire rire le monde. Ce lui seroit trop d'honneur que d'être joué devant une auguste assemblée; il ne demanderoit pas mieux; et il m'attaque de gaîté de cœur pour se faire connoître de quelque façon que ce soit. C'est un homme qui n'a rien à perdre; et les comédiens ne me l'ont déchaîné que pour m'engager à une sotte guerre, et me détourner, par cet artifice, des autres ouvrages que j'ai à faire; et cependant vous êtes assez simples pour donner toutes dans ce panneau. Mais enfin j'en ferai ma déclaration publiquement : je ne prétends faire aucune réponse à toutes leurs critiques et leurs contre-critiques. Qu'ils disent tous les maux du monde de mes pièces, j'en suis d'accord; qu'ils s'en saisissent après nous; qu'ils les retournent comme un habit pour les mettre sur leur théâtre, et tâchent à profiter de quelque agrément qu'on y trouve et d'un peu de bonheur que j'ai, j'y consens, ils en ont besoin; et je serai bien aise de contribuer à les faire subsister, pourvu qu'ils se contentent de ce que je puis leur accorder avec bienséance. La courtoisie doit avoir des bornes; et il y a des choses qui ne font rire ni les spectateurs ni celui dont on parle. Je leur abandonne de bon cœur mes ouvrages, ma figure, mes gestes, mes paroles, mon ton de voix, et ma façon de réciter, pour en faire et dire tout ce qu'il leur plaira, s'ils en peuvent tirer quelque avantage. Je ne m'oppose point à toutes ces choses, et je serai ravi que cela puisse réjouir le monde; mais en leur abandonnant tout cela, ils me doivent faire la grace de me laisser le reste, et de ne point toucher à des matières de la nature de celles sur lesquelles on m'a dit qu'ils m'attaquoient dans leurs comédies. C'est de quoi je prierai civilement cet honnête monsieur qui se mêle d'écrire pour eux; et voilà toute la réponse qu'ils auront de moi.

MADEMOISELLE BÉJART.

Mais enfin...

MOLIÈRE.

Mais enfin vous me feriez devenir fou. Ne parlons point de cela davantage; nous nous amusons à faire des discours au lieu de répéter notre comédie. Où en étions-nous? je ne m'en souviens plus.

MADEMOISELLE DE BRIE.

Vous en étiez à l'endroit...

MOLIÈRE.

Mon dieu! j'entends du bruit : c'est le roi qui arrive, assurément; et je vois bien que nous n'aurons pas le temps de passer outre. Voilà ce que c'est de s'amuser. Oh bien! faites donc, pour le reste, du mieux qu'il vous sera possible.

MADEMOISELLE BÉJART.

Par ma foi, la frayeur me prend, et je ne saurois aller jouer mon rôle si je ne le répète tout entier.

MOLIÈRE.

Comment! vous ne sauriez aller jouer votre rôle!

MADEMOISELLE BÉJART.

Non.

MADEMOISELLE DU PARC.

Ni moi le mien.

MADEMOISELLE DE BRIE.

Ni moi non plus.

MADEMOISELLE MOLIÈRE.

Ni moi.

MADEMOISELLE HERVÉ.

Ni moi.

MADEMOISELLE DU CROISY.

Ni moi.

MOLIÈRE.

Que pensez-vous donc faire? vous moquez-vous toutes de moi?

SCÈNE IV.

BÉJART, MOLIÈRE, LA GRANGE, DU CROISY;
MESDEMOISELLES DU PARC, BÉJART, DE BRIE,
MOLIÈRE, DU CROISY, HERVÉ.

BÉJART.

Messieurs, je viens vous avertir que le roi est venu, et qu'il attend que vous commenciez.

MOLIÈRE.

Ah, monsieur! vous me voyez dans la plus grande peine du monde; je suis désespéré à l'heure que je vous parle. Voici des femmes qui s'effraient et qui disent qu'il leur faut répéter leurs rôles avant que d'aller commencer. Nous demandons, de grace, encore un moment. Le roi a de la bonté, et il sait bien que la chose a été précipitée.

SCÈNE V.

MOLIÈRE, LA GRANGE, DU CROISY;
MESDEMOISELLES DU PARC, BÉJART, DE
BRIE, MOLIÈRE, DU CROISY, HERVÉ.

MOLIÈRE.

Hé! de grace, tâchez de vous remettre; prenez courage, je vous prie.

MADEMOISELLE DU PARC.

Vous devez vous aller excuser.

MOLIÈRE.

Comment m'excuser?

SCÈNE VI.

MOLIÈRE, LA GRANGE, DU CROISY; mesdemoiselles DU PARC, BÉJART, DE BRIE, MOLIÈRE, DU CROISY, HERVÉ; UN NÉCESSAIRE.

LE NÉCESSAIRE.

Messieurs, commencez donc.

MOLIÈRE.

Tout-à-l'heure, monsieur. Je crois que je perdrai l'esprit de cette affaire-ci, et...

SCÈNE VII.

MOLIÈRE, LA GRANGE, DU CROISY; mesdemoiselles DU PARC, BÉJART, DE BRIE, MOLIÈRE, DU CROISY, HERVÉ; UN NÉCESSAIRE, UN SECOND NÉCESSAIRE.

LE SECOND NÉCESSAIRE.

Messieurs, commencez donc.

MOLIÈRE.

Dans un moment, monsieur. (*à ses camarades.*) Hé quoi donc! voulez-vous que j'aie l'affront...

SCÈNE VIII.

MOLIÈRE, LA GRANGE, DU CROISY;
Mesdemoiselles DU PARC, BÉJART, DE
BRIE, MOLIÈRE, DU CROISY, HERVÉ;
UN NÉCESSAIRE, UN SECOND NÉCES-
SAIRE, UN TROISIÈME NÉCESSAIRE.

LE TROISIÈME NÉCESSAIRE.

Messieurs, commencez donc.

MOLIÈRE.

Oui, monsieur, nous y allons. Hé! que de gens se font fête, et viennent dire, Commencez donc, à qui le roi ne l'a pas commandé!

SCÈNE IX.

MOLIÈRE, LA GRANGE, DU CROISY;
Mesdemoiselles DU PARC, BÉJART, DE
BRIE, MOLIÈRE, DU CROISY, HERVÉ;
UN NÉCESSAIRE, UN SECOND NÉCES-
SAIRE, UN TROISIÈME NÉCESSAIRE,
UN QUATRIÈME NÉCESSAIRE.

LE QUATRIÈME NÉCESSAIRE.

Messieurs, commencez donc.

MOLIÈRE.

Voilà qui est fait, monsieur. (*A ses camarades.*) Quoi donc! recevrai-je la confusion?...

SCÈNE X.

BÉJART, MOLIÈRE, LA GRANGE, DU CROISY;
MESDEMOISELLES DU PARC, BÉJART, DE BRIE,
MOLIÈRE, DU CROISY, HERVÉ.

MOLIÈRE.

Monsieur, vous venez pour nous dire de commencer, mais...

BÉJART.

Non, messieurs; je viens pour vous dire qu'on a dit au roi l'embarras où vous vous trouviez, et que, par une bonté toute particulière, il remet votre nouvelle comédie à une autre fois, et se contente, pour aujourd'hui, de la première que vous pourrez donner.

MOLIÈRE.

Ah, monsieur! vous me redonnez la vie. Le roi nous fait la plus grande grace du monde de nous donner du temps pour ce qu'il a souhaité; et nous allons tous le remercier des extrêmes bontés qu'il nous fait paroître.

FIN DE L'IMPROMPTU DE VERSAILLES.

TABLE

DES PIÈCES CONTENUES DANS CE VOLUME.

Don Garcie de Navarre, ou le Prince jaloux,
    comédie héroïque en cinq actes et en vers.   Page 1
L'École des Maris, comédie en trois actes et en vers.   87
    A monseigneur le duc d'Orléans, frère unique du roi.   89
Les Fâcheux, comédie-ballet en trois actes et en vers.   161
    Au roi.   163
    Préface.   165
    Prologue.   170
L'École des Femmes, comédie en cinq actes et en vers.   225
    A Madame.   227
    Préface.   230
La Critique de l'École des Femmes, comédie en un acte
    et en prose.   335
    A la reine-mère.   336
L'Impromptu de Versailles, comédie en un acte et en
    prose.   389
    Remerciement au roi.   390

FIN DE LA TABLE DU SECOND VOLUME.

www.ingramcontent.com/pod-product-compliance
Lightning Source LLC
Chambersburg PA
CBHW060930230426
43665CB00015B/1900